海外中国研究丛书
刘东 主编

[美] 冯文 著
常姝 译

唯一的希望
ONLY HOPE
在中国独生子女政策下成年
Coming of Age Under China's One-Child Policy

江苏人民出版社

图书在版编目(CIP)数据

唯一的希望:在中国独生子女政策下成年/(美)冯文著;常姝译.—南京:江苏人民出版社,2018.9(2021.10 重印)
(海外中国研究丛书/刘东主编)
书名原文:Only Hope:Coming of Age Under China's One-Child Policy
ISBN 978-7-214-22296-1

Ⅰ.①唯… Ⅱ.①冯…②常… Ⅲ.①独生子女—研究—中国 Ⅳ.①D669.5

中国版本图书馆 CIP 数据核字(2018)第 174979 号

Only Hope：Coming of Age Under China's One-Child Policy，by Vanessa L. Fong，published in English by Stanford University Press.
Copyright © 2004 by the Board of Trustees of the Leland Stanford Jr. University. All rights reserved. This translation is published by arrangement with Stanford University Press，www.sup.org.
Simplified Chinese edition copyrights © 2018 by Jiangsu People's Publishing House.
江苏省版权局著作权合同登记　图字:10-2018-272 号

书　　　名	唯一的希望:在中国独生子女政策下成年
著　　　者	[美]冯　文
译　　　者	常　姝
责任编辑	卞清波　陆　扬
特约编辑	孔繁尘
装帧设计	陈　婕
责任监制	王　娟
出版发行	江苏人民出版社
地　　　址	南京市湖南路 1 号 A 楼,邮编:210009
照　　　排	江苏凤凰制版有限公司
印　　　刷	江苏凤凰通达印刷有限公司
开　　　本	652 毫米×960 毫米　1/16
印　　　张	15.75　插页 4
字　　　数	203 千字
版　　　次	2018 年 9 月第 1 版
印　　　次	2021 年 10 月第 3 次印刷
标准书号	ISBN 978-7-214-22296-1
定　　　价	48.00 元

(江苏人民出版社图书凡印装错误可向承印厂调换)

海外中国研究丛书

刘东 主编

[美] 冯文 著
常姝 译

唯一的希望

ONLY HOPE

在中国独生子女政策下成年

Coming of Age Under China's One-Child Policy

江苏人民出版社

图书在版编目(CIP)数据

唯一的希望:在中国独生子女政策下成年/(美)冯文著;常姝译. —南京:江苏人民出版社,2018.9(2021.10重印)
(海外中国研究丛书/刘东主编)
书名原文:Only Hope:Coming of Age Under China's One-Child Policy
ISBN 978-7-214-22296-1

Ⅰ.①唯… Ⅱ.①冯… ②常… Ⅲ.①独生子女—研究—中国 Ⅳ.①D669.5

中国版本图书馆 CIP 数据核字(2018)第 174979 号

Only Hope: Coming of Age Under China's One-Child Policy, by Vanessa L. Fong, published in English by Stanford University Press.
Copyright © 2004 by the Board of Trustees of the Leland Stanford Jr. University. All rights reserved. This translation is published by arrangement with Stanford University Press, www.sup.org.
Simplified Chinese edition copyrights © 2018 by Jiangsu People's Publishing House.
江苏省版权局著作权合同登记　图字:10-2018-272 号

书　　　名	唯一的希望:在中国独生子女政策下成年
著　　　者	[美]冯　文
译　　　者	常　姝
责 任 编 辑	卞清波　陆　扬
特 约 编 辑	孔繁尘
装 帧 设 计	陈　婕
责 任 监 制	王　娟
出 版 发 行	江苏人民出版社
地　　　址	南京市湖南路 1 号 A 楼,邮编:210009
照　　　排	江苏凤凰制版有限公司
印　　　刷	江苏凤凰通达印刷有限公司
开　　　本	652 毫米×960 毫米　1/16
印　　　张	15.75　插页 4
字　　　数	203 千字
版　　　次	2018 年 9 月第 1 版
印　　　次	2021 年 10 月第 3 次印刷
标 准 书 号	ISBN 978-7-214-22296-1
定　　　价	48.00 元

(江苏人民出版社图书凡印装错误可向承印厂调换)

序"海外中国研究丛书"

中国曾经遗忘过世界,但世界却并未因此而遗忘中国。令人嗟讶的是,20世纪60年代以后,就在中国越来越闭锁的同时,世界各国的中国研究却得到了越来越富于成果的发展。而到了中国门户重开的今天,这种发展就把国内学界逼到了如此的窘境:我们不仅必须放眼海外去认识世界,还必须放眼海外来重新认识中国;不仅必须向国内读者迻译海外的西学,还必须向他们系统地介绍海外的中学。

这个系列不可避免地会加深我们150年以来一直怀有的危机感和失落感,因为单是它的学术水准也足以提醒我们,中国文明在现时代所面对的绝不再是某个粗蛮不文的、很快就将被自己同化的、马背上的战胜者,而是一个高度发展了的、必将对自己的根本价值取向大大触动的文明。可正因为这样,借别人的眼光去获得自知之明,又正是摆在我们面前的紧迫历史使命,因为只要不跳出自家的文化圈子去透过强烈的反差反观自身,中华文明就找不到进入其现代形态的入口。

　　当然,既是本着这样的目的,我们就不能只从各家学说中筛选那些我们可以或者乐于接受的东西,否则我们的"筛子"本身就可能使读者失去选择、挑剔和批判的广阔天地。我们的译介毕竟还只是初步的尝试,而我们所努力去做的,毕竟也只是和读者一起去反复思索这些奉献给大家的东西。

　　　　　　　　　　　　　　　　　　刘　东

目　录

致谢　1

导论　1

第一章　"接下来的几个月决定你的未来"：八个青少年的故事　35

第二章　身负厚望：作为现代化开路先锋的独生子女　73

第三章　"小皇帝"头都大了：分层体系中的压力、规训、竞争　93

第四章　"现在你打我，你老了以后我打你"：
　　　　人口老龄化过程中的爱、孝、家长投资　133

第五章　"惯坏了"：第三世界中的第一世界青年　164

结语　开拓通往第一世界的道路　191

附录　本书引用或提及的人物简历　197

参考文献　206

译后记　237

致 谢

我非常感谢大连的学生及其家长和我分享他们的生活与梦想,也感谢大连的老师和学校管理人员允许我在其学校教学和开展调研。本研究的开展及本书的写作和修改得到了如下基金会或奖学金的资助:Beinecke Brothers Memorial Fellowship、Andrew W. Mellon Grant for Predissertation Research、National Science Foundation Graduate Research Fellowship、Weatherhead Center at Harvard University、Eliot Dissertation Completion Fellowship from Harvard University、Postdoctoral fellowship at the Population Studies Center of the University of Michigan at Ann Arbor、Wenner—Gren Foundation for Anthropological Research。我也非常感谢我在哈佛大学的博士论文导师华琛教授(James L. Watson)以及博士论文指导委员会的迈克尔·赫兹菲尔德(Michael Herzfeld)与凯博文(Arthur Kleinman)教授。他们对于清晰的写作、详实的论据、深入的理论探讨的要求极大地提升了我的工作质量。他们的智慧、善良、慷慨也一直激励着我。我感谢 William R. Jankowiak、James Z. Lee、Martin King Whyte 以及斯坦福大学出版社的一位匿名评审,他们认真阅读了我的整部初稿,提供了详细和有益的修改建议。我也感谢斯坦福大学出版社 Muriel Bell 和 Carmen

Borbon-Wu在本书出版过程中给予我的友善帮助和建议。Lawrence Alan Babb、Amrita Basu、Deborah Gewertz、Miriam "Mitzi" Goheen、Hua R. Lan、Jerry Dennerline、Jan Dizard、Shen Tong是我在爱默思学院(Amherst College)读本科时的老师,他们一直在指导我更加敏锐地思考有关中国、社会理论以及生活的问题。我的写作小组同伴Erica James、Manduhai Buyandelgeriyn、Sonja Plesset等人则给本书的历次草稿提出了详细的修改建议。我们的谈话和饭局是我研究生生活中的亮点。Andrew Shryock、Don Nonini、Graeme Lang、Jesook Song、Joan Kleinman、Maris Gillette、Nicole Constable、Shu-Min Huang、Ichiro Numizaki、Rubie Watson、Suhong Chae、Susan Greenhalgh、Ted Bestor、Tianshu Pan、Twila Tardif针对本书的不同部分提出了非常有价值的参考意见。我在美国人类学年会、哈佛大学、加州圣地亚哥大学、密歇根大学、明尼苏达大学双城分校、俄勒冈大学尤金分校曾经讲过本书的部分章节,感谢听取我发言的教师、学生、博士后和其他人的提问与评议。我感谢Amal Fadlalla、Ann McDonald、Amy Young、Belinda Lew、Bernie Perley、Brian Palmer、Calvin Lew、David Kim、David Taylor、Dusty Hoang、Doug Campbell、Elizabeth Karpinski、Fred Errington、Fuji Lozada、Hector Davila、Kevin Carr、Kristin Kane、Jana Amoroso、Jennifer Thompson、Jennifer Yan、Julia Huang、Linh Du、Lisa Gourd、Lucia Volk、Lois Mono、Malka Matveev、Maria Solorio、Mark Bryce、Michael Ru、Matt Crosby、Nicole Newendorp、Nor Chiao、Pilar Montalvo、Priscilla Song、Rachel Murphy、Richard Bryce、Richard Vega、Roberta Bryce、Sean Dang、Sandy Chang、Saroja Dorairajoo、Sisa DeJesus、Steve Slagle、Sue Hilditch、Tiantian Zheng、Tom Bryce、Wen-Ching Sung、Yoel Matveev、Yuechun Song、Zongze Hu、Zeke Taylor等朋友给过我的欢乐时光与深情厚谊。最后,我谢谢父母与亲人。完成这项研究之后,我对他们的理解与感激增添了许多。

导　论

"有人说独生子女都被惯坏了,你们同意这种说法吗?"1999 年,我向一所普通高中的一个高三班级的学生发问。他们中的绝大多数人是在 1979 年中国开始实行独生子女政策之后出生的,48 个人里只有 3 人不是独生子女。①

一个名叫田馨的活泼友好的女孩说:"对,独生子女都被惯坏了。独生子女的父母自己什么都舍不得吃,都让给孩子吃,所以孩子们越来越胖了!"

"对!"一个叫罗军的很有幽默感的男生喊道。他指着坐在他身旁的一名叫沈娜的微胖的女生说:"比如,这位同学就是独生子女,她父母让她吃得太多了,所以她现在才这么胖!"女生拿课本砸他脑袋,他躲开了。全班大笑。

心直口快的姑娘孙佩发言了:"我不觉得!我们面临的压力是要考上好大学,找到好工作,等父母老了能养他们。我们要想靠自己养好父母必须多挣钱!所以爸妈总是唠叨我们要更用功学习。我们不够用功总挨骂,怎么能说被惯坏了?"

李月是个开朗乐观活力充沛的女孩,她说:"我爸妈觉得我娇生惯

---

① 我使用"独生子女"一词,因为它比"仅有的孩子"或"没有兄弟姐妹的人"这类词汇更简洁、语法更优雅。

养,因为我锦衣玉食地长大,可他们从小到大挺穷的,过着苦日子。但我没觉得自己娇贵。我的物质生活当然好过他们,但也要比他们上学的时候更得用功读书。哪怕是在我唯一的休息日星期天我还得整天跟着爸妈请的家教老师学习。我每天都得学!"

身着时尚名牌衣服而非校服的男孩徐旺说:"我们可能被惯坏了,但年龄更小的孩子更糟。我们是在80年代初出生的,小时候都穿不上名牌吃不上快餐,爸妈再想惯我们也还有个限度。可更小的孩子有更多办法花爸妈的钱,跟我们比更是被娇惯!"

"要是你们可以有一个兄弟姐妹,你们愿意要吗?"我问。

孙佩说:"我不愿意,我不想分享我的东西。"

卢杰说:"要有个姐姐挺好的,但要是弟弟就糟了,他一定更受偏爱,什么好吃的都占着不给我。"这个男孩有时不顾学校的禁令,爱在午饭时间打扑克。

余旭是个认真的女孩,她说:"最好父母们只有一个孩子,要是孩子太多,他们根本顾不上关心每个孩子。"

"很多多子女家庭都只偏爱一个孩子,所以我挺高兴自己没兄弟姐妹。我家穷,养不了两个孩子。"用功的男孩周飞说道。

"我会喜欢有个哥哥,他可以教我生活的道理,给我帮助。"谭钢说。同学们常取笑他过于敏感。"遇到困难时,哥哥的鼓励会比父母的鼓励更有效果。"

"我喜欢哥哥,将来父母老了,他能帮我养父母。"冯永勤说。她通常考试成绩不好。

独生子女政策下的孩子们

本书是考察世界上首次由国家指令导致的生育转型之后果的民族志研究。在中国的独生子女政策下,1979年以后出生的中国城市青年中绝大多数都是独生子女。我于1997—2002年间在中国东北部重要的海滨城市大连做了研究，考察几近普遍的独生子女身份对于青少年的主体性、体验、渴盼有何影响。① 我发现最关键的问题不在于他们的独生子女身份本身，而在于他们是在过往世世代代以大家庭为惯例的社会中出现的新一代独生子女。中国独生子女政策的初衷是为了创造一代颇有雄心的受过良好教育的儿童，把国家带入世界领先位置。这一策略虽有成效，但代价不菲。父母通过高额的投资力争让独生子女们享受到第一世界的生活水平与教育机会，但独生子女的抱负雄心却常常与第三世界中的父母和社会的局限性发生冲突。中国独生子女政策下的孩子们成长为第一世界之人的速度过快，远超过其家庭和社会跟进的速度。他们面临着巨大的来自父母的压力、在教育体系和就业市场中激烈竞争的压力，还常被指责因有不现实的高期待而被过分宠溺。这种情况在很多生育率下降的社会的年轻人中是普遍存在的，但由于中国独生子女政策加速了急剧而普遍的生育转型，使这种现象在中国城市中表现得尤为强烈。我的中国独生子女研究突出展现了与生育转型相结合的现代化文化模型如何既是年轻人不现实的高期待（这常被认为是全球现代青年的普遍特性）的成因，又是后者的结果。

现代化不只是经济发展规划，也是一种被所有渴望攀到资本主义世界体系顶端的人们内化了的文化模型。当某一人群中的大部分人接纳了这一文化模型，对多子女予以较少人均投资的大家庭就会被对少量子女进行高额投资的小家庭取代。这一过程被人口学家称为"生育转型"②，在所有

---

① 我于1997年6月至8月、1998年8月至2000年5月、2002年6月至7月在中国调研。我大部分时间都住在大连城区，虽然我也对北京、广州、香港、上海、沈阳、天津以及大连市郊的几个农村进行了简短的访问。自2000年以来，我还通过电话和电子邮件与31个大连城区家庭保持联系。

② Becker 1981；Bongaarts and Watkins 1996；Caldwell 1982；Easterlin 1978；Easterlin and Crimmins 1985；Hirschman 1994。

第一世界社会①和许多渴望加入第一世界的第三世界社会②之中都很普遍。但中国是唯一的通过严格实施生育配额而加速了生育转型的国家。中国并未等待现代化进程产生低生育率,而以低生育率作为加速现代化的手段。1970年,在人口控制政策实施之初,中国的总和生育率③是每个妇女平均生育5.8个子女;1980年,即实施独生子女政策两年之后,总和生育率锐减到2.3④。在独生子女政策出台之前,农村居民历来比城市居民生育率更高,现在农村地区也以2个及2个以上子女的家庭为主,农民以生男孩来应对农业劳动、防范犯罪活动、养老等方面的需求,这使得独生子女政策难于在农村执行。⑤但在城市地区,大多数出生于1979年后的孩子们都是独生子女。⑥许多大连市区独生子女的祖父母或外祖父母是农村移民。这些孩子的父母不仅是其家庭中受限于独

---

① 截至1998年,记录表明,在通常被公认为属于第一世界的一部分社会中生育率等于或是小于替代水平(即一个妇女生2.1个孩子)。包括澳大利亚、奥地利、比利时、加拿大、丹麦、芬兰、法国、德国、冰岛、爱尔兰、意大利、日本、卢森堡、澳门、荷兰、新西兰、挪威、葡萄牙、新加坡、韩国、西班牙、瑞典、瑞士、英国和美国等。参见U. S. Bureau of the Census 1999。
② 生育转型似乎是成为第一世界成员的必要但非充分条件。第一世界所有社会生育率都等于或低于更替水平,还有许多社会(如东欧和苏联)有着与其类似的低生育率,但不属于第一世界的一部分。
③ 在特定年份和人群中的总和生育率是对每个妇女育龄期间平均的生育子女人数的估计,假设该人群中的所有妇女在度过生育阶段时将体验当年限于特定年龄的生育率。
④ Coale and Chen 1987;United Nations Department of Economic and Social Affairs 1998;Whyte and Gu 1987:473。
⑤ Greenhalgh 1990,1993,1994a;Greenhalgh,Nan and Chuzhu 1994;White 1987b,2000。
⑥ 根据1999年的中国人口抽样调查,当年15岁至49岁的妇女在其生育史上平均生育1.33个活产儿,平均有1.31个孩子长期存活(国家统计局 2000:109)。1986年(当年大连政府首次开始收集并随后公布人口统计数据),大连地区(包括大连市区附近的县和小城镇)82%的新生儿(样本量为68 057)的母亲之前未曾生育,另有18%的新生儿的母亲曾育有一个孩子(大连市史志办公室 1990:153)。1999年,大连地区86%的新生儿(样本量为38 287)的母亲之前未曾生育,13%的新生儿的母亲曾育有一个孩子(大连市史志办公室 2001:273)。在我的问卷调查对象中独生子女比例高于大连地区的独生子女比例,因为我进行调查的学校没有招收在政府出版物上被划入大连地区的县乡和小镇的学生。这些出版物没有按各区分列大连地区的出生人数,尽管其提供了有关每个地区由未曾生育过的母亲生出的新生儿的比例信息。沙河口、西岗、中山是大连市三个完全城市化的区域。1986年,沙河口、西岗和中山出生的99%的孩子由未曾生育的母亲所生(大连市史志办公室 1990:153-154)。1999年,沙河口出生的98%的孩子、西岗和中山出生的97%的孩子由之前未曾生育过的母亲所生(大连市史志办公室 2001:274)。

生子女政策的第一代人，也是被城市生活的现代化力量主导的第一代人。在这些因素综合作用下，出生于1950年代的人所生长的大家庭和出生于1980年代的人所生长的小家庭之间形成了巨大的差异。在我于1999年做过问卷调查的初高中学生里，94%的人①是独生子女，81%的人②的父亲和82%的人③的母亲都有至少3个兄弟姐妹。

有关中国独生子女政策的研究大多关注其人口学后果。④ 这些研究有力地描绘了中国由国家指令推动的生育转型的规模和范围，但对于该转型所产生的独生子女的生活却洞察甚少。有关独生子女政策的社会效果的研究探讨了父母对该政策的反应⑤，比较了独生子女与非独生子女的人格⑥，详细描写了独生子女某些特定方面的童年消费模式⑦。学界还缺乏有关中国独生子女步入成年时的主体性与体验的探讨。本书中，我将探讨独生子女在一个过去历代习惯大家庭模式的社会中成长是怎样的情形。

研究方法

中国大多数城市地区的独生子女政策执行率都很高，所以理论上我可以在几乎任意一个中国城市展开研究。我选取大连的原因在于其方

---

① 样本量为2 167。
② 样本量为1 998。
③ 样本量为2 006。
④ Arnold and Liu Zhaoxiang 1986；Banister 1987；Cooney and Li 1994；Croll，Davin 1986；Feeney and Wang 1993；Feeney and Yuan 1994；Goldstein and Wang 1996；Greenhalgh 1986，1988，1993，1994a；Li Jiali 1995。
⑤ Davin 1985；Davis-Friedmann 1985；Wasserstrom 1984；Anagnost 1988，1995，1997a，1997b；Gates 1993；Greenhalgh 1990，1993，1994a；Greenhalgh，Nan，and Chuzhu 1994；White 1987b。
⑥ Bian 1987；陈科文 1988；Falbo and Poston 1993；风笑天 1992；Jiao，Ji，and Jing 1986；Meredith，Abbott，and Zheng Fu 1992；Falbo and Poston 1990；上海幼儿教育研究组 1980，1988；Tang Yuankai 2001；Tao and Chiu 1985；Tao et al. 1995；Tseng et al. 1988；Wan 1996；王裕如 1999：325；Wu Naitao 1986；Yang et al. 1995。
⑦ Chee 2000；Davis and Sensenbrenner 2000；Gillette 2000b；Jing 2000b；Lozada 2000。

言非常接近于汉语普通话（这是我的母语，也是中国的官方语言），而且它的城市公交系统很发达，这样我可以乘坐公交车快捷地到达各处。我不会骑自行车，也不愿意经常乘坐出租车，因为担心这会让无力支付车费的同行者感到有压力。

我的研究方法主要包括问卷调查与在家庭和教室里的参与观察。我在大连的一所职业中专、一所初中、一所非重点普通高中都义务教授英语会话，以此获得对学生进行调查、观察其课堂和其他活动的机会。我在后两所学校的进入路径是直接向学校管理人员进行自我介绍。对方看了哈佛大学教务处办公室对我就学身份的证明，并请学校的英语老师验证了我的英语流利程度，从而认可了我的身份。我在职业中专的进入，是请一位朋友向学校管理人员做了引荐，这位朋友曾是该校一些老师的大学老师。

我在学校的自习时间教授英语会话课，课上做英语游戏，请学生们活跃讨论其关心的话题。我定期拜访不同的班级，频率为每周、每月，或每年一次。我每月花几天时间坐在班级教室里观察学生全天的活动。每个班级由40至60名学生组成，上学时多数时间他们坐在教室里自己的固定座位上，听不同老师来教室里上各种课程。

1999年，我在教课的这三所中学里，对职业中专高一和高二的大多数班级、初中初二和初三的所有班级、普通高中高一至高三的所有班级进行了问卷调查，回收了学校的大多数学生填写的问卷。我对比了调查样本和学校的学生名单，发现我调查的班级里有9%[①]的学生拒绝填写问卷或在调查时缺席。在每个调研的班级里，我解释研究意图，分发问卷，请学生填写，回答学生对问卷问题和我的研究的提问。本书中每当我提到"我的问卷调查"或"作者的1999年问卷调查"时，指的就是这次调查。其中我向2 273名学生问询了其态度、受教育史、消费模式、家庭

---

① 样本量为2 489。

结构、社会经济背景、与父母的互动。每个问卷问题所获回答数不一,因为有些回答写得不清晰、难以辨认,也有191名学生因问卷印刷错误收到了内容不完整的问卷。因此我在基于这次调查的百分比计算时排除了缺失的数据。

根据我的调查结果,所有的回答者年龄介于13—20岁之间,94%①为独生子女,5%②有一个兄弟姐妹③,98%④是汉族(2000年该族占中国人口的92%⑤和辽宁省人口的84%⑥),平均年龄为16岁⑦。其母亲的平均年龄为43岁⑧,父亲平均年龄45岁⑨。每个学校的回答者大约占到调查总人数的三分之一。⑩ 初中和普通高中的性别比例均衡,职业中专的回答者中71%⑪是女性,因该校主要设置女学生居多的商科和旅游类专业。我的调查样本中总体女性占58%⑫。每当发现调查的答案因性别或学校而有重大差异时,我便将统计结果依照这两个类别进行分解。

我在大连最早认识的人是我上课的学校的老师、学生和管理人员,我也在商店、市场、商厦、公园、餐馆、公交车站、邮局、网吧、复印店等地

---

① 样本量为2 167。
② 样本量为2 167。
③ 一些调查对象的父母育有一个以上孩子,原因为下列情况中的一种:在1979年开始独生子女政策之前生下了所有的子女;一次生育多胞胎;违反独生子女政策;有资格在政策外多生。如果夫妻双方都是独生子女或少数民族,或者如果他们的第一个孩子残疾,那么这对夫妻就被允许有两个孩子。如果学生出生于农村地区,就有可能会有兄弟姐妹,因为农村的干部比大连城区干部强制实施独生子女政策的时间更晚,执行力度也更弱。
④ 样本量为2 171。
⑤ 样本量为1 265 830 000(国家统计局 2001:93,100)。
⑥ 样本量为42 380 000(国家统计局 2001:100)。
⑦ 样本量为2 253。
⑧ 样本量为2 125。
⑨ 样本量为2 128。
⑩ 在2 273个问题回答者中,有738人(33%)来自初中,有753人(33%)来自职业中专,782人(34%)来自普通高中。
⑪ 样本量为752。
⑫ 样本量为2 267。

随机地遇到不少员工、商人、顾客。这些初识者把我作为"美籍华人博士生"介绍给了他们的朋友、亲人、熟人,之后我收到很多家庭的邀请,邀我给家里的青少年子女辅导英语或提供出国信息。在田野调查的大部分时间,我住在我辅导的一名初中学生家里。他的父亲是工厂工人,母亲从工厂退休后在一家小店做售货员。我和她在那家店里长谈过几次之后,她邀请我住到她家。

我在回答很多人初次见我问到的问题时,给出的答案吻合了中国文化模型对我这样的人该如何自述生命历程的设定:"我生于中国台湾,是独生子女,3岁时被父母带到美国,先后读了小学、中学、大学、人类学研究生专业,现在来做博士论文的调查。"我解释说我在做"社会调查",这个词汇因中国社会学传统(既有学术专业精度、又贴合了中国政府社会改革诉求)而广受尊重。① 我在真诚提供自己的生活历程细节时,所用的方式与在美国情境下跟人交谈的方式不同,后者更倾向于通过一系列选择来对独特的个人身份进行个性化的探求。相反,我把自己的个人背景融入了大连市区与我同龄的人通常使用的叙述方式,将自己呈现为一个成功地走了一条被大家广泛认可的精彩求学之路而实现向上流动的循规蹈矩之人。我也非常模糊化地介绍自己的族群和政治身份。大家对我的称呼各式各样,包括"美国人""外国人""外国留学生""假洋鬼子""香蕉人""美籍华人""华裔""爱国华侨""台湾同胞""中国留学生"。当对方让我在这些标签中间做选择的时候,我说我将接受任何对方认为适宜的标签。当别人问我"你是中国人还是美国人",我回答"都是"。当被问道"如果中国和美国打仗你会支持谁",我回答"都不,我不赞成战争"。如果人们进一步追问,我就解释自己坚信认同概念是流动、变化、主观、碎片式的,并详细解释人类学的族群和民族主义理论。通过如此解释,我往往可以改变话题的方向,要么和对这些理论感兴趣的人更深入地讨

---

① Chu 1984;Guldin 1994;Litzinger 2000;Pasternak 1983;Wong Siu-lun 1979;Ye 2001。

论人类学理论及来自世界各地的个案研究,要么和对此不感兴趣的人转而谈论与我的族群政治忠诚无关的话题。

虽然许多大连人对我的学术和族群政治背景很感兴趣,但大家主要是因为我的英语教师身份而愿意邀请我进入他们的家庭、学校、生活。许多人在第一次见我时称我"冯老师"。英语对于学生在教育体系、求职市场、出国渠道取得成功颇为关键。大学和高中的入学考试都有难度较高的外语测验。尽管学生可以参加日语、俄语而非英语考试,然而很少有学校提供非英语的外语课程,上世纪80至90年代出生的绝大多数中国城市学生从小学到大学都要将英语作为核心课程学习。许多说明书、研究资料、科学课本、互联网网站仅有英语版。英语作为第一世界的主导性语言被视为最通用的外语,即便其他非英语国家的人也要学习英语。许多雇主倾向于招收英语能力好的人。在大连居住的非亚洲裔的人告诉我经常会有陌生人和他们搭讪、想练习英语。青少年们把"外语"当作"英语"的同义词,有时会说"他会说外语和日语"之类的话。

多数家教老师是当地高中教师或大学生。我作为一名来自美国大学的博士生被当地人认为是比大多数英语家教更合格的老师,而我不要报酬这一点就更是锦上添花。想找我做家教的请求多得让我不知所措。我从中挑选的标准是尽可能包含来自不同学习成绩水平和社会经济背景的、男女等量的青少年。田野调查期间,我受邀到107个年轻人的家庭,提供英语辅导或者帮助其获得出国留学或工作机会的建议。但因时间所限,我在访问这些家庭一到几次之后和他们逐渐失去了联系。我仅和其中31个与我关系最好的家庭保持了长期的联系。这些家庭成员与我从初步的相识到发展成朋友,建立了密切和睦的关系,这种关系基于很多主体间性的因素(诸如信任、情感共识度、共享的幽默感),而与收入、职业地位、教育成就等量化指标似乎无关。这31个与我交好的样本家庭和我原初抽样的107个家庭一样,都具有社会经济地位的多样性。我经常拜访这31个家庭,随后通过电话和电子邮件与之保持联系。其中29个家庭都是有独生子女的核心或主干家庭。在我访问时，绝大多数子女都是青少年，年龄跨度在10—28岁之间。

为了避免我和学生及其家长之间的友谊被商品化、并不让他们感到难以支付我的教学费用，我拒不收取报酬。我跟他们解释说，他们教我的有关中国人生活的知识比起我教他们的有关美国人生活和英语的知识，是绰绰有余的丰厚回报。许多学生一听就感到释然了，但许多家长不能接受。我通常在给学生做了第一次家教之后要和其家长进行一番"争斗"，他们设法把钱放到我衣服口袋或书包里。有一位母亲从家里追出来，在路上把钱扔给我；另一位母亲在我到了楼下后从她家4层楼公寓的窗户把钱扔了下来。每当被迫拿钱，我就把钱还回去，或者在下次拜访时给对方等值的礼物，诸如水果、巧克力、学习材料。家长们渐渐认识到我是真的不想要钱，也非因为礼俗规范而假意拒绝。当我们建立了长期的一般性的互惠关系之后，他们也就不再介意此事。我收下了他们作为友谊象征的礼物（比如书、衣服、纪念品、发饰），也在日后回赠他们有近似的经济价值和社会意义的礼物。我也尽可能接受各种聚餐的邀请，这些活动既是研究的绝好良机，也能营造温暖的共餐情感，有时我带着水果或巧克力参加节日聚会。

我所教学的学校学生们不愿意让同学知道我在给他们做家教，他们担心同学会觉得自己在英语会话课上受到我的偏爱。他们也不让我说出学校老师对他们的私下辅导。位高权重的干部也让我不要公开讲给他们孩子做家教的事，他们担心我的无权势的朋友会以我的名义请求他们的帮助，或让我替其求助。许多人都想让我花更多时间跟他们相处，而减少跟别人相处的时间。有些精英父母不赞成我在非精英家庭那里"浪费时间"。一些非精英的学生和父母怀疑我向那些能给我珍贵礼物和恩惠的家庭提供了更多的辅导。许多人告诉我可以不暴露其个人身份地去书写和发表有关其视角和体验的作品，但要求我不要和认识他们的人谈论他们。为了将嫉妒、泄密、八卦等因素影响力降到最小，我尽可能不告知人们我和大连其他人的关系。① 我培养了一种用谨慎态度对待关系网络的习惯,这样也会使他们在我如果遇到麻烦时较少受影响。

我总是在衣服口袋里放一个小笔记本,常常记笔记。我跟不会或不愿说英语的人用汉语交谈,和会些英语并想练习的人用汉语英语交杂的方式交谈。大连人互相之间基本都用普通话或大连地区方言交谈,不管其掌握外语或其他中国方言的程度如何。本书中,我将所有用汉语、不流利连贯的英语或汉语英语的混杂进行的对话都翻译成了流畅的美式英语。② 我所引用的对话是我在对话当时或是几个小时之后记录下来的。

当大家看到我把笔记本掏出来的时候,有些成年人感到紧张,许多孩子们还取笑我。商人们担心我可能是来卧底的记者或官员,想揭露他们的非法商业活动。我向大家解释我不停写笔记是博士论文研究的要求,我也在他们感到不舒服的时候停笔,并承诺不会在出版物中暴露他们的真实姓名或易于识别的细节(本书中除了我从未见过的公众人物以及我引用的作品的作者,其他所有人的名字都是化名)。当大家逐渐了解我,感到我并无恶意之后,多数人习惯了我记笔记的行为,并忽略了这个举动。

我通过问卷调查或日常交友而获得的学生样本包含的非独生子女较少,无法为与独生子女进行广泛比较提供充实的基础。因此本书主要是写独生子女家庭的经历。我所观察或抽样调查的少数二孩家庭所经历的压力和困境与独生子女家庭大致相同,而且强度仅是微低于后者。当我比较问卷调查中的独生子女和有一个兄弟姐妹的非独生子女时,发

---

① 我运用了和 Mayfair Yang 在20世纪80年代末期的北京进行社会关系调研相似的策略,来建立我的研究取向(Yang 1994)。
② 我将所有中文言说者的话翻译成流利的英文,因为这样的翻译往往比逐字逐句翻译更能还原言说者的原始语气和意义。中文语法与英文语法的差异很大,如果逐字逐句翻译中文对话、以及直接复制学生与我聊天时使用的不流利的英文或中英文混合的讲话方式,会很容易让读者误解原意,甚至完全不知所云。

现独生子女身份与免于做家务的更大自由、认为父母宠溺自己的信念之间是有相关关系的,但关联度较小(见表格1)。有一个兄弟姐妹和毫无兄弟姐妹之间的差异是逐步递增的、而非绝对的。父母给的压力和投资的浓度会因两个孩子的分享而被稀释,但还是要比四个孩子分享有绝对更高的浓度。我在本书中探讨的核心问题不是一孩和二孩家庭的差异,而是上世纪90年代晚期的青少年的小家庭与其父母规模大很多的家庭之间的差异。

表1 独生子女与有一个兄弟姐妹的非独生子女做家务的情况

	独生子女	有一个兄弟姐妹的非独生子女
做饭的百分比	13% ($N=2\,030$)*	20% ($N=118$)*
打扫卫生的百分比	45% ($N=2\,032$)*	55% ($N=118$)*
洗衣的百分比	37% ($N=2\,027$)**	51% ($N=118$)**
被至少一个家长溺爱的百分比	67% ($N=1\,992$)**	54% ($N=114$)**

来源:作者1999年的问卷调查。
* $p<0.05$
** $p<0.01$
(译者注:N 为样本量,P 为统计学根据显著性检验方法所得到的数值,一般以 $P<0.05$ 为有统计学差异,$P<0.01$ 为有显著统计学差异,$P<0.001$ 为有极其显著的统计学差异。以下同。)

移民之城

大连以中国标准来看是座年轻的城市。这块区域本由人口分散的小渔村组成,在1898年《中俄会订条约》签订之后大连作为辽东半岛的一部分被割让给俄国。俄国于1899年开始在大连建设军港,使之成为港口城市。经过1904年的日俄战争,1905年大连被日本占领。1945年苏联曾暂时接管大连,后归还中国。当中国恢复对大连的管辖时,日俄殖民者已基本撤离,大连逐渐发展为重工业中心,并吸引了来自周边农村地区和中国东北部与山东省的移民。从1949年到1999年,大连3个城区和2个近郊地区的人口从559 010人增加到1 977 214人。① 另外,大连市政府管辖下的农村县市、小城镇和半农村地区②的人口从1949年的1 943 176人增加到1999年的3 455 199人。③ 大连市政府的档案材料中一般将中山区、西岗区、沙河口区(三个城市地区)和甘井子区、旅顺口区(两个半城半乡地区)划分为大连的市内地区。我使用"大连城区"来指涉这5个地区(是我调查的主要地域),使用"大连地区"来指涉大连市的管辖范围,包括上述5个城区和农村、半农村的地区(金州区、开发区、瓦房店市、普兰店市、庄河市、长海县)。大连城区占地1 062平方公里(与香港面积相似),大连地区占地12 574平方公里(与巴哈马群岛面积相似)。④

大连的许多城区居民在"文化大革命"(1966—1976)期间被下放到附近的农村地区(通常是其出生地或祖籍地),其中大多数人在上世纪80年代返城。大连的城市化建设于上世纪70年代末开始,中国改革开放之后加速。大连政府投入巨资建设遍布大连城区各地四通八达的高效公交系统,并在农田、荒野、房屋破旧之地修建了现代高层公寓。房地产开发商在拆除旧建筑时会给原地居民补偿或提供新房屋,许多居民欢迎此类交易,喜欢住到崭新舒适的新家。大连城区历史短暂,民族同质化程度高,公交系统发达,住宅开发迅捷,没有贫民窟、贫民区。有些富有的公司经理的住宅和其新近解雇的贫困工人的家就在同一街道的两边。

1999年,大连城区的人口数在辽宁省城区中排在第2位,在全国各

---

① 这个数据包括中山区、西岗区、沙河口区、甘井子区、旅顺口区的人口(大连市史志办公室1990:17;大连市史志办公室2000:281)。
② 1949年,大连农村地区主要被称为瓦房店市、锦县、新津县、庄河县、长海县。其中一些名称已经改变了。
③ 大连市史志办公室1990:17;大连市史志办公室2000:281。
④ 大连市史志办公室1990:15;大连市史志办公室2002:35。

城区排14位。① 大连和其他中国大城市有很多相通之处。但与历史较悠久的大城市的居民比起来,许多以移民方式来到大连的家庭经历了更为快速的现代化、城市化、生育率降低、向上流动。当中国政府在上世纪90年代开始撤除保护国有企业免受全球市场力量影响的政策时,在许多城市——特别是东北部工业"铁锈带"——出现了大量的失业。大连在地理和经济上都属于"铁锈带",也受到了经济结构调整的冲击。我的问卷调查中有34%②的学生是父母中有一方下岗或退休。但大连是一个有着美丽公园和海滩的港口城市,有强大的贸易网、发达的交通基础设施、颇有抱负并奋发进取的官员,它比大多数内陆地区更好地经受住了这场冲击。

为了吸引国内外的投资、贸易、旅游,大连市领导给予大连"北方香港"的称号,在上世纪90年代通过大力发展服务部门来解决工业部门的失业问题,将大连从一个重工业中心变为"足球和时尚之都"。市政府大力投资修建商厦、宾馆、公园、广场、海滩、运动场、学校、高层办公楼,铺修道路和建设公共交通系统,发展通信、娱乐、旅游等产业。③ 政府的这一系列努力使得地方经济即使面临工厂倒闭的困局——许多中年工人失业,也无退休金和医疗保险——也能保持活力。在父母失业和再就业困难的情况下,年轻人能够在迅速发展的高薪服务部门(旅游、酒店、教育、商业、餐饮、金融、贸易、通信等行业)找到工作。

大多数大连城区的居民是从中国较落后地区来的移民后代。在我

---

① 尽管中国城市的政府有时将广大的农村和半农村地区的人口列为总人口的一部分,但中国国家统计局按人口规模划分城市等级时,只是计算居住在每个城市市区中的人口数量。据中国国家统计局统计,1999年大连城区人口规模排名是基于2 624 000的人口估算(国家统计局城市社会经济调查总队 2000:38,389)。由于中国国家统计局和大连市史志办公室使用不同的标准来确定大连地区的城市地区,前者对大连市城市人口的估计数据与大连市史志办公室会有些许的不同(大连市史志办公室 1990:17;大连市史志办公室 2000:281)。
② 样本量为2 169。
③ 关于大连转型的分析,参见Lisa Hoffman(2000)的博士论文。

的问卷调查中,7%的学生①父母中至少有一方出生于农村,92%的学生②父母中至少有一方曾在农村生活,43%的学生③祖辈中至少有一人当过农民④,66%的学生⑤籍贯(祖父家乡)不在大连城区及周边农村地区。来自乡村的移民与农民一样都有较高生育率。历史较悠久的中国城市是在上世纪60年代广泛普及生育控制技术时即开启了生育率由高到低的转型,而在大连城区许多家庭是直到上世纪70年代人口控制政策启动时才开始发生生育率转型,这里的生育转型要比前者更为急剧。

资本主义世界体系和现代化的文化模型

我在大连城区认识的学生们所具有的雄心抱负来自其对现代化文化模型的内化。认知心理学家⑥和心理人类学家⑦提出人类动机导源于从混沌的体验中创造出叙事、期待和目标的文化模型——也称为"图式"或"剧本"。克劳迪娅·斯特劳斯(Claudia Strauss)和娜奥米·奎因(Naomi Quinn)⑧认为文化模型就像布迪厄所说的"惯习"⑨一样可以被身体化并被视为理所当然,但与惯习的不同之处在于它们可被有意识地感知。个人行动是由无数带有不同程度心理力量的文化模型之间的互

---

① 样本量为2 123。
② 样本量为2 138。
③ 样本量为1 769。
④ 调查对象中,28%的人(样本量为1 862)的祖父、22%的人(样本量为1 871)的祖母、19%的人(样本量为1 870)的外祖父、19%的人(样本量为1 876)的外祖母曾经或依然是农民。
⑤ 样本量为2 165。
⑥ Horowitz 1991;Mandler 1984;Tomkins and Izard 1965。
⑦ Casson 1983;D'Andrade 1995;D'Andrade and Strauss 1992;Garro 2000;Holland and Quinn 1987;Holland and Cole 1995;Schwartz, White, and Lutz 1992;Strauss and Quinn 1997。
⑧ Strauss and Quinn 1997。
⑨ Bourdieu(1977:72)界定"惯习"如下:"是可持续的倾向性系统,是先期被结构化且作为使结构化结构——也就是作为可以被客观'支配'且'规则的'但又不是遵守规则(这些规则客观适应其目标,但并不意味着有意识的目的和明确掌握为达目的所需要的操作,因此这些规则是被整体协调的,但又不是协调者组织行动的产物)的产物的实践与意象的产生与结构化原则——来运作的结构。"

动所驱动的。这些模型互相促进、冲突或调用。如若无法实现特别强大的文化模型要求的目标,人会感到痛苦;实现了这样的目标则会感到幸福。任何既定的文化模型之内容与驱动力由文化意义与个人体验共同决定,并因境遇的改变而发生改变。意义、体验、境遇反过来由社会、政治、经济力量形塑。

我们参照伊曼纽尔·沃勒斯坦(Immanuel Wallerstein)的"资本主义世界体系"理论可以很好地理解哪些政治经济力量使得现代化文化模型对全球很多人发挥显著作用。[1] 这一体系始自15世纪西欧资本主义的出现,之后不断扩张,涵括了几乎世界上所有的地域。资本主义世界体系基于国际劳动分工,将世界分为"中心""边缘""半边缘"区域。中心区域占主导地位,从边缘区域获取原材料与廉价劳动力。处于衰落期的中心区域和处于上升期的边缘区域属于"半边缘"区域,它们剥削边缘区域,同时被中心区域剥削。边缘区域有时可变为中心区域,反之亦然。每个国家内部也有中心和边缘区域之分。[2] 尽管不同国家在资本主义世界体系中的位置排名具有历史变动性,这一体系最终还是由构建各区域之间关系结构的不平等因素来界定的。到20世纪末之前,中心区域(现在叫做第一世界)采用了军事力量、帝国主义、殖民化、贸易等手段将几乎其他全部区域纳入了资本主义世界体系。

这一体系促进了现代化文化模型的发展,该模型动员世人向往第一世界的富裕生活,并相信可通过参与现代经济获得这种生活。现代经济的特征包括:有高密度的城市居住区,女性像男性一样走出家门长时间在外工作,建立防止儿童进行经济生产活动的体系,竞争激烈的就业市场要求人们接受长期且昂贵的正规教育,产品和服务的生产与消费不断增长。这些因素极大地提高了父母培养教育孩子的成本,从而促成了生

---

[1] Wallerstein 1974;1979;1998;1992。
[2] Sassen 2000。

育率的降低。这些因素也反过来受到低生育率的推动,因为在低生育率的情况下,儿童能够得到父母的大力集中化的投资、增进自己在资本主义世界体系中竞争的能力。现代经济的各种条件旨在最大化地高效生产和控制资本主义所需劳力[1],但一些有着强烈的反资本主义意识形态的政体却为了与资本主义政体竞争而确立了发展现代经济的目标。尽管发展现代经济未必能确保一个社会在资本主义世界体系中的成功,但这是它要想获得中心区域所享有的统治地位所必须满足的先决条件。这种统治权是全世界很多人的渴望,这一地位可帮助其获得声望、愉悦、安全感、富裕、健康,这一切是早在资本主义世界体系建立之前就已存在的强大文化模型所确立的目标。生活在隔离于该体系之外社会的人们可以通过遵循当地宗教、政治、亲属制度、经济生产的文化模型获取上述目标。但一旦一个社会被纳入了资本主义世界体系,有关声望、愉悦、安全感、富裕、健康的标准就会被重新界定和拔高,从而使得现代化成为实现这些目标最佳的甚至是唯一的手段。

马克斯·韦伯(Max Weber)写道:"人并非'天生'希望多多地挣钱,他只是希望像他习惯的那样生活,挣得为此目的必须挣到的那么多钱。"[2]马歇尔·萨林斯(Marshall Sahlins)指出资本主义世界体系是通过让人信服他们有"无尽的需求"而使其自感穷困。[3] 虽不能像萨林斯所称的"原初富裕社会"中的狩猎采集者那样无忧无虑,但大多数中国人至少在很长时间内并不渴盼现代化文化模型所能带来的快速技术增长,而直到19世纪他们必须面对第一世界国家强大的军事与经济力量时才做

---

[1] Harvey 1990,2000;Marx 1977;Marx and Engels 1967[1848];Sassen 1991,2000;Sassen and Appiah 2000。
[2] Weber 1958:60。
[3] Sahlins 1972:39。

出改变。① 中国在鸦片战争(1839—1842)期间、当英国政府逼迫中国政府同意其在中国出售鸦片之时,首次被卷入资本主义世界体系。自从鸦片战争战败之后,中国政府对众多外国强权国家(包括澳大利亚、英国、法国、德国、意大利、日本、俄国、西班牙、美国)做出一系列金钱、领土、主权、贸易权上的让步。这些让步带来的社会、政治、经济问题导致了大清王朝在1911年的覆灭。国民党政府掌权,又经内战而在1949年被毛泽东领导的共产党政府取代。毛泽东治下的中国加入苏联阵营,后者试图建立脱离于资本主义世界体系的社会主义世界体系。尽管社会主义世界体系秉承马克思主义意识形态,它与资本主义世界体系有很多相似之处,也有基于成员国对现代经济接纳程度的不同而形成的等级制。中国领导人于上世纪60年代推行自给自足制。本杰明·奥洛夫(Benjamin Orlove)和阿诺德·鲍尔(Arnold J. Bauer)编了一部有关西欧和北美的进口货品如何对拉丁美洲社会的身份象征发挥影响的文集,其在导言中指出,中国与拉丁美洲、东欧和中东的某些地域不同,它通过避免"精英与其他群体的重度欧洲化"而躲避了欧洲与北美货品的诱惑。② 毛泽东时期的中国领导人期望自给自足制能防止民众内化会使其自感贫困的现代化文化模型。

这一策略在我认识的一些大连父母身上奏效了。他们痛苦地对比了自己在20世纪90年代的"贫困"与60年代的"富裕"。起初我觉得很困惑,因为自经济改革以来他们的物质生活条件远比过去好了。李娜的

---

① 中心区域试图将中国纳入全球资本主义等级体系的下层位置,其努力包括鸦片战争的发起(1839—1842)、"辛丑条约"的签订(1901)等,直至今日协调与中国的经济关系(Esherick 1987;Sahlins 1994;Spence 1990;Spence 1980;Teng and Fairbank 1979)。这些努力成功地迫使中国追求现代化建设,以免沦为殖民地和受外力欺凌。中国现代化建设的努力包括清代的洋务运动(1874—1894)、1905年孙中山领导的中国同盟会(1912年成为国民党)活动、1911年的反帝革命、1919年开始的打破旧习的五四运动、1921年共产党的成立,以及1978年开始的经济改革和生育限制政策,进入21世纪后,这种努力仍在延续(Chow 1960;Lieberthal 1995;Shirk1993;Spence 1990;Teng and Fairbank 1979;Yeh 1990)。
② Orlove and Bauer 1997:28。

母亲说:"我从来没想到自己会这么穷。幸亏不让我们多生孩子,我们连现在这个孩子都快养不起了。"我跟她说她家现在有彩电、电话、洗衣机、浴室、几乎顿顿饭能吃肉,而她在其他时候告诉过我这些在她童年时都是不可想象的。她回答:

> 我们那时候是没这些东西,可其他人也没有啊,我们根本不用考虑别人。我家只有我爸工作,他得养我妈和3个孩子,但我们比很多有更多小孩的家庭还过得好。现在我跟老公都上班,但养一个孩子都觉得困难。我小时候上学是基本免费的。现在李娜每隔几周就回家问我们要更多学费。她看见朋友穿名牌衣服就自己也想要。我们邻居有家庭影院系统,我们没有就很没面子。我小时候从来没有过这么一种穷的感觉。

但中国并未能长久维持自给自足政策,因为政府领导人本身也受现代化文化模型的驱动。这一文化模型使他们想要通过"大跃进"(随之而来的是1959—1961年的三年困难时期)之类的激进政策来"赶上"第一世界的工业与军事水平。毛泽东1976年逝世后,中国领导人不再抗拒加入资本主义世界体系。相反,他们通过发展体系内中心区域获得统治地位所仰赖的现代经济,来提升中国在这一体系中的位置。虽然中国把向第一世界售出廉价劳力作为经济增长的一项主要资源,但领导人并不以此为中国加入资本主义世界体系的最终目标。这只是其为实现让中国在该体系中占据主导地位的长远目标所采取的短期手段。作为主导者意味着中国将不是廉价劳力的提供方,而是金融和技术中心,拥有大量受过高等教育的、高薪的、可与第一世界的同行们展开同等实力竞争的专业人士。中国领导人们成功地将中国从边缘区域带到了半边缘区域,但如果中国不能最终加入第一世界的中心区域就还是壮志未酬。中国不允许高生育率下盛产廉价劳力的人口增长模式,而以强制性政策来推动快速的生育转型,培育拥有要加入第一世界精英层的雄心与资源的新一代"高素质"人口。这一策略在城市地区最为有效,同时也指向农村地区。农村的生育限制政策与农村文化模型有尖锐的冲突,后者强调男孩在满足农业耕作、防范犯罪活动、赡养年老父母等需求方面的作用。

媒体尽管一直在激励民众的爱国主义,它们也展示了很多第一世界的迷人景象,这部分是因为这些景象受到观众欢迎,部分是因为向第一世界学习是国家现代化策略的组成部分。杂志、报纸、电视节目都对第一世界的专家、运动和娱乐新闻、好的做事方式以及中国工程效仿国外相似工程而取得成功的新闻进行报道。尽管媒体也在报道国外的消极面(犯罪、贫困、种族主义),青少年更多关注国外生活的积极面,比如汽车、房屋、商品的奢华。

1998年的一天,我和职业中专的学生刘洋一起观看对美国一个贫民窟的报道。我说:"你看,也不是所有美国人都富有。"

"真的吗?那为什么贫民窟还停着那么多汽车?"他说。"在中国连富户都买不起车。"

中国人觉得第一世界公司产的商品和名牌产品要比中国公司的质量更好,即便前者产品质量一般也因其他优质产品的光环效应而被推崇。中国商家为了提高产品的吸引力,通过在标牌、广告、产品上面添加发达国家的国旗、地图、地名、历史人物,来强调产品与国外的真实或虚构的联系。一些富人尽可能地买外国而非中国名牌产品,尽管前者价格更贵。在2000年的一天,我听到职业中专的学生郑艺对他父母说:"中国牌子的东西都是模仿外国货的次品,我干吗买中国货?"

大连城区所有最高档的百货公司、超市、商场、宾馆、餐厅都至少由外国公司掌握部分所有权。国外工资比中国相似工作的工资要高好多倍,所以在国外工作过、回到中国的人和收到住在国外的家庭成员汇款的人都是以中国标准来看很有钱的人。许多学生和家长告诉我"从国外回来的人都镀了金"。他们经常看到国外的游客、商人、甚至学生在高档商店、宾馆、餐厅阔气花钱。第一世界的货币享有很高声望,因其价值稳定和汇兑价值高、让人联想到国外的富裕生活,普通大众受限于法律和经济的障碍因素而难以企及。① 一些青少年拿不到美元,就买印有美元图像的衣服、笔、招贴画、装饰品。在至少外国公司拥有部分所有权的公司里工作的中国人,或在航运、贸易、旅行、翻译、旅游业等领域里工作的人要比只给中国老板打工、不与第一世界打交道的人工资高很多。能熟练运用第一世界语言的人可以找到最好的工作,海归留学生也比不出国而在国内接受同等学历教育者能找到明显更好的工作。

青少年们身处第一世界生活方式的图像信息轰炸年代,经常谈论他们的生活如何比不上第一世界人们的生活。大连城区的人比多数中国人都更富有,中国也比许多其他的第三世界国家更富有。但这些比较富裕的大连城区居民都抱怨自己"穷",抱怨中国和第一世界"天堂"比起来是"地狱"。他们对自己社会经济条件的判断,不只是基于和周围人的比较,也基于和第一世界居民的比较。大连城区人们在日常对话中常常充斥着对国内和国外生活的对比。起初我还以为这是因为我的在场,后来我注意到即使那些不知道我的美国身份的陌生人在公交车上和商店聊天时也提到"中国人穷,比不上外国人"、"这就是中国人的命"。有些青少年告诉我即使我不在场他们也常会在中国和外国生活之间做褒贬性的对比。经过数百年的冲突与协作,资本主义世界体系的中心区域终于成功地使中国人内化了现代化的文化模型。

中国领导人将强制性的低生育率、日益加剧的不平等以及失去工作、退休金、医疗保险的失业人员视为中国人为了建设最终将带来第一世界富裕生活的现代经济所必须付出的代价。许多青少年及其父母抱怨这种代价过大且不公正分布。但无人对追求第一世界富裕生活这一

---

① 研究表明,对第一世界货币的迷恋也出现在第一世界以外的其他社会,包括俄罗斯(Lemon 1998)和尼加拉瓜(Lancaster 1992)。

愿望提出质疑。我在大连城区认识的人们已然内化了资本主义世界体系根据现代化水平来划分所有地域的等级的做法。在中国，城市地区等级高过农村地区，富裕城市等级高过富裕程度较低的城市。大连比中国很多地方等级更高，但比不上上海、北京和发展迅速的诸多南方城市。所有比中国等级更高的发达国家被混合在"外国"这一词汇下。虽然该词按字面意思指中国以外的国家，但其在日常对话中的用法则接近于英语里的"第一世界"，指向所有比中国更发达的社会，并排除发展程度低于中国或与中国同等的社会。① 尽管中国政府与许多第三世界国家建立了友好关系，发展程度低于中国的国家不被列入中国大众话语中的"外国"。

法国人口学家阿尔弗雷德·索维（Alfred Sauvy）于1952年在法国左派报纸《新观察家》（*Le Nouvel Observateur*）发表了一篇文章，最先提出"第三世界"一词。文中，他把非工业化国家类比为法国的"第三等级"——指法国大革命之前的平民阶级（神职人员属于第一等级，贵族属于第二等级）。② 此后直到20世纪70年代末，西方话语中普遍使用"第三世界"来指代世界的边缘区域。③ 冷战期间，"第三世界"特指既不加入"第一世界"资本主义阵营、也不加入"第二世界"社会主义阵营的边缘区域。中国有时被认为属于"第二世界"，但该词与其意味着的另类世界体系随着苏联解体而消亡。

我使用"第一世界"一词来指我所认识的大连城区的人们所渴望获得的声望、财富、中心区域地位，用"第三世界"一词来指被这些人视为中国属性的贫困和边缘区域地位。尽管他们自己不用这两个词，但他们经常提到中国是一个"穷"、"落后"的"发展中国家"，需要"发展"和"现代

---

① 在其他第三世界社会中，也有类似于中国人说的"外国"类别的名词。例如在赞比亚，第一世界社会被统一归类为"外部"、"发达国家"，或"捐助国"（Hansen 2000:252）。
② Keyfitz 1990:729; Sauvy 1952; Tabah 1991:357; Wolf-Phillips:1987。
③ Escobar 1995。

化",以尽早"赶上""发达国家"(也常被称为"先进国家"或"外国")。他们说到"外国"时很少包含非洲、南亚、拉丁美洲、太平洋群岛的国家,但有时会举出香港、澳门、台湾(当然,他们坚决认为这都是中国领土)的事例。"第一世界"、"第三世界"更多指的是生活条件而非特定的地理区域或政治实体,这两个词汇能够最佳地捕捉中国公众关于世界上"富"、"穷"之地的理念。

现代化文化模型和人类学家[1]说的"现代性"是不同的概念。前者指代一个全球普遍共享的、渴望以有序的进程实现第一世界生活条件的梦想。后者描述资本主义世界体系中不同个体和社会所经历的多样化的、不可预期的、往往不太理想的一些境况。尽管不同地区的现代性对现代化文化模型所划定的理想路径之坚守程度不一,但都认定现代化模型的规划目标清晰且结果可预期。许多对全球贫困地带[2](包括中国某些农村地区[3])的研究报道了人们对现代化前景的失望与幻想的破灭。但我在大连城区认识的大多数人还坚信此种前景。他们并不把三年困难时期(1959—1961)、"文化大革命"(1966—1976)以及1976年至今的变化归咎于现代化文化模型本身,而认为成因是中国人没能紧密遵循第一世界国家达到资本主义世界体系顶端所走的路径。现代化文化模型虽然带来了一些问题,但它依然具有可信度,因其履行着人们借此可以向上流动的承诺,这对生活在大连这样相对富庶的城市的人们来说尤为明显。有些社会的人们较为普遍地经历了对现代化文化模型幻想的破灭,

---

[1] Appadurai 1996;Bhabha 1991:207;Brenner 1998;Coronil 1997;Gewertz and Errington 1996;Mankekar 1999:99;Ong and Nonini 1997;Piot 1999,2001;Robbins 2001;Robertson 1998:214;Rofel 1999。

[2] Hansen 1997;Kirsch 2001;Leonard, Keenleyside and Ivakine 1997;Scheper-Hughes 1992;Weismantel 2001。

[3] Liu 2000;Mueggler 2001。

但中国自1950年代采取此模型以来实现了快速的经济增长。① 具有讽刺意味的是,中国在很多其他第三世界和后社会主义国家经历严重经济衰退时却能维持其在资本主义世界体系内的向上流动,至少部分可归因于中国政府的自给自足政策,使得中国没有受到新殖民主义、经济依附以及世界银行和国际货币基金组织等机构所施加的"紧缩措施""休克疗法""结构调整"的现代化方案的影响。②

我在大连城区认识的人们用和"第一世界"的现代化理论家们③一样的方式来界定"现代化":它是发展现代经济以提升社会在资本主义世界体系中的位置的进程。这一进程可由健康、教育、生活水平、人均国内生产总值等统计指标来客观衡量,也可根据某一社会与被广泛认可为"发达""现代"的中心区域的文化相似度来主观衡量。人类学家曾批判"发展""现代化""后社会主义转型"等语汇,认为其促成了人们形成有害和错误的假定:实现第一世界生活状况的进化路径是可取的、必然的、普遍的、线性的。④ 但这正是我访问的大连人们在想加入第一世界的探求中所信奉的预设。尽管他们依据现代化文化模型会埋怨中国远远落后于第一世界的事实,但他们把这一文化模型视为唯一可能的现实。正如大卫·哈维(David Harvey)所说,全球资本主义成功地使全球大众相信

---

① Gregory C. Chow估计,中国的国内生产总值从1952年到1978年平均每年增长6%,从1978年到1998年平均每年增长9.7%,从1952年到1998年平均每年增长7.6%(2002:93)。Thomas G. Moore估计,从1978年到2000年中国的经济产量和外贸年增长率分别为近10%和16%(2002:1)。Mark Selden估计,从1952年到1989年,中国的国民收入平均每年增长约8%(1993:4)。虽然经济学家承认实际增长数字有可能比上述估计低几个百分点(主要是基于中国政府官方记录),但他们并不怀疑中国经济在20世纪下半叶经历了巨大的增长(Holz 2003;Lardy 1999;Moore 2002:1)。
② Arturo Escobar(1995)对发展项目的分析和Katherine Verdery(1991)对后社会主义"休克疗法"的分析展现了现代化模式如何带来了更多的痛苦和不平等、而非繁荣。
③ Friedman 2000;Fukuyama 1992;Goode 1970;Inkeles 1974,1983;Lerner 1958;Parsons 1971;Rostow 1990。
④ Comaroff and Comaroff 1993;Coronil 1996,1997;di Leonardo 1998;Escobar 1995;Ferguson 1999;Herzfeld 1987;Lowe and Lloyd 1997;Lutz and Collins 1993;Scheper-Hughes 1997;Verder 1991。

"别无其他选择"。① 在中国,与在很多被卷入资本主义世界体系的社会一样,现代化文化模型享有皮埃尔·布迪厄(Pierre Bourdieu)所说的"信念"的地位,它是"理所当然、不受质疑、不证自明和天然的秩序"。②

代表性的问题

本书第一章聚焦于描写现代化文化模型如何影响了 8 位青少年的生活,其他章探讨了各种政治、经济、人口因素如何使该模型在大连市诸多青少年及其父母的生活中发挥显著影响。第二章考察了生育转型作为现代化文化模型的内在组成部分所起到的角色。第三章展示了独生子女们如何为了争夺他们在社会化过程中期待获得的精英位置而在教育体系中经受严酷考验。第四章探讨低生育率对于爱、孝道、父母投资的文化模型产生的影响。第五章讨论独生子女如何因其高期待与有限的可得机遇之间的冲突而受到"惯坏了"、"不能适应"的指责。

我基于中国政府部门③公布的统计数据和我的问卷调查结果来描述大连市独生子女家庭普遍的人口模式。我对于促使产生这类人口模式的个人生活的描写则是基于参与观察。人口统计数据的用处在于提炼从不同个体能动者的生存策略中浮现出来的普遍模式。民族志则让我们可以看到个体的能动性、情绪、文化模型。我结合采用定量和定性的

---

① Harvey 2000:154。
② Bourdieu 1977:166。
③ 虽然有研究人员(Attane and Sun Minglei 1999;Chan and Xu 1985;Feeney et al. 1989;Lardy 1999;Luther,Feeney,and Zhang 1990;Moore 2002:1;Phillips,Li,and Zhang 2002;Travers 1982)批评中国政府部门公布的统计数字的偏差、不准确度和不完备性,但他们也继续采用这些统计数据,并认为这些数据难免会有小部分的失真,而较大部分的失真会被中国政府各部门以及中外记者和学者仔细审视和识别出来。我在使用中国政府部门出版的统计史料时也采取了类似的取向。这些史料通常没有包含有关调查样本如何收集、以及实际有多少调查对象回答每个问题的关键信息。虽然我怀疑这些史料中包含的统计数据(实际都)存在不准确性,但我仍然把它们用作论证一般模式的证据,假设它们所含的不准确度不足以大到使它们完全没有意义。

研究方法，以期在捕捉细节性的个人体验和主体性的同时不会忽略对之构成形塑和约束作用的模式。

我开展问卷调查的学校招收的学生来自不同的社会经济背景，但其中忽略了最弱势的青少年（比如残疾或没有城市户口）以及最精英的青少年（他们更多是去读私立学校、重点高中或到国外留学）。因我调查的是处于中等地位的学校，我调查的人口学结果与大连市政府的人口普查数据和官方记录并无太大差异。① 大连教育系统将高中分为六个声望等级。我调查的大学预科的非重点高中属于第二等声望等级的学校，我调查的职业中专属于第五等。在我调查的初中学生的成绩水平和社会经济背景分布最广，因该校招收学区内的所有小学毕业生，而不考虑其考试成绩和支付能力。它被普遍认为是一所中级的初中。② 几乎全部大连城区的青少年都上小学和初中，大多数人都接受中等教育（有关大连教育分类和学校入学率的信息，参见第三章）。

我在家教中提供的辅导和信息仅对那些相信自己能够有机会出国、在入学考试中拿到高分而顺利读大学或高中（多数学校都对外语技能有要求），或者找到要求掌握外语技能的工作的人们有用。我发现这种信念在大连城区的独生子女当中非常普遍。接受我问卷调查的学生中有66%的人③曾在生活的某些时点接受过外语家教，88%的人④曾在放学后上过私人补习班，或接受父母以外的人的辅导。我也很少听到城区的独生子女们说觉得学英语没用。我当然还是不能说自己已了解到中国社会经济金字塔中各个地域所有家庭的情况。正如我的问卷调查样本

---

① 大连市教育委员会 1999；大连市教育志编纂办公室 1999；大连市史志办公室 2001。
② 与高中和大学不同，大连城区的小学和初中没有被大连市政府赋予官方认定的声望等级。一些小学和初中有很好的声誉，其招收的部分学生住在学区外，但其家长能够负担高额费用和贿赂来设法让孩子入读；其他一些学校声望很差，导致许多学生离散到其他学校读书。但大多数学校（包括我进行研究的初中）都不算太好或太差，以至于让住在本学区的大部分孩子很想入读或很想逃避。
③ 样本量为 2 192。
④ 样本量为 2 193。

一样，我的民族志样本也未包括来自金字塔中最顶尖的精英和最底端的弱势群体。

青少年们经常谈论如何想变得"富裕"（或"有钱"），当"大款""干部""官""经理""白领""知识分子"。我使用"精英"一词来指所有属于这些高等地位的人，而把其他人称为"非精英"。① 尽管我认识的一些家庭根据中国标准是富裕的，但其中无一可按第一世界标准算作富裕。人们告诉我有些少数的高官、外企的高层雇员、很成功的中国公司的老板按照第一世界标准看也属于高层人士，但我的社会关系网络中并未出现这样的人。

几乎我认识的所有学生都在我们认识以前就有城市户口。有些人出生于农村，但由在"文革"中（1966—1976）从城市到农村当知青的母亲所生，从而继承了母亲的城市户口。正如王爱华（Aihua Ong）所观察到的②，国家对不同范畴的人给予不同的公民权。中国的城市居民所能享受到的良好生活条件的权利远远多于农村居民。③ 从1962年开始，中国城市严格施行了国家1958年提出的户籍制规定，限制农村移民涌入城市。④ 属于下列四种情况的人可获得城市户口：1954年居住于城市；母亲有城市户口；雇佣单位有意愿和能力提供并确保城市户口；与政府有

---

① 精英工作被定义为可提供权力、声望、高薪酬、晋升机会，并需要特殊的专业知识（通常以接受高等教育的形式来获取）的工作。一般而言，医生、律师、银行家、水手、会计师、工程师、计算机程序员、乘务员、空乘人员、飞行员、技术和科学专家、高中和大学教师、政府官员、公司经理、名流演员和运动员、在跨国公司工作的专业人员、高级军官和警官，以及大型企业的业主，普遍被认为是拥有精英工作。社会思潮的变迁逐渐模糊了社会、经济、学历和政治资本之间的界限，青少年所持的关于精英身份的文化模型经常混合这些类别的资本。腐败的蔓延意味着政治权力和社会关系可以带来重大的学历和经济机会。与此同时，中国精英管理之文化模型的复兴与资本主义世界体系对精英管理的需求相融合，使得学历对于获得财富和干部或经理职位至关重要。反过来，财富也可被用来购买重要的社会关系、政治权力和学历。

② Ong 1999。
③ Davin 1999；Murphy 2002；Solinger 1999；Zhang 2001。
④ Cheng and Selden 1994；Davin 1999；Selden 1993；Solinger 1999；Tang and Parish 2000；Zhang 2001:25。

特定交易(诸如政府征用农业用地来进行城市开发)而获得城市户口。①城乡迁移严格受限,每个城市的政府只为本市市民提供食物、衣服、卫生服务、住房、学校、养老金、工作机会。但到了上世纪90年代,人们可以从自由市场上获得这些资源,一些国有企业也愿意招收农民来从事城市人不愿意做的工作。农民还是因无法获得国家补贴和好的工作而发展严重受阻。90年代之前,子女继承母亲而非父亲的户口。居委会的干部告诉我这项法律的目的是防止农村女性为了自己和孩子获得城市户口嫁给城市男性。由于中国特别是农村地区有根深蒂固的婚后从夫居的习俗,农村男性较少愿意像农村女性那样采用这类策略。但在90年代,作为遍及全国的改革的一个组成部分②,这些规则发生改变。子女可继承父母任一方的户口,农民购买城市住房后可申请城市户口。现在,住在大连城区的绝大多数农民不能上学,但可以从事城市市民不愿做的工作,比如建筑业和家政服务业。自20世纪80年代以来,在中国大城市的居民中农民约占10—30%。③ 农村移民主要由达到工作年龄的男性和未婚女性组成,农民工的子女、年老的父母、妻子留在农村种田。许多移民保有家乡的土地权,在长假期、春种秋收的季节、失业期间返乡务农。大多数农民经济上负担不起送子女上城市学校(小学、初中、大学预科的高中),这些学校对无城市户口的学生加收费用。另外,许多农村学校也无法给孩子们提供足够的教育,使其能与城市学生在中考或高考中具有同等竞争力。我拜访了一些学生父母的家乡村落,我遇到的农村青少年就像城市青少年谈论出国那样在频频谈论怎么进城。我认识的很多城市人虽与其农村先辈只相隔了一代或两代,但他们的世界和其家乡村民所生活的农村世界有天壤之别。城市人和农村亲戚之间的来往通常仅限于每年几次的拜访。我对城市人体验的讨论不一定适用于农民,

---

① Solinger 1999:43-44;Tang and Parish 2000:24-26。
② Mallee 2000;Solinger 1999:16。
③ 全国人口抽样调查办公室 1997:538-543;Solinger 1999:17-20;Tang and Parish 2000:30。

后者在 2000 年占中国总人口的 64%。①

    我的问卷调查结果提供了有关我的研究对象的社会经济与人口学特征的概括性的描述。这一描绘是我对参与观察的结果进行现状核实的依据。例如我认识的很多学生都说"其他所有人"都有手机和电脑，以求说服父母给他们购买这些产品。但在我的问卷调查回答者中仅有 33%的人②家里有手机，13%的人③家里有电脑。民族志调查也是我核实问卷调查发现的真实性的工具。例如，我通过和学生聊天时知道我在调查中收集的收入数据大部分不真实，富一些的回答者会低报父母收入（排除礼物、贿赂、非法商业利润），父母失业的回答者则会报告父母失业前的收入。一些回答者在和我成为朋友之后坦承他们不好意思报告过高或过低的父母收入，因此没有回答问卷上有关收入的问题，或者仅填了虽不正确但适宜社会常规的数字。

    正如许多批评家所指出的，统计与民族志方法都在呈现现实状况方面有偏差。④ 但二者的偏差方式不一，所以两种路径的呈现恰好可以互补，以求对现实提供更好的暂时性的理解，而现实是纷繁复杂的、多变的、包含主观因素的，我们无法以任何书面形式来对其进行全然的把握。我的问卷调查对象和我认识的人们所持有的文化模型、所身处的物质境

---

① 样本量为 1 265 830 000（国家统计局 2001:91）。
② 样本量为 2 181。
③ 样本量为 2 193。
④ 人类学家已经讨论过民族志（Clifford and Marcus 1986；Dwyer 1982；Fabian 1995；Rabinow 1977）和统计学分析（Appadurai 1993；Douglas and Ney 1998；Scheper-Hughes 1997）皆因研究者的兴趣而存在偏差，都有可能扭曲或忽视人类经验的关键方面，并且历史性地与殖民主义、帝国主义、资本主义、新自由主义和治理术等压迫性力量产生关联。

遇似乎也被大连城区以及中国其他大城市的大多数人共享。① 但我对于我认识的大连人的体验和主体性的描述绝不能代表中国社会生活的整体状况。我在此处所讲述的故事甚至也不能代表任何个体的主体性的全貌。它们仅仅呈现了我在田野调查特定时刻看到的生活片段。虽然这些故事不具广泛的代表性，它们以示例的形式展示了一些日常困境和关切与现代经济之间的交互生成关系。虽然每个家庭和个人的希望、恐惧、体验都是独特的，它们与整个资本主义世界体系内部所有身处类似位置的其他许多人所面临的风险和可能性是有共鸣的。

全球进程，本土体验

本书通过探讨中国独生子女政策的社会、经济、心理后果，揭示了生育转型这一发生在全球大多数社会的进程如何影响了父母与子女的生活。中国的殊异之处在于由独生子女政策所导致的生育转型是突发而极致的，由此成为呈现现代化文化模型对个人生活之形塑作用的极为突出的案例。本书所描述的诸多体验虽然具有我所认识的家庭、大连城区乃至中国社会所独有的特性，它们也与全世界低生育率家庭的体验具有共通性。生育转型是所有第一世界社会、大多数第三世界社会所采取的现代化文化模式的一个组成部分。中国通过坚决有效的直接干预而创造了生育转型，其他国家是以推行在资本主义世界体系中成功立足所必需的现代经济的方式间接地促成了生育转型。正如大卫·哈维（David Harvey）所说，身处资本主义世界体系的个人与民族有关生育和家庭生

---

① 我在大连城区观察到的政治经济和文化模型与20世纪90年代在中国其他大型城市进行研究的人描述的状况较为相似（Chen et al. 2001; Davis 2000; Dutton 1998; Farquhar 2002; Farrer 1998; Gillette 2000a; Gold, Guthrie, and Wank 2002; Jing 2000b; Hertz 1998; Link, Madsen, and Pickowicz 2002; Liu 2002; Perry and Selden 2000）。我的许多关于人口和社会经济模式的调查结果也类似于政府机构在大连市和其他中国城市进行的普查和调查发现的调查结果（大连市史志办公室 2001；国家统计局 1999, 2000, 2001；国家统计局城市社会经济调查总队 2000）。

活的"选择"实则由资本主义的政治经济决定,后者"持续不断地为了实现自己的需求而形塑身体"。①

每个个体与资本主义世界体系的关系都被一系列独特的主体性、体验、文化模型之间的互动塑造着。个体变化的程度与范围由生育转型、现代化文化模型、现代经济、资本主义世界体系等彼此促进的力量共同约限。这些力量拥有安东尼奥·葛兰西(Antonio Gramsci)②、皮埃尔·布迪厄(Pierre Bourdieu)③、简·科马罗夫(Jean Comaroff)和约翰·科马罗夫(John Comaroff)④等人所称的"霸权"式权力。对于多数被卷入资本主义世界体系的人们来说,这些力量的霸权深切地渗透到了他们的意识里、也被他们视为理所当然,乃至他们采取的策略最终都强化了其霸权。这并不是说他们缺乏能动性,而是说他们的能动性被资本主义世界体系塑造和约限。我所认识的大连城区的人们有时也在抗拒这个体系的要求,比如拒绝刻苦学习、限制生育、投资教育、寻求高薪工作,但这类自我放弃型的抗拒行为发生率低且凌乱无序,无法引致社会变迁。⑤大多数时候人们谨遵现代化文化模型:学习努力、限制生育、大力投资教育、寻求高薪工作。一些人实现了向上流动的目标,他们行动的总和也促成了中国在资本主义世界体系中位置的提升。成功的学生及其家长都把他们自身视为可以极为有效地根据个人意志改变境况的能动者。虽然他们的意志反过来受到了由资本主义世界体系所维续的现代化文化模型的塑造,但这并不能抹除他们发挥能动性的事实。

到了21世纪初,世界上大多数人都受到了现代化文化模型的驱动。

---

① Harvey 2000:115。
② Gramsci 1992。
③ Bourdieu 1977,1998。
④ Comaroff and Comaroff 1991a,1991b。
⑤ 这种抵抗与 James C. Scott(1985)描述的"弱者的武器"有一些相似之处。但我认识的"弱势的"大连城区居民不同于 Scott 描述的"弱势的"马来西亚村民,前者似乎完全内化了现代化文化模型的霸权。

现被称为第一世界的社会率先建立现代经济、成为中心区域,第三世界的边缘社会则奋力发展、迎头赶上。这一模式致使世界上的许多人(包括我认识的大连人)预设现代性是必然的、不可避免的线性进化进程。但现代经济的新兴与发展其实并不是必然的进程,这种经济形态是由于一系列特定的历史境遇才主导全球。这些境遇不仅根植于工业技术的发明,也源于较早现代化的社会对较晚现代化的社会的征服、殖民主义或帝国主义统治、剥削以及后者因这些因素致贫。第三世界的民众将现代化视为脱离第一世界的凌驾的唯一出路,力争尽快趋近第一世界民众的现代化程度。中国期望借由独生子女政策实现的生育转型能够加快建设现代经济、以提升中国在资本主义世界体系中的地位。

当小皇帝长大

小家庭可以较好地对儿童进行使其接纳现代化文化模型的社会化教育。中国领导人为了培养具备第一世界消费模式和教育模式的一代人而出台了独生子女政策。多子女家庭的孩子必须分享家庭资源,独生子女则能独享父母集中化的大力投资。在中国独生子女的社会化过程中,他们像第一世界的年轻人一样习得了高期待、消费诉求、教育志向。但由于独生子女政策是以急剧方式促成了中国极大范围的且突发性的生育转型,中国独生子女受到了极大的父母压力,其在教育体系和就业市场上的竞争也极为激烈。

相反,中国在 20 世纪 50—60 年代的多子女大家庭的父母们则在多数子女的社会化过程中并未赋予其赢得精英位置的抱负,也未给此资源。社会主义政治经济体制中精英与非精英之间的不平等不像现在这么剧烈,当时也没有太多学生和家长认为值得花很大努力赢取精英位置。当时也并不要求一家中每个子女都找到高薪工作,因为许多子女可以共同分担给父母养老的责任和开销,较穷的子女也能在困难期得到较富的子女的救济。当时一些精英家庭生孩子少、对子女的投资较多,大多数非精英家庭则并非如此。一些父母对一两个比较天资聪颖的儿子赋予了较多的投资和期望,而并不期待女儿和其他儿子长大后变身为精英。在上世纪50年代出生的中国人中,仅有一些子女少的精英家庭中的天分好的男孩经历了后来独生子女家庭中普遍的父母压力和投资,大多数人无此体验。上世纪60—70年代的人们对于精英教育和工作的争夺并不像90年代这么剧烈。

大多数出生于20世纪80年代的中国城市青年是在其社会化过程中被植入了精英梦的独生子女。他们不仅是父母爱与骄傲的焦点,也被期待为将来退休后的父母提供收入、医疗费用、护理。许多人也要照顾孩子、祖父母、伴侣的父母及其祖父母。在日益加大不平等的现代经济中,人们只有找到精英工作才能挣得足够的收入来让所有这些依附人过上体面的生活。因此几乎所有独生子女都渴望找到精英工作,而其实现这一目标的路径往往是通过学业上取得成就。独生子女对于精英身份的普遍渴盼导致了快速的学历通胀和教育系统与就业市场上的激烈竞争。家长们将大量家庭资源用于对独生子女的投资,尽可能使他们在向上流动的竞赛中占据优势。青少年们谈到"社会是人吃人的竞赛"。这是一场豪赌,独生子女一旦在争夺社会经济地位的比赛中出局,他们的父母就无法仰靠子女生活,陷入贫困的独生子女也找不到兄弟姐妹来帮助其脱困。

中国生育转型所导致的人口老龄化的速度超过了国家发展提供养老服务的社会保障体系的速度。独生子女可能要独自承担过往由多子女共享的养老责任。此外,经济改革也加剧了这一重担,比如我问卷调查的学生中25%的人①母亲失业、12%的人②父亲失业。由于往往只有

---

① 样本量为2 190。
② 样本量为2 190。

在改革开放以来的教育体系中接受高等教育的人才有机会找到高收入、高声望的工作,许多独生子女是其家庭获得向上流动最后的也是最大的希望。

中国的家长们创造了一些词汇,来表达他们对期待过高的年轻一代独生子女的忧虑。独生子女是"小太阳",父母天天围着他们转。家长"宠"孩子,"溺爱"他们,"把他们惯坏了"。独生子女们对自己期待过高,对环境"没有适应能力",成了傲慢任性又要求过多的"小皇帝"。"小皇帝"一词在中外媒体对这一问题的报道中频频出现,因为它能让人联想到一个小孩子在一堆虔诚恭敬的大人面前称王称霸的生动画面。人们通常认为独生子女比起多子女家庭的孩子们要受到父母更集中的关注,因此都娇生惯养。但父母的关注不仅仅只是爱、支持、宠溺,也包括规训、要求、期待。

中国独生子女被称为"小皇帝",因其父母对他们的宠爱就如同帝国王室对皇帝的宠爱一般。但独生子女所享有的良好生活条件是有附带条件的。中国的皇帝们虽集万千宠爱于一身,但他们肩负着让帝国繁荣昌盛的重担。中国独生子女政策下的"小皇帝"们也是如此。

第一章 "接下来的几个月决定你的未来"：八个青少年的故事

本章通过追溯八位独生子女在20世纪90年代晚期的大连教育体系中的历程，介绍了本书主人公中的一些事例。他们生于1979—1984年间，属于主要由独生子女构成的一代人。我希望这8个故事能够作为案例，展示个人如何以复杂多样且变动不居的方式来应对生活境况和文化模型。为了尽可能涵括不同的案例境况，我在本章选取了在我认识的大连青少年中分别在"优等生"、"差等生"、"穷"、"富"这四个范畴内表现最突出的学生，其他人的社会经济地位和学习成绩水平介于本章所述的这些极端案例之间。

富裕的青少年自称"富裕"、"条件好"、"有钱"，其父母、老师、朋友、亲戚也是如此描述他们。他们的父母中至少有一方拥有管理层职位，他们住在除了厨房卫生间至少有四个房间的公寓里，家里至少有两件物品属于公众常说的三件"奢侈品"（计算机、空调、微波炉）。这些青少年只是跟中国大多数人比起来更富裕，他们家里没汽车，虽在中国生活优渥，但家庭年收入低于大多数第一世界的大学一年的学费。我估计每个富裕家庭的年收入（包括工资、养老金、补贴、贿赂、礼物、公司利润）至少是3万元（3 750美金），但仍远远低于美国，美国联邦政府1999年划定3口之家年收入少于13 880美金即为生活在贫困线以下。①

穷困的青少年自称"穷"、"困难"、"没有钱",其父母、老师、朋友、亲戚也是如此描述他们。每人的父母至少有一方失业,他们住在没有计算机、空调、微波炉的一居室公寓里。我估计每家在1999年的年收入(包括工资、养老金、补贴、礼物、售货利润)介于7 200—18 000元(900—2 250美金)之间。

根据中国国家统计局从中国各工作单位收集的信息,1999年中国职工年平均工资是8 346元(1 043美金)。② 根据大连市档案馆从大连地区雇主收集的信息,1999年该地区年平均工资为9 443元(1 180美金)。③ 根据中国国家统计局在1999年做的代表性抽样调查④,被调查者人均年收入为5 889元(736美金),10%的最富裕者人均年收入为12 148元(1 519美金),10%的最穷困者人均年收入为2 647元(331美金)。⑤ 根据大连市政府1999年的代表性抽样调查⑥,大连城区的人均年收入为6 274元(784美金),10%的最富裕者人均年收入为11 767元(1 471美金),10%的最穷困者人均年收入为3 018元(377美金)。这些调查可能与我的调查一样都会低估收入,因为被调查者不愿意报告非法、非正式,或未纳税的收入(诸如贿赂、礼物、补贴、公司利润)。人们仅仅在跟我很熟了以后才告诉我这类收入的情况,而哪怕是我最熟的人也可能会隐瞒部分收入。我有关收入的了解并不完备,本章中对于"富裕"

---

① 参见Office of the Federal Register 1999:13428-13430。全书中每逢讨论收入和支出时,我都将中国的人民币与美元以8元=1美元的汇率进行换算。这是1995年到2000年间通行的大致汇率,四舍五入为整数(参见国家统计局1998:940;2000:885;2001:895)。我做的换算只是排除了通货膨胀或汇率日常波动的粗略估算。所有的美元或人民币数额都四舍五入为整数。
② 国家统计局2001:135。
③ 大连市史志办公室2001:223。
④ 样本量为36 000。
⑤ 国家统计局2001:313,315,319。
⑥ 被调查者涵盖了500个家庭的成员,但这些家庭的成员总数并未公布(参见大连市史志办公室2001:271)。

或"穷困"家庭的分类部分基于我所观察到的消费模式,部分基于这些家庭如何自我认知及被相识者认知,部分基于我对其官方或非官方收入的了解。

同样,我对于青少年属于优等生还是差等生的分类部分基于我对其班级排名、考试成绩、学校设置的了解,部分基于他们的自我描述及其父母、老师、朋友、亲戚对他们的描述。本章描写的差等生通常在班级排名中靠后,常被别人描述、也自述为"懒"、"坐不住"、"管不了"、"贪玩"、"学习不好"。优等生通常在班级排名中居前,被别人描述、也自述为"努力"、"刻苦"、"学习好"。

本章的每个故事是由分层的三大因素——性别、学习成绩、社会经济背景——的不同组合塑造出来的。但我并不是要说这些青少年是所有具有同样性别、学习成绩水平、社会经济背景的中国年轻人的代表。我承认还有好多其他故事未被讲述,在此我讲出的这些故事只是为了例举上述因素如何塑造个体的主体性、体验、机遇。

杨舒,富裕的差等生女孩

1998年的一天,当我在市中心的一家服装店挑选挂架上的衣服时,我吸引了店主的注意。她是一位衣着优雅的40多岁的俊秀女子。她热切地问:"你想挑什么衣服?"

"参加婚礼的漂亮衣服。"我说。

"谁的婚礼?"

"我学生的。"

"你是老师?"

店主们通常喜欢询问顾客的个人生活信息,以此来建立友好关系、并更好地施展营销策略。我也想更多地了解这位店主,以她的年龄应当有个十几岁的孩子。于是我开始了和她长时间的攀谈,在此过程中说出了我的背景。

我说出背景后,时常有人会邀请我做家教,这次也不例外。"我女儿不爱学习,但她很聪明。只要杨舒对学习感兴趣,她一定会是尖子生。中国的教育方式太枯燥了。我给她找了很多家教,可是每一个人都不能让她对学习感兴趣,她还是不学。也许你用外国教学方法能让她对英语感兴趣。"

几天后,我和杨舒的母亲在她商店打烊前会面,然后一起坐公交车到了她家。杨舒正和她最好的朋友孙薇一起玩电脑游戏。她俩都扎马尾,穿着牛仔裤和衬衫,看起来像姐妹一样。

"懒姑娘!"杨舒的母亲斥责她们,"其他初三学生都争分夺秒地学习。你俩在干吗?光知道打游戏!"

"我在教孙薇怎么用电脑。"杨舒羞怯地解释。

"冯老师能教你们学电脑和纯正的美式英语。她就是我跟你说的那个美籍华人。"杨舒母亲说。

"很高兴见到你们!"我用英语说。

"她说什么?"孙薇用中文问杨舒。杨舒耸了耸肩,她俩开始大笑。

"你们想学英语吗?"我用英语问。

她俩笑得更厉害了。"我们听不懂!"杨舒用中文说。

"你们想学英语吗?"我用中文重复说。

"Yes!"她俩用英语喊,为我能讲中文感到释然。

"你们能跟冯老师学到很多东西。珍惜这次机会!"杨舒母亲边说边去厨房开始做晚餐。她俩用中文问了我好多关于美国电影和音乐的问题。

"你爸在哪儿呢?"我们坐下来吃饭时,我问杨舒。

"他出差了。"杨舒回答。几个月后,杨舒和母亲跟我熟悉了以后告诉我真相:杨舒上小学五年级时父母离异,父亲再娶,但还给杨舒儿童抚养费,也给她零花钱和贵重礼物。

"我爸妈起初很高兴我嫁给了一个公司经理,但婚后他打我,有了婚外恋,我才真正知道他是个什么样的人。"杨舒母亲说。"我很高兴离开了他,也同情他的新妻子。"

我和杨舒孙薇每月见几次。我用游戏和故事来教她们课本上的语法和词汇,但即便使用这种方法都不能长时间吸引她们的注意力。稍微比较成功的方法是教她们电脑游戏和英语电影(杨舒用大屏幕VCD播放机播放)中的词汇。杨舒有时邀请我和她的男朋友姜毅、孙薇和她男朋友滕飞一起用她家的家庭娱乐系统唱卡拉OK。我们也一起去商场、餐厅、游戏厅。她们父母也鼓励她们出去玩时带上我,希望我能充当监护人的角色。"别告诉我妈我和姜毅在一起了。"杨舒告诫我。

"你觉得我女儿的小朋友怎么样?"有一天我和杨舒的母亲在她店里聊天时,她问我。

"孙薇很好。"我试图回避,装作不知道"小朋友"是对"男朋友"的委婉说法。

杨舒母亲见我不安,笑了:"那个小家伙让你别告诉我她和姜毅的事,对吧?她班主任已经跟我说了。我告诉女儿别在男孩身上浪费时间,可她还是不听。我也阻止不了,只是想听听你觉得他怎么样。"

"他挺好的。"我说。

"怎么个好法?我听说他学习成绩比我女儿还差。他在浪费她时间。学校禁止早恋是有道理的。她还是个孩子!她找个小朋友有什么用?她比班上其他人都聪明,可她在浪费自己的潜力。她应该抓紧时间用功准备中考。你跟她说说,她应该听你的。"

我告诉杨舒我同意她母亲的主张,她应该多花时间准备上高中的入学考试。我建议她:"考前这几个月你先好好用功,之后整个暑假都能玩了。"

"我懂。"杨舒说,"可我有时候也需要放松啊。有的人为了备考太紧张了,最后反而因为恐慌考得更差,还不如之前像我一样放松点。"

一次我和杨舒正在她家看电视,她母亲从学校开完家长会流着眼泪回来了。"你成绩几乎是班上最差的!"她冲杨舒吼。"我太没面子了,都不敢看其他家长,我想从那屋子里跑出来。你成绩这么差,怎么上得了高中考大学?你觉得你爸会帮你吗?他很快就和新老婆有孩子了,他会把你忘得一干二净。你要是考得太差,花多少钱都上不了高中。"

"上高中考大学有什么用?"杨舒回答。"我听说现在连大学毕业生都找不到工作。"

"要连大学生都找不到工作,你又怎么找得到?"她母亲啜泣着说道。"你难道想让我养你一辈子?你光想等我老了、卧床不起了就接着开我的店?那个没前途!我想让你有更好的工作!"

杨舒说:"不用担心,我会想到办法的,不管中考怎么样,也一定能成功。"

"什么办法?"她母亲逼问她。"你不好好学习,能找到好工作吗?你盼着整天待在家里,让有钱老公养你?一个男人可能被你外表吸引娶了你,可没过多久他就会厌烦,说你一无是处。接下来你跟他闹,他再跟你离婚。然后你做什么?"

为了能够维持他们的友谊小组,杨舒和她男朋友姜毅、孙薇和她男朋友滕飞一起选择了同样的高中(中专)作为中考首选学校。

考试临近时,杨舒母亲请一位亲戚经营店铺,自己还在中考的那两天等候在孩子考场外面,和其他数百名同样在雨中等候的考生家长一起,等着孩子在中间休息时出来用餐。

杨舒的考分仅能让她上一所非她首选的职业中专。她愿意去那儿上学,但父母把她送到了一所民办寄宿学校。只要家长愿意支付每年7 000元(875美金)的学费,孩子便能入读该校。杨舒母亲告诉我:"我喜欢这所学校,它很严格,风格很像军训营。我女儿很聪明,她只要长大懂事了,就一定会是好学生。这所学校的师资优良,课程设置和高中一样。她日后就算上不了国内大学,我也能送她出国读大学。她可以在国外深造,人家那儿最重视能力而不是考分。"

杨舒到民办高中就读后不久,她母亲便告诉我她的服装店的经营状况不太好。她面临着美国大型超市沃尔玛和法国大型超市家乐福的激烈竞争,这两家店于 2000 年在大连开业,吸引了大量的顾客。"这些大超市把我的客源都抢走了,它们在价格、货品挑选余地、位置、氛围这些方面都比我的店好,人们也喜欢逛一个店就把衣服、食品、居家用品都买齐了。我怎么能竞争得过人家?"

最重要的因素是顾客购买力下降了。她哀叹道:"现在有那么多人都失业,没人买得起新衣服。以前人们还爱来我这儿买最新款式的衣服,现在他们只穿去年甚至十年前的旧衣服。有些人失业以后自己做生意,卖质量差的便宜衣服。顾客们也希望用同样价格能买到我这儿的好质量的衣服,我就必须亏本经营!"

但她为女儿越来越对学习上心而感到欣慰。她说:"我早就知道把她送去私立学校错不了。我顾不上她,学校能好好管她。"她也为女儿终于跟男友分手感到高兴。"她终于长大了,知道她不该浪费时间跟那男孩瞎玩!"

杨舒则不像母亲那么高兴。她告诉母亲自己是因为想专心学习而选择跟男友姜毅分手。但她告诉我的是姜毅喜欢上了他读的职业中专里的一个女孩,抛弃了她。"他怎么那么容易变心!"她哭着跟我讲。"我对他比对自己都好。可我们一到不同的学校读书他就把我给忘了。我还以为他爱我!我都不敢相信自己怎么那么傻。我早该听我妈的!她说男人都靠不住,她说对了!我要是没浪费那么多时间跟姜毅玩,也许我会上高中,得到更便宜、更好的教育。从现在开始,我会一心学习。我再也不想找'小朋友'啦!"

杨舒很担心家庭的未来。不只是她母亲的生意在衰落,她父亲也因为公司资金的问题而收入下滑了。她跟我说:"我一定要读大学。以前我觉得自己可以依赖父母亲和朋友,现在看来只能依靠我自己了。"

孙薇，贫困的差等生女孩

孙薇和杨舒自从读一年级开始就是闺蜜，那时她俩是同桌，整天叽叽喳喳聊天，后来老师都不让她俩当同桌了。她们家都住在同一条街道上，每天一起走路上下学。杨舒母亲晚上需要在店里工作时，杨舒就到孙薇家里吃饭。孙薇常去杨舒家里打电脑游戏、唱卡拉OK、在可以播放VCD的大屏幕电视机上看电影和有线电视节目。孙薇家里只有一台信号接收差、也看不了有线电视节目的小电视机。

她俩的男友姜毅和滕飞也是最好的朋友，这两对小情侣常常组成四人小组一起到处活动。

孙薇班主任建议孙薇父母让她和男友分开，但孙薇父母没有照做。孙薇母亲跟她说："我知道你的朋友对你很重要，也知道你不可能把滕飞撂下而跟其他人玩。但是你一定要跟大家待在一起，不要只跟他单独行动。"

孙薇母亲从工厂下岗以后，通过姐姐的关系找到了扫马路的工作，但干了没多久就辞职了，因为她有高血压、慢性疲劳症，不能全天站着工作。孙薇父亲还在妻子原来工作的工厂工作，但工资经常迟发或停发。孙薇不在家时，她父母为了省钱不吃饭。他们憔悴苍白的脸孔和女儿圆鼓鼓的红润脸颊形成了鲜明的对比。

孙薇想好好学习，但她坐不住。"我努力过了，但我就是学不进去！"她跟父母说。"咱家太挤了，我受不了了，我要到杨舒家里学习。她家好多了！"

孙薇的父母虽然很喜欢她的朋友们，但担心她会学到他们不好的学习习惯。她父亲说："你的朋友们有有钱有权的爹妈供着，根本用不着担心上不了学。可你除了我们还有谁？"

孙薇和朋友们出去逛街时，会轮流出钱请大家吃饭、吃零食。虽然孙薇只是在买最便宜的东西(比如冰棍或饮料)时才掏钱,但即便这些花费对于她父母来说也是一笔负担。她母亲问:"你就不能从家里带点白开水吗?"

"那不行!"孙薇喊道。"你出去了就要请客。我的朋友老请我吃贵的饭。我起码也要请人家吃冰棍吧!"

她父亲说:"你要是好好学习,就能将来找到好工作挣大钱,然后就能请朋友在高档饭店里吃大餐!那样不是更好?"

孙薇一般都能克制自己,和朋友们逛商场时不买东西。但有一天,她求母亲:"杨舒和我看到一双特时髦的黑鞋,我俩穿都很合适!可杨舒说我要是不买她也不买,她不想让我嫉妒。求求您给我钱买一双吧!"

她母亲说:"杨舒的妈是开店的,从她那儿打折买鞋呗!"

"不行!她妈卖的是衣服,不是鞋,这种款式和型号的鞋可能全市就只那家店有!再说了,我也根本不好意思求她妈帮这样的忙。给我钱吧!"

她母亲说:"你要是下回考试能考到全班前十名,我就给你钱。"

"到那时候别人就把鞋买走啦!"孙薇抗议道。"您要是现在给我钱,我保证比以前更用功学习、下回考高分,就算进不了前十名,至少也比上次考得好!"

孙薇母亲心软了,给了她钱。"妈妈我爱你!"孙薇大喊,手里拿着钱,在她家局促的房间里跳起舞来。

孙薇为了兑现诺言,比以前用功了好多。她告诉我:"不管有多么受不了,我都强迫自己紧盯着课本,直到我趴在书上睡着了。"下一次测验中她的分数在全班53个同学里排名第28位。她一般都排在30多名,所以父母对她成绩的进步感到很高兴。"保持住这股劲头,你将来就一定能上好高中。"她母亲兴高采烈地说。

中考快要临近的时候,孙薇的母亲也越来越焦虑。她四处向朋友亲戚打听给孩子准备什么样的饭菜能让孩子在备考阶段脑力充足精力旺盛。她花了很多精力和费用，给孩子做各种美味佳肴，也不让孩子帮做家务。她告诉女儿："未来几个月决定你的未来，你要把每一分钟都用在学习上。"

孙薇母亲的焦虑让她已然衰弱的身体更加不堪重负。中考前几周，医生告诉她她的高血压很严重，需要住院治疗。她拒绝了，因为她担心她不在家会很影响女儿的中考。医生给她开了降低血压的西药，但她买了更便宜的中草药。

有一次，我在孙薇家里陪她母亲等着孙薇和杨舒放学回家，孙薇母亲的姐姐来看望她。她斥责孙薇母亲："孙薇的考试重要，可你的健康也很重要。你应该住院。孙薇自己能照顾好自己。你不应该为了陪她牺牲自己的身体。"

孙薇母亲回答："我要是去了医院，孙薇会很紧张，她就不能专心学习了。她会坐卧不宁。她爸做饭不好吃，她营养就跟不上。她会浪费时间做家务，或者整天跟朋友玩，不好好学习。我不能在她人生最关键的时刻离开她。我只有一个孩子，我爱她胜于爱自己的生命。"

孙薇的父亲担心自己会成为下一波的下岗对象，于是不敢跟工厂请假、在孙薇考试的时候陪她。他和妻子说："你也没必要在她考试的时候去考点。不要牺牲健康去那里。你又不能替她考。她自己会考好的。她要是需要什么，可以问杨舒的妈妈要。"

"她需要的是自己的亲妈。"孙薇母亲坚决地说。"她要是病了咋办？她要是哭着从考场里出来咋办？我怎么能不在那儿等她？"

杨舒和孙薇穿着她俩都买的那对时尚黑鞋去参加了中考。孙薇母亲在考场外的风雨中等候时身体更不舒服了，我和杨舒母亲建议她回家，但她坚决不走。孙薇母亲看到女儿笑着走出考场、告诉她考试题比想象的简单，这时她感到很振奋。

孙薇母亲在中考后住了一个星期的院。她丈夫不顾她的反对，找医生给她开了贵的静脉注射的西药来降血压。孙薇难过地跟我说："这都是我的错。我要是个好学生,我妈就不会这么紧张。"当她的朋友们都在庆祝从初中毕业时,孙薇在母亲住院的整个星期都陪在她的病床边。

孙薇的中考分数比她平时模拟测试的分数要高,但还是没达到高中或中专的分数线。她的父母虽然觉得失望,但没有责备她。她母亲说:"孙薇在考前几个月尽了最大努力。她以前不该花那么多时间玩,但我们现在也改变不了过去。"

孙薇被她首选的职业中专录取了。她父亲说:"她要是从现在开始努力学习,还可以参加成人高考或者高教自考,将来也照样能找到好工作。"

孙薇听说班上一个考分比她低的同学通过送礼、跑关系、交额外费用,上了高中。她的父母没有这样的资源。他们得靠向亲戚朋友借的钱和他们给的礼金才能付得起孩子上的职业中专每年2 000元(250美金)的学费。

孙薇送杨舒去乘坐开往私立中学的长途公交车,俩人挥泪而别。

孙薇在职业中专里很怀念自己原来在初中时的密友。她说:"我交了些新朋友,但还是很怀念老朋友。初中的友情比高中更简单,也更真实。"她还在和滕飞约会。滕飞为了能维持和孙薇的关系,让他父母想办法送他读了录取了孙薇的学校。但自从杨舒和姜毅分手,孙薇父母对女儿和滕飞的关系也更警惕了。

孙薇母亲告诫女儿:"不要和他单独出去。你要是单独和男孩子在一起会出事的。你嫁人的时候贞操就是你的资本,你结婚至少还要再等十年吧!谁能保证你和滕飞能在一起那么久!你现在也不知道他将来能不能事业有成。他人不错,可学习差,没准儿他就光知道花父母的钱。"

"别再唠叨了。"孙薇答道。"我是好姑娘。我和滕飞在一起很开心,可我也懂事,我会小心的,放心吧。"

孙薇因为姜毅抛弃了杨舒很生他的气,滕飞也不赞同姜毅的做法,但还是跟他做朋友,这使得杨舒和滕飞关系也有点紧张。杨舒和孙薇依旧经常打电话、在假期的时候见面,但她俩再也不和姜毅和滕飞一起出去了。孙薇父母担心女儿和男友单独外出会出事,一般不让她和滕飞在校外碰面。

孙薇虽然上初中时是个学习一般的学生,但她在中专成了好学生。这部分是因为那里的高分学生比初中要少,可她父母更强调这是因为女儿"终于长大了、懂事了,懂得用功学习了"。

孙薇父母靠着从亲友那里借来的钱以及他们给的礼金支撑着孙薇的学费,也供她上昂贵的周末辅导班、为参加成人高考做准备。"孙薇小的时候不懂事,犯了些错,但她现在知道学习的重要性了,我们想让她尽可能多地接受教育。"孙薇父亲告诉我。

孙薇希望她将来能白天工作、晚上上成人教育学院的课程。她跟我说:"我每次看到我妈妈拖着孱弱的身体在街上叫卖东西,就想掉眼泪。我实在等不及了,我想开始挣钱,不再给我爸妈添负担,也开始改善他们的生活。"

滕飞,富裕的差等生男孩

孙薇男友滕飞有时会请孙薇、杨舒、杨舒男友姜毅、和我在他父母开的餐馆里吃饭。我也会应他父母的请求,在餐前或餐后给这四个朋友讲英语课。

孙薇喜欢滕飞随和、易于相处的个性,可也爱取笑他书呆子式的外表。

滕飞的班主任建议滕飞父母斩断他和孙薇的恋爱关系,但他父母置若罔闻。他母亲告诉我:"其他家长发现孩子有了'小朋友'会骂孩子,可孩子还是照旧谈恋爱,只不过什么都不再告诉父母了。我从不责怪滕飞,所以他什么都跟我说。这样的话,至少我还能给他提点建议。"

滕飞父亲喜欢孙薇,因为她是"好姑娘",学习也比滕飞好。他跟我说:"也许她还能带着他学习用功点儿。"但他也告诫儿子不要太过于看重这段感情。他说:"你们还只是孩子,谁知道将来会怎么样?"

孙薇很喜欢滕飞。她告诉我:"他脾气特别好。有时候我打他骂他,他也只是笑笑!"

起初我还以为滕飞是个好学生。我讲英语的时候,他看上去总是很专心听讲,就算他的朋友们想用讲汉语笑话或段子让我分心,他也不为所动。但我让他们做测试题时,他能答上来的题目还不如朋友们多。我责备他:"你不要总是点头、装作自己懂了,有什么问题一定要告诉我!"他只是笑笑。

滕飞父母每天大部分时间都用在经营餐馆上。他母亲告诉我:"我很高兴有这么个好儿子。我很安心,因为我知道他不会惹麻烦。"他不和朋友们在一起的时候,常常在家看电视或者打电脑游戏。他和大多数差等生男孩不一样,他很安静,从不在学校打架。

但滕飞父母对他的学习成绩很担心。他们花钱请了大学生来辅导他,可他的成绩还是一如既往,常常在班里排名很靠后。"你要是不好好学习,怎么能上得了好高中?"有一天,我们在他家等他的朋友们逛街回来时,滕飞母亲如此说道。

他问:"我非得读高中吗?我毕业后怎么就不能帮你开餐馆呢?"

"傻孩子!"他母亲大叫。"你要想开餐馆也得学知识!不然我们一把它交给你,你就会被别人骗破产!"

滕飞答道:"可你才初中毕业,就能做得很好。"

"你们这代人跟我们不一样!现在你必须好好受教育才能生存。你要是没学历,别人不会尊重你。"

"我真正的朋友不管怎样都会尊重我,我也不在乎别人怎么想。"

"只有小孩子才会这么说!我的小宝贝什么都不懂啊。"他母亲向我抱怨。"他什么时候才能懂事?"

"你给我买个手机,我就懂事了!"

"他真可爱!"他母亲边跟我说话,边拉他坐到自己腿上,抱住他。他看起来很不好意思。

滕飞父母不能在中考那两天整天都离开餐馆,他们租了辆出租车送孩子去考点和接他回家,也在餐馆里给儿子做了精美的饭菜。

滕飞中考分数很低,上不了录取了孙薇的那所职业中专,但他父母通过多花钱设法让他也被该校录取。他父亲和我说:"我也可以让他在餐馆帮忙,但那样会浪费他的潜力。我想让他尽可能多学知识。也许将来我会送他出国上大学,这样他以后能在国外开自己的餐厅。你不是说过外国人喜欢中国食物吗?"

滕飞父母的餐馆和杨舒母亲的服装店处境类似,也受到了日益加剧的竞争和日趋缩减的顾客购买力的冲击。滕飞母亲向我抱怨:"中国人不再喜欢吃中国饭菜了。现在有很多餐馆,有钱的顾客也越来越挑剔了。他们想换换口味,吃西餐、日餐,或者国内各地的特色菜。没钱的顾客要么失业了,要么担心很快会失业,为了攒钱就不再来餐馆吃饭了。"

滕飞父亲说:"我们俩开餐馆没问题,我们老了,只需要挣点钱过日子够用就行。但我们不想让滕飞在餐馆里帮忙,他还很年轻,我们想让他有更好的前途。"

滕飞母亲说:"他也可以去国外发展。你跟我说说,在美国开餐馆容易吗?要想开一个得花多少钱?能挣多少利润?"

我回答:"我不太了解餐馆生意的事,但我猜至少也要花几万美金吧。"

滕飞母亲说:"我听说有人出国留学,业余时间到餐馆里打工做服务员,渐渐地学了本事,等攒够钱自己开餐馆了。"

我说:"我猜有人是做到了,但也不是那么简单。做服务员挣的钱也最多仅够支付生活开销。"

滕飞父亲说:"滕飞不一定非要开餐馆。他也可以做电脑或贸易方面的生意。他可以待在大连,或者到更大的城市去发展,也可以出国。我们只是希望他做自己擅长、又喜欢做的事情。我们愿意尽最大力量给他投资,但他自己一定要行动起来有所作为。"

滕飞在职业中专也是成绩最差的学生之一,这和他在初中的情况一样。他父母继续请家教辅导他。孙薇和我也在辅导他。滕飞也很配合我们,但他的成绩总是不见起色。

我问:"你长大后想做什么?"

滕飞回答:"我也不知道。我想要是可以的话就出国或者在大连的外企找份工作。我也可以只帮父母开餐馆。"

于涛,贫困的差等生男孩

我第一次听说于涛的名字,是从我辅导的初中生李建的母亲那里听到的。李建的母亲是于涛的姨姨。每次李建想请母亲同意他出去和朋友玩,母亲就问:"你想和你表哥于涛有一样的结果吗?于涛跟你一样大的时候总爱和朋友出去。现在他们对他有什么帮助?"

我问于涛是谁,李建的母亲跟我讲了他的故事。于涛刚生下来时,她照看过他。从小他就生性顽皮,小学时他还没太受性格的影响、能拿到中等成绩,上中学时他遇到了一群缺乏管教的男孩,跟他们"学坏了"。他们一起逃学去逛街,去游戏厅玩。他们不顾学校规定交了女朋友。他们每天花很多时间在一起玩,在学习上投入的时间很少。最糟糕的是,他们爱和其他男生打架。

"于涛一犯错,我姐姐就总被学校老师叫去。有时于涛动手打了其他男孩,她还得给人家出医药费。我很为她难过,但她把儿子惯坏了,也是她的错。要是我儿子把朋友看得比自己爹妈都重,我一定会打他,打到他走不了路。"李建母亲说着,意味深长地望了儿子一眼。

于涛在1998年参加中考,分数仅够上一所技工学校,该校毕业生的

49

就业方向是到工厂上班。他的父母从工厂下岗了,每个月每人从工厂领300元(38美金)的下岗费,全家每月也从街道居委会的社会工作者那里领39元(5美金)的贫困救济金。他们每天在街上卖肥皂、洗发水、厕纸和其他家居用品,来补贴家用。即便经济窘困,他们还是想办法从亲戚朋友那里借钱供于涛上学,每年学费为大约2 000元(250美金)。但于涛经常逃课去和朋友们玩。其中有些人连任何类型的高中都没能上得了。于涛仅在技工学校读了一个学期就退学了。他找了很多工作,但没人聘用他。他也不愿意帮父母在街上卖货,他担心做那些事会让他在朋友们面前没面子。他声称是朋友在他们出去玩时给他出饭钱、甚至给他零花钱。但他父母担心他是通过参与犯罪行为拿到了钱。有一天,他们的担心终于被证实了。于涛读过的初中的老师给他们打电话,说于涛和朋友们通过殴打威胁初中的小男孩们来向他们勒索金钱。于涛父母恳求老师和被打男孩的父母不要报警。于涛和其他肇事男孩的家长愿意给挨打男孩的家长出两倍于被勒索钱款的补偿金,才了了这件事。

在1999年的五一节我参加了李建母亲这一方的亲戚们的聚会,见到了于涛,当时他仍没有工作。于涛和我见过的大多数大连城区的青少年们长得很不一样,他身体很强壮,脸也晒得很黑,那是因为他总爱在室外和朋友们踢足球打篮球。于涛母亲恳请她的兄弟姐妹们及其配偶帮助他儿子找工作。他们答应试一试,但其实大家都是穷困的工人或者做小生意勉强维生,没有多少人脉关系能用于帮于涛和用人单位牵上线。

于涛问我:"你能资助我去美国吗?我什么活儿都能干,再苦再累都行。"

我说我没有能力帮他搞到去美国的工作签证。他父亲带着嘲弄的口气问他:"你要是愿意工作,为什么不完成学业?"

于涛回答:"我不想在中国当工人。国内所有工厂都会倒闭,干这个没前途。"

他父亲厉声说道:"那你现在有好前途了!我们为了你能买课本自

己舍不得吃饭,为了能攒钱付你的学费,大冷的天出去卖货,都快要冻死了。那是因为我们所有的希望都寄托在了你的身上。可你是怎么报答我们的?"

于涛冷静地说:"别担心了,我会跟朋友们一起创业,我们都会发财的。"

于涛的一些姨姨和舅舅开始窃笑,但这时于涛母亲开始为他做辩护:"不要笑!我儿子很聪明。他要是当初能把玩的时间抽出一点儿来学习,一定会是优等生!他一旦长大懂事了,就会成功的。顽皮聪明的男孩子长大以后成了富商,现在尽是这样的例子。"

于涛父母在认识我以后,有时会把儿子也送到李建家里,让他也听我的英语课。于涛喜欢跟我聊有关美国生活方式的话题。他跟我打听美国各种汽车的价钱。每次我想讲讲英语语法和拼写规则,于涛就不注意听我说话了,开始和李建说笑,这让李建父母很不高兴。李建母亲最后让她姐不要再送儿子过来听课了。她说:"于涛在干扰李建,另外,他学习落得太多了,什么也学不会。"

于涛父母曾几次邀请我到他们狭小拥挤的公寓吃饭。有一次我称赞于涛做的烤猪肉很好吃,他母亲和我说:"我儿子厨艺很好,他也喜欢做饭。你能在美国餐馆里给他找份工作吗?你可以问问你的朋友或者你父母的朋友,看看他们有谁认识开饭店的人。或者他也可以在你教授的家里当厨师。"我回答说我不认识需要厨师的美国朋友。

于涛父亲的兄长给他找了一个在工厂里做夜间看守人的工作。但他因为与上级主管交谈时言语不敬,只干了几个星期就被解雇了。

于涛被解雇了几个月以后,我有一次在公交车站遇到了他父亲,知道了他还没找到新工作。"于涛最近怎么样?"我问。

他父亲低声怒言:"谁知道呢?他都不跟我说话。我每次想给他点建议,他就笑我。他小时候我能打他,现在他比我还人高马大的,我什么也做不了了,万一他还手呢?他光爱花钱,从来不考虑未来。他这样的男孩子能有什么未来？我真希望生的是女儿。"

我们这次见面的几个月之后，于涛一个朋友的父亲雇他在自己开的餐馆里做服务员，但几个星期之后就解雇了他，因为他总爱上班迟到。

于涛父母借钱供他上辅导班，准备高教自考。他每次都考砸了。这并不奇怪。高教自考难度很高，连高中毕业生也难以顺利考过，这对仅仅在技工学校读了一个学期就退学的于涛来说更难。

2000年，我在返回美国之后，给于涛母亲打过电话。她说："我想请你帮个忙，你要是帮不了也没关系，请你听我说一说。"

"帮什么忙？"

"于涛的有些朋友出国了，他也很想去。我们听说要想拿到外国签证，得找个外国朋友写一封邀请信。你能帮我们这个忙吗？你不用给他花一分钱，我们会借钱给他买飞机票，他一到了那儿也会尽快找到工作养活自己。"

我说："这事没那么简单。我给他写信一点儿用都没有，要是有录取他的学校或者雇佣他的雇主给他写信，还或许有用。但我也没能力帮他拿到这个信。另外，美国政府仅仅给拥有多数美国人没有的特殊能力的中国人发工作签证。连高中都没毕业的人很难拿到工作签证，要是他想拿学生签证，你们每年得付几十万块钱资助他，美国政府不准外国学生长时间打工来支付学费生活费。"

他母亲问："那电影《不见不散》里的中国移民是怎么回事？他们既不是学生，也没有特殊能力，他们怎么去的美国？"

"我不知道！"我回答。"他们可能是非法移民，也可能是为了和家人团聚拿到签证，或者一开始是学生或游客，后来找到办法留了下来。那个只是部电影，不一定反映准确情况。"

"你真的没办法让他去美国？"她逼问道。

"真的没有。"我说。

"好吧，我就是问问。"她说。"于涛想和你说话。"她把电话话筒交给于涛之前,跟他耳语了几句,我听不清楚。

"于涛你好,最近好吗?"我问。

"一般般。"他说。

"你的学习怎么样了?"我问。

"一般般。"他说。

"你找到工作了吗?"我问。

"没有。"他回答。"现在的高中和大学毕业生太多了,大家都想找好工作,我根本竞争不过他们。我也不想做差工作,那些工作根本挣不着钱。可我愿意去国外,做什么工作都行,在国外一年工资抵得上在中国十年的工资。我要是能在美国干几年,就能攒够钱回国做生意啦。"

"你根本攒不够那么多钱。"我说。"就算这里工资比中国高十倍,费用也高啊。你英语差、连高中学历都没有,在美国找工作至少会和在中国找一样困难。就算能找到,挣到的钱也只能勉强够支付你的生活开销。"

我帮他估算了在美国的工资、房屋租金、购买食物的费用。但他还是坚持说:"我还是能攒够钱,回中国当富人。我会每周工作 80 小时,每天只吃米饭,租最小的条件最差的房间。只要你给我一个去美国工作的机会,我肯定能有办法攒钱。"

"我没有能力给你机会。"我说。"我不是学校管理层的官员,也不是雇主,也不是你的直系亲属,要是我帮你申请签证,美国的签证官根本不会拿我当回事。"

"你就不能说我是你弟弟吗?"他问。"你也可以找你父母或教授帮助啊。我求你了。"

"我不能做非法的事。"我说。"要是法律有变化或者我发现了能帮助你过来的机会,我一定会告诉你,但我觉得希望不大。"

他说:"麻烦你尽力帮我,我在中国没有前途。"

林琳，富裕的优等生女孩

"这要花多长时间？"当林琳的父母准备带她和我去一家高档餐厅用餐时，她焦躁地问父母。

"就几个小时。"她父亲说。"那儿的饭菜很可口，你也可以向冯老师学很多东西。"

"我知道。但现在是高峰时段，路上很堵，我们也很难打到车，餐馆也要花好长的时间备菜。"林琳说。"我这周要考试。要不你们先走吧，我一个小时后再打车去，那时候路就不太堵了，餐馆也正好上菜。"

"好吧。"她母亲说，并给了她单程打车的钱。

"我们也可以走路去附近的餐馆啊。"我提议说。

"附近的餐馆都不卫生。"林琳父亲说。"另外那家餐馆有非常正宗的北京烤鸭，我们想让你尝尝最经典的中国菜。"

我和林琳父母打车去餐馆。他们路上告诉我林琳很有学习精神，她在英语这门外语的测试中也考分很高。"我们觉得她在国内不能全面发展她的能力。"她母亲说。"我们想让她去美国读大学。"

林琳的母亲从她的朋友、我辅导的一名成人教育学院的学生的父亲那里要到了我的电话号码，邀请我共进晚餐。我到了她家，原本期待能在她家吃顿家常饭。通常我都更愿意选择在对方家里、而非到餐馆吃饭，这样不仅能更有利于我研究的共餐氛围，也为对方节约了开支。但林琳父母都是公司经理，那天工作很忙，没空在家做饭。

林琳的时间把握得刚刚好。当餐馆服务员刚把切得很精致、香喷喷的脆皮烤鸭肉片端到我们桌上时，她正好到了。她用虽不连贯但语法完全正确的英语细致地问了我关于美国生活的问题，也跟我讲述了她的学习安排。她说："今晚我会花一个小时看看我在数学测验里答错的题，然后花一个小时做数学习题。然后我会花一个小时学英语单词，再做英语习题。我要学到夜里十二点半。"我夸她学习很用心。她说："我必须努力啊,因为我不聪明。"

"她英语怎么样?她去美国生活会有问题吗?"她父母问。

我答道："她英语很好,去美国没问题。但你们真的能付得起美国大学的学费吗?"

她母亲说："我们攒了钱,要去美国不够的话,我们也可以跟别人借些钱。我们只有这一个孩子,我们所有的希望都寄托在她身上。"

我跟他们介绍了美国的生活开支和学费,也告诉他们本科生阶段的中国留学生拿不到多少奖学金。我提议可以让林琳先读一所中国名牌大学、再申请到美国读研究生,通常读研的中国留学生可以拿到全额奖学金,或者当助教或研究助手挣钱。林琳和父母后来也征求了朋友亲戚的意见,最后决定采纳我的提议。

到了林琳要挑选申请哪所中国大学的时候,她的父母对于她在各所一流的四年制本科院校中该选一所当地大学、还是选另一座城市的一所更有名气的大学,发生了争议。他们广泛征求了我、朋友、亲戚、同事的意见,问我们中国的哪些大学最有可能提高学生申请去美国拿全额奖学金读研究生的成功率。虽然中国其他地方的一流大学可以让林琳更有把握得到这样的留学机会,但这些学校竞争更剧烈,而且在大连地区招生的名额也更少。本地的那所大学录取分数线更低,也在招生时更照顾本地学生。另外,林琳母亲有一个朋友在该校当教授。就算林琳考分低于分数线,她母亲的朋友也能帮助她被该校录取。林琳父母在当地人脉很广,她要留在大连上学,父母能在很多方面给她帮助。最后,他们让她选本地的这所学校,因为这是最安全的选择。林琳同意了。

林琳父母尽管工作很忙,但还是双双抽空在她1999年高考的那三天去考点陪她。我和她的父母送她进考场后,就打车去麦当劳要了开心乐园餐的外卖,然后打车回考点,等着林琳中午时出来吃饭休息。林琳脸上带着笑容走出了考场,和母亲手挽手走向出租车,一边还向母亲详细地讲她在各个考题部分发挥得怎么样。她的父亲则守着出租车,不让其他家长抢走。他们打车回家,让林琳能在开空调的凉爽公寓里吃她的开心乐园餐。

林琳的考分远远超过了一本院校的分数线,轻而易举地被本地大学录取了。她和家长都后悔设定的目标过低了。

高考过后,她父母邀请我去她家吃了几顿饭。林琳告诉我她高考的成绩和她平时模拟考试的通常成绩一样高,这让她很欣慰。"我以前心理素质不好。"她说,"我上初中时成绩总是前几名,所有老师都说我一定能考上重点高中。但我在中考时怯场了,考分不够重点高中的分数线。我之后连哭了几个星期,都不想活了。我爸妈最后花了好多钱,也托人找了校长,才让我上了重点高中。所以我总觉得有心理负担,我下定决心一定要证明自己值得父母为我的付出。"

高考过后,林琳终于能好好地和朋友一起玩,而不会因为这样耽误了学习而感到愧疚了。"从一年级开始我的寒暑假就是在上辅导班或请家教中度过的。"她告诉我。"这是我有的第一个真正的假期!"她尤其喜欢和高中的朋友们一起去餐馆吃饭、逛商场。她开始买时尚的衣服。以前她总是保持男孩式短发的发型,因为她担心要是留了长发就需要多花时间洗发和梳头,这样会耽误学习。但现在她决定留长发,去做一个时髦的发型。

她每次出去,父母给她100元(13美金)。她母亲告诉我:"我们想让她好好玩,开开心心。这是她应得的。"但他们也告诫她不要和最好的男性朋友单独玩。虽然她一再说这个男孩是她的哥们,她没有男朋友,但她父母告诫她不要和他"生出事来"。她母亲提醒她说:"你想出国,所以不要分心。"

林琳整个暑假都在期待上大学。但她上学以后又告诉我觉得很失望。她在宿舍里坚持着住了几个月,最后还是觉得自己受不了和其他7个女孩共住在一间小小的宿舍房间里。她意外地发现她的舍友们并不像她想象中的一流大学里的学生那样自律。她们总爱聊天,她不能专心学习。她很怀念家里安静宽敞的房间、她的电脑和舒适的床。所以她搬回家住,乘车上下学。

我回美国以后,林琳和她父母还继续和我联系,请我提提怎么能让林琳到美国读研究生的意见。她母亲跟我复述了一些她听说的其他人出国的事例。她说:"我同事说她朋友的女儿去美国读研究生了,嫁了一个美籍华人,俩人都做计算机编程工作,不出几年就买了房子和两辆车,也没伸手跟家里要钱。要在中国,得花多少年才攒够钱买一个房子、两辆车?现在他们想把父母也带到美国去。"

她父亲说:"我想让她全面发展能力,可像她这样一个聪明恬静的女孩要想在中国出人头地太难了。我想让她将来回国报效祖国,但这也要根据她的自身条件和能力来做。我不希望她因为不会奉承别人,或者因为父母没有关系而受阻碍。为什么出了国的中国人能拿诺贝尔奖,可在国内的中国人就做不到?出国留学的人就像镀了层金。大家对待他们和对待其他人不一样。这是我想让她走的路。"

林琳自己也想出国,但担心拿不到奖学金。她说:"要是没有奖学金,我父母也可以从所有朋友亲戚那里借钱,供我出去上学。可我不想让他们有这么大的负担。我只有靠自己能力拿到奖学金才会出去。否则我就在中国找工作。要是我能在国内有好工作,就没必要出国。中国发展很快,所以说不定将来我在中国能挣到和在国外一样多的钱。"

胡莹,贫困的优等生女孩

1998年12月的一个寒冷的冬日,我从自己执教的高中快步走出来,想赶快回家。这时,一个名叫胡莹的女孩追在我身后,喊了一声:"冯老师!"她是我在那里教的数百名学生中的一员。她的大眼睛炯炯有神,神情坚定。

"你好!"我说。

她停下来缓了一口气,鼓起勇气,略带羞怯地大声说道:"您能做我的英语家教老师吗?"

"好的!"我热情地回应道。我们讨论了碰面的时间和地点,然后她紧张地问我要求多少家教费。"我给你们学校教学是义务的,所以我怎么能跟你要家教费呢?"我回答。"就像我在课上讲的,我是来这儿做研究的,我只是想更多了解下你和你的家庭。"

我们周日在学校碰面,那是她唯一的休息日,而后乘公交车去了她家。她家只有三间屋子。厨房窄小,通风很差。卫生间里的马桶不能抽水,必须用盆从厨房水槽接水来冲刷。还有一间屋子兼做客厅、卧室、餐厅、胡莹的书房,虽然拥挤不堪,但收拾得很整洁。其中放着一些柜子、一个小沙发、一张胡莹和她父母晚上一起睡的床、一个既是饭桌又是胡莹书桌的桌子。

我们整个上午都坐在桌边,查看她在习题测试和家庭作业中犯的错误。她请我讲解她每个错误答案背后的语义、拼写、语法方面的规则。我们一直试图用英语交流,但如果遇到一些谈兴很浓的话题、但是胡莹的英语词汇量远远不够时,就切换成说汉语。当她发现自己忘了以前背过的词汇时,就会很沮丧地叹气说:"我真笨。"

胡莹的母亲中午时回来了,她拖着一大袋在露天市场上租的摊位上没能卖掉的袜子和针织帽。胡莹向母亲介绍了下我,我们帮她把那袋东西拖进了屋里。

胡莹母亲49岁,刚刚从工厂早退。胡莹责备她说:"做这个真是不值。你又冷又累的,也只能勉强做到不赔钱。"

她母亲答道:"这也总比待在家里强!我要是每天能多挣几块钱,就能给你上大学的学费多攒几块钱。等你大学毕业找到好工作了,你就能养活我了,但是在那之前我一定要尽最大力量挣钱,送你上大学。"

胡莹母亲跟我谈了谈对女儿的期望。而后胡莹的父亲跟朋友们锻炼完身体回来了。他是位50岁的工厂工人。胡莹向父亲介绍了我,他开始夸赞女儿的刻苦。他说:"我也不知道怎么能有个这么爱学习的女儿。要不是因为我家里太穷、我15岁就得开始工作,我说不定也是个好学生。"

胡莹父母开始做饭,胡莹把桌上的学习资料拿走。他父母做的菜里有豆芽、韭菜、蘑菇、排骨、鸡腿,平时没客人的时候他家舍不得吃这么贵的菜。席间,我告诉胡莹父母我的研究计划和我在美国的生活,他们也跟我讲了对美国人的羡慕和对美国帝国主义的厌恶。

饭后我准备离开时,胡莹母亲把一张50块钱(6美金)的钞票塞到我手里。这是她每月退休金的八分之一。我把钱给回了她,她又把钱塞到我衣服口袋里。我拿出钱来想塞她手里,她躲着不要,我就把钱放到了桌上。她拿起钱来,又想塞我书包里,一再坚持地说:"拿上吧!拿上吧!"我还是躲,硬推着不要。几分钟以后,我终于没有拿钱,走出了她家房门。"下周见!"我带着胜利的微笑向胡莹和她父母告别,关上她家门,趁他们没得及出来追我,跑下了楼。

我一直在每个周末给胡莹补习英语,直到她参加高考。她和父母也逐渐了解了我的为人,知道我是真心拒绝收费,也就不再硬给我钱了。最后,我们成为了好朋友,他们有时也不把我当外人,让我和他们一起吃平时常吃的配菜简单的米饭和剩菜剩饭。胡莹很用功地做练习册上各种非常枯燥的完形填空题和多项选择题。她在父母晚上入睡很久以后还坚持学习。为了节省购买教材的费用,她向朋友们借阅课本。

胡莹上自习的时候一直躬身坐在座位上看书,从来不像其他学生那样在自习时间聊天。她很感激班主任禁止大家说话、让大家安静学习。她告诉我:"我的班主任很严厉,那是因为她对我们就像对自己的孩子一样,有很高的期望。"

胡莹很少和朋友出去玩,她的大多数朋友也都很用功。"我没时间玩,这样我也不会和学习不好的同学成为朋友。"她告诉我。她也说自己没有交过男朋友。有时她的测试成绩在班上 52 个同学里能排进前 5 名。

她梦想着能上一所好大学，将来能让她找个声望高又高薪的工作。她有一次去看了亲戚家宽敞的新公寓之后，说道："我要找个好工作，给父母买个漂亮的公寓。他们活得很苦，我想让他们老了以后过上快乐的好日子。我也想找个能让自己尊重自己的工作。我不想只当个服务员。"

胡莹是我认识的自律性极强的青少年中的一员，但她告诉我她小时候"顽皮又淘气，像个男孩子"。她告诉我："我爸本来想要个男孩，所以我就爬树翻墙，做这些比男孩儿都做得好，就想让我爸高兴。但后来我长大了，发现自己不管爬多少树翻多少墙也永远当不了男孩，而且只要我学习好我爸就最高兴。所以我就好好学习，初中时成了尖子生。"

胡莹中考时考分比一所较好的高中录取公费生的分数线低了两分，她可以选择做该校的自费生。她如果家里有钱也有人脉，或许还可能上得了重点高中。但她知道父母没有这样的能力，于是就没有选择上述选项，而是读了现在这所高中，并且学习非常努力。她和我说："我要是真想读那所更好的高中，我爸妈就会想办法弄到钱，哪怕是跟亲戚朋友借钱。但我觉得不值。花那么多钱一定会给我很多心理负担，这样我高考的时候很有可能会怯场。"她在 1998 年从高中毕业参加高考，虽然没有怯场，但考分还是比她首选的所有大学的分数线都低。她选择了在高中复读，我俩就是在这个时候认识的。

胡莹上初中时最好的两个朋友都考上了重点高中和一流大学。胡莹在 1998 年的夏天非常兴奋地参加了另一位朋友的大学毕业典礼。她告诉我："一群毕业的女孩在唱《相约九八》的歌曲，这首歌真是应景。我看着她们就想：'我也一定要上大学！'"

在胡莹高考的三天，她父亲不能从单位请假，她母亲和姨姨去考点陪了她三天。她们大包小包地给她带了梨、苹果、香蕉、蒸好的馒头，等着考场大厅的门打开后她能出来吃点东西。但是胡莹太紧张了,只能喝水。考试的这三天,她们精心准备了一些口味温和、容易消化的饭菜,但她还是因为太紧张吃不下多少东西。

胡莹的一些同学也参加了成人高考,这样的话万一他们高考失利上不了普通高校,也能有个退路。但胡莹不这么做。她说:"我听说成人教育学院不像普通高校那么公平。我知道有的学生考分低,但通过关系上了比较好的成人教育学院,其他一些分数高的人反倒读了差学校。我可不想浪费自己的精力。对我来说,我就只认普通高校!"

到了高三学生填报志愿的时候,他们的父母会动用各种关系来打听有关大学和专业的信息。一些高三学生告诉我他们的大学申请资料自己还没来得及看就被父母抢去了,父母对他们的大学和专业申报意向负起了全责。

但是胡莹基本上是都靠向朋友和老师征询建议来做选择。她父母帮不上什么忙,他们和绝大多数亲戚朋友都是工厂工人,在教育系统没什么关系。

她问我:"什么专业适合女孩读?"

我说:"我也不确定。你选自己喜欢和擅长的就行。"

她母亲建议:"报大连海事大学吧。我听说那学校的所有女毕业生都当了海关官员,穿制服,戴统一的帽子。"

胡莹说:"不是的,只有少数人能找到那样的工作。政府怎么能有钱给每个大学毕业生都分配工作?再说了,我确定我的分数够不上读那个大学。"

我在她要交高考志愿表的前一天晚上给她打了电话,她当时还没决定首选报什么大学和专业。她交了表以后,告诉我她是拖到最后一刻才决定了首选教育类专业,因为这些专业学费最低。但几天之后她从一个朋友那里听说这些专业要求面试考生,但面试时间早过了。她知道自己把首选志愿浪费在了这些专业上,感到很惊恐,便跑到地区教育部门修改志愿表。一个职员责备了胡莹,她开始大哭起来,最终被允许填了新的志愿表。

胡莹的父母总是抱怨普通高校每年要收 2 000—3 000 元(250—375 美金)的学费太高了,她于是都不敢提如果自己考分低于分数线可以去四年制本科院校当自费生、每年学费是 8 000 元(1 000 美金)。但是在她要决定是否申请自费选项的前一天,她父亲告诉她:"我的朋友们都说现在有当自费生的新选择,大家都说我要是不让这么用功的女儿选这个,就太傻了。我觉得他们说得对。你要是想当自费生,我就想办法筹钱。"

胡莹犹豫不决,花一整天的时间考虑她的选择并跟父母商量。在自费生报名截止日的第二天我去看她,她说:"我们决定了,这样不合算。我父母的生活已经够苦的了,要是他们还得四处跟人借好多钱、每年给我付 1 万块的学费,就是雪上加霜。而且谁知道接下来会发生什么?现在大学说会给多花钱上学的人和其他人一样的对待,但是可能等我上了学就什么都变了。我可能还得多花钱住宿舍、吃饭,可那里师资是最差的,只不过就是多花钱买了个有印章的文凭罢了。我也不想用钱来买考分。"

胡莹的分数比四年制本科院校的分数线低。她的一些同学虽然比她分数低,但因为报考的本科院校因招生人数不足降低了分数线而被录取了。胡莹知道了这个消息,后悔不迭,痛恨自己没把那所大学当作首选。她的分数对于她在大专类院校里首选的那所学校来说则绰绰有余。她被该校录取了。她要乘一天的火车去那所学校。她母亲和姨姨陪她乘车,帮助她搬进了宿舍。她每次放假回家,爸妈都精心准备饭菜,也给她很多礼物。她母亲每次去火车站送她都会流泪。

胡莹在学校里和其他很多同学一样上辅导班,准备参加高教自考,通过者可拿到四年制本科学历。这种考试难度很大,她和不少班上的同学有很多科目都没过。但他们还是坚持每学期都考,希望自己能最终通过 15 个科目的测试,拿到本科学历。

胡莹跟我说:"我想尽可能地多受教育。我想拿本科学历甚至是硕士学历。我想找个又有趣、工资又高的工作。我是穷困工人的孩子,但我想让自己将来的孩子是知识分子的孩子。"

胡莹的母亲找了一个当看门人的活儿。她每周工作6天,每个月只能挣到350元(44美金)。但这还是要比她在露天市场上卖货挣的钱要多。

胡莹在一个方便面公司找了份兼职,负责调研本地商店里出售的方便面品种。她请每个商店店主填完一份问卷,就能挣2.5元(0.31美金)。我从美国给她打电话时她告诉我:"挣得不多,可也是不错的零花钱,我不想总是问父母要钱。另外,这个工作很有意思,完全是新的体验!"

胡莹父母虽然难于挣到足够的钱来支付她的学费生活费,但当他们听她说有了新工作时很不高兴。"不值当浪费宝贵的学习时间来挣几块钱。"她母亲如此劝导她。后来,在这个学期她也越来越忙,就听了母亲的话把工作辞了。

胡莹大学室友的一个高中朋友愿意让胡莹在暑期免费入住自己在北京的宿舍,这样胡莹可以省下一笔费用去听北京一家有名的英语培训机构的课。胡莹告诉我:"上他们的GRE和托福课程要花几千块钱,但我上一堂常规的英语课只需要花580元。我妈不想让我去,她觉得太贵了,我可以在大连花少很多的钱学英语,她也担心我一个人去北京不安全。可我就是想去啊!那是全中国最好的英语机构!我什么时候才能再有这样的机会?我从来都没出过辽宁省,很想去看看祖国的首都!"

胡莹最终劝服父母这么好的机会不容错过。她很兴奋。她一到北京就坐公交车去了天安门广场,在那里等了一夜,等到第二天早上5点观看了升国旗仪式。她急切地去那家英语机构听了课。她和500多名学生坐在一个大讲堂里,听那些在中国长大但是出国留学学了地道英语的老师们激情澎湃地讲授有关英语和第一世界文化的知识。

胡莹对于在那家英语机构的同班同学们的认真求学的精神充满敬畏,其中一些人上的是中国的顶尖大学。"他们太优秀了,我跟他们比真是太渺小了。"她跟我说。"我在北京一个有很多著名大学的地区走了走,看到很多教养很好的同龄人如潮水般地一波波地涌来,我不禁想有这么多人竞争,我可怎么能找到个好工作啊。"

王松,富裕的偶尔得高分的男孩

王松是一所重点高中的高三学生,他是由我辅导的一名成人教育学院学生的父亲、王松的舅舅介绍给我认识的。王松的父亲是个工程师,母亲是会计。他们请我给王松做英语家教。

王松父母抱怨说儿子很懒。王松自己也承认自己没能保持尽力学习。但在我看来他似乎总是在学。每次我去他家,他都给我看他做完的大量的模拟测验的试题,并且请我讲解他做错的题的语法规则。周末他很少跟朋友出去玩。春节时他父母出门拜访亲友,但他自己待在家学习,即便这样会失去社交、吃美味佳肴、收礼金、打马拉松扑克牌、玩麻将的机会也在所不惜。他父母每次在我拜访时都会在他家宽敞的餐厅里准备好美味丰盛的饭菜,但他总是在不超过20分钟的时间里狼吞虎咽地吃完饭,然后回到自己的房间里学习,我和他父母则要再花一个小时慢慢吃完饭。

但即便这样他父母还责备他学得不够多。他母亲提醒他:"人人都想上大学。高分学生是不会休息的,就算你比以前更用功了,人家也一样。你不能光是比自己以前更努力,你还得比所有其他人学得更努力才行。"

他父亲说:"你要是能考得上好大学,我就彻底不用担心了。我最在乎的就是你的前途。我唯一担心的就是你。你要是考不上大学,这对我的伤害会比公司解雇我都大。"

王松的考试成绩不太稳定。在几次测试中他的成绩排在了班上的前十名,他父母很满意。但在其他考试中他的成绩又滑到了中等甚至差等的位置。他告诉我:"有时候我觉得我考分掉下来是因为我学得太多了也太紧张了。这都是我爸妈的错,他们总唠叨我。考试期间我脑海里老是出现他们唠叨我的声音,所以我就很不安心,分心了。"

在他们1999年站在高考考场大厅的外边、等待开考时,他父母看起来比他还紧张。他和一些朋友聊天,可他父母坚持让他打开课本,在开考前的最后几分钟再多学点东西。王松说:"我已经学得够多的了,现在全看命了。"

他母亲则说:"别满不在乎啊!我俩今天都从单位请了假来陪你,我们会一直陪你,直到你考完。要是遇到难的考题你想放弃,你就想想在这么潮湿酷热的天气站在这儿等你的父母。想想父母为你付出了多少,想想父母是多么在乎你。"

考试结束后,王松拿不准自己发挥得怎么样。当他翻看帮助学生估分的考题答案册时,大叫:"我都记不起来写过的答案了!"因为他难以估算分数,他和父母在选择首选报考哪些学校时很痛苦。他们都知道从他高中测试的经历来看他的考分波动幅度会很大。最后,他父母让他赌一把,就当他考得很好,分数足够能达到一流大学的录取线。

他父亲跟我说:"我们不想让他在很差的大学里浪费时间。要是他上不了好学校,他可以明年再考。"

但他们赌输了。王松的考分比所有他首选的学校的录取线都低。他分数甚至还低于自费生的录取线。

我给他家打电话询问他的考分时,王松母亲告诉我:"王松他爸和我半夜知道他的考分时,我俩都哭了,可王松没什么反应。他说这都是命,也不让我们担心。但他爸和我都睡不着。我们担心他会有什么过激行为,就想去安慰他。可我们去了他房间时,发现他在愉快地打游戏!"

第二天,王松出门和初中朋友们去踢足球。他父母先是为他不会有自杀倾向感到欣慰,但后来又为他的冷静和满不在乎感到愤怒。他父亲告诉我:"他一点都不考虑自己的前途,除了玩什么都不在乎。"

王松则有不同的说法。他告诉我:"我想解除痛苦。我的初中朋友们连高中都没考上,今年他们也没考上成人教育学校。可他们还活着,还在踢足球!我跟他们在一起很放松。我爸妈觉得你要是上不了好大学,生活就毫无价值。要是我有他们的想法,我真是都活不下去了!"

王松的父母想让他在高中复读一年,明年再参加一次高考。王松拒绝了。他说:"要是再让我过一年地狱般的日子,我就自杀!"他父母责骂他,恳求他,但最终意识到不能逼迫他。王松最后被一所比较差的大专学校录取了,但他和父母都觉得不值得去读这样的学校。王松告诉父母自己很厌烦中国的教育体系,他想出国留学。他们勉强同意试试送他出国。同时,他们也送他读了英语私教班。

他父亲跟我抱怨说:"现在他不上学了,就再也不在乎学习了。他觉得我们能养他一辈子!"

但王松在他房间里私下对我说:"我爸妈觉得我没有遗憾,认为只有他们为我的失败感觉很痛苦,可我也很难过,我甚至比他们还痛苦!这毕竟是涉及我自个儿的未来啊!我只是不想让他们知道我有多么后悔自己没能更努力学习,因为我不想听他们说他们总是对的、我应该听他们的话。他们是对的,但不该老是唠叨我、烦我。他们给我的压力太大了,我承受不住。这才是我考试失利的真正原因。"

他父母同意准备送他出国后的头几个月里,王松很高兴自己能自由自在地生活,不用过高中时候高度紧张、缺觉少觉的苦日子。虽然他上着私教英语课,他还是能有大把的时间和朋友玩游戏踢足球。但他渐渐觉得这种生活百无聊赖。他告诉我:"上高中时有个真正关心我们的老师总是说我们一旦离开了校园就会为上学时浪费的每一分钟感到后悔,因为我们再也不能追回这段时光了。我当时没听她的话,可现在我认识到她是对的。我没有尽最大努力学习。现在我很后悔。我知道父母很信赖我，可我让他们失望了。"

王松的懊悔在他父亲从公寓楼的楼梯上摔下来摔断了腿之后更加剧了。不久之后，他母亲因为重感冒去医院看病。他觉得母亲的病是因为在照顾他父亲期间压力过大引起的。他说："我很难过，这都是因为我跟他争执让他很生气，所以他走路的时候没仔细看路！他那次也可能会摔死。要是他死了，我就自杀。直到我父母都去了医院，我才意识到自己是有多么爱他们。现在我会想到他们会变老，也不能永远都待在我身边。我下定决心不会再跟他们闹别扭了。他们都是好人，他们去世了，我会很想念他们的。要是我还是老跟他们争吵，在他们去世了以后，我一定会后悔没在他们在世的时候做个好儿子。"

王松和他父母想在英国、法国、德国、爱尔兰、澳大利亚、日本、加拿大、美国中选择一个留学地点。但这些国家没有一个是十全十美的。要是他去了日本、法国，或德国，他就得先花几年时间支付昂贵的费用上语言学校，只有在具备合格的语言能力之后才能去申请读大学本科。澳大利亚、加拿大、英国、美国不会允许他长时间打工，他少量打工挣的钱也仅够支付一小部分学费和生活费。爱尔兰可能可以允许他在留学期间通过打工来养活自己，但他听一个去过爱尔兰的朋友说留学生必须长时间地、精疲力竭地从事重复单调而枯燥的工作才能挣够钱养活自己。最重要的是，王松担心出国读书会加重父母的负担。"我要是能在中国读所好大学，他们一定更开心，这样的话我离他们近，他们也不用花那么多钱养我。他们愿意拿出全部的积蓄来满足我出国留学的愿望，这是因为他们真正爱我。我要是出国了，这对他们真的好吗？"

他最后决定不走了。他同意父母说的复读一年、在下一次高考中试试自己的运气，他父母为此感到很高兴。他跟我说："我很怀念当学生的日子，我也没想到自己会这么想。我想念跟同学们在一起的时光，那时候我知道每天的每分钟都该做什么。现在我成了'社会青年'，我不喜欢这样。我不想像那些总是在街上闲逛的男孩们一样，没有希望，也没有前途。"

陈军，穷困的优等生男孩

我是在1999年认识了陈军。当时我辅导的一位职业中专学生的爷爷过生日，一大家人来为他贺寿。学生的父亲邀请我参加了这次聚会，他的外甥陈军也在座。陈军父母请我也给他儿子做辅导。

陈军在初中时一直是班上成绩排名靠前的学生。他说："模拟测试时我的成绩比班上所有人都高，所以我觉得不需要再加倍努力了，可我不知道我的初中有多么差，而且其他学校有多少好学生。所以后来我没考上重点高中，完全是对我的惩罚。"他也没考上他上的那所普通高中的重点班，重点班的师资是最好的，而且会给学生布置额外的家庭作业。这个班招收了成绩最好的学生，以及另外一些每年多花1000元（125美金）的学费的学生。陈军父母也想花钱让他上这个班，但他说服父母放弃了。他告诉我："这不值当。只要我用功学习，我上哪个班都无所谓。"

陈军很听父母和老师的话，没有谈恋爱。他告诉我："有很多男孩把时间都花在追女孩上，毁了自己的前途。我不会浪费时间做任何无益于我上大学的事。"

我每隔一周去陈军家帮他过一遍他在英语练习册上或测验中答错了的问题。他不喜欢做那些枯燥的、测验语法和语义规则的多项选择题，而喜欢读阅读理解试题中的英语短文。他问我有没有去过他英语课本上提到的夏威夷、迪斯尼和其他地方。他说："我希望自己有一天能去看看所有这些地方。我想环游世界旅游，做很多不同的工作，给我爸妈寄回钱来，让他们买大房子，买他们想要的一切东西。"

有一天，我去陈军家上课，陈军还没放学回来，他父母在哭。

我问："发生什么事了？"

他们说陈军的父亲刚刚知道他快要失业了。"我在工厂干了27年，没想到是这样的结果。"他说着，眼泪从他脸上流淌而下。"我要杀了老板,他不让我活,我也不让他活。"

他妻子说:"这种事你想都别想!这又不解决问题。这也不光是你老板的错,所有工厂都要倒闭了。"

他说:"毛主席绝不会让这种事发生。现在老天不长眼。"

陈军的母亲开始谋划怎么能保住自己的工作。"不是有个政府公告说要是两口子里有一个下岗了工厂就不能让另一个下岗吗?"她满怀期待地问道。

陈军父亲说了很多与此公告相悖的事例。陈军母亲说她要在工厂里逢人就说老公没工作了。"就算没有这个公告,至少大家都会可怜我,可能轮到下一波人下岗的时候我就没事。"

他们争论了一会儿是否告诉陈军这个消息。他母亲说:"他可能会心烦意乱,高考考不好。"

他父亲说:"就算我们保密,他迟早也会知道我没工作了。我可瞒不了他。你想让我每天出门去打麻将、骗他说我去上班了?"

陈军放学回家后听到这个消息时很镇静。他安慰父亲:"别心烦了。我保证我会加倍努力考上大学,找个好工作挣钱,那时你们就能安享退休生活,好好放松了。"

在陈军姥爷的那次生日聚会上,他母亲请她的兄弟姐妹及其配偶们帮助丈夫找工作。他们说会试试,家境稍好些的亲戚则主动提出在陈军考上大学以后资助他学费。

陈军高中的许多高三学生知道自己很难考上普通高校,于是参加了成人高考,想去声望不高、但竞争也不那么激烈的成人教育学院去读书。但陈军不愿意这么做。他说:"人人都上得了成人高校,老板们也知道这一点,所以成人高校的学历用处也不大,根本不值得我父母背上债供我读。我要是考不上普通高校,就去找工作,只要有人雇我我就干。然后等我攒够钱我就去读成人高校,或者参加高教自考。"

陈军在我最后一次给他做家教时似乎情绪很差。当时距离高考还有一个月。我问他怎么了。他生气地说:"昨天我们班的班主任跟全班同学说:'我当老师这么多年,班上从来没有学生考上过本科大学,你们凭什么觉得自己就会不一样?'老师怎么能这么讲话?他的学生没一个考得上难道不是他自己的错?我很生他的气。在那之后班上没人想学习了。大家都在上自习的时候聊天、打扑克,他也不管。我想专心学习,可别人都在聊天玩闹,我很分心。"

我说:"你应该忽略其他人,专心学自己的。"陈军很赞同,可他心情郁闷,也很难集中注意力。

1999年7月8日,我一大早就先到了陈军的高考考点,之后再去其他学生的考点。天在下雨,我们站在考场大厅外等着开门,陈军父母轮流给儿子撑伞,让他能抓紧最后的时间再看看课本。我祝他好运,他抬起头来飞快地跟我点了下头,又低头看那紧攥在手里的书。

陈军考完以后仔细地看试题答案册,估算自己的考分。他说:"我总是尽量往高估,可其实是在骗自己。"他在填报志愿的时候,选了一些录取难度最低的大学作为首选。他从未告诉父母现在有了当自费生的新选项。他告诉我:"我爸刚失业,我们不可能出得起那钱,就算跟所有亲戚借也不行。"

考分公布的第二天,我接到了陈军母亲的电话。她高兴地喊:"陈军超过本科分数线了!他一定能上第一志愿的学校!"她邀请我去吃晚饭,庆祝陈军的成功。

陈军、他父母,以及十四个亲戚和我挤在他那一居室的家里共进晚餐。陈军、我和他嫡堂或嫡表的兄弟姐妹们坐在饭桌旁吃,他父母和父母的兄弟姐妹们坐在床上或站着吃。陈军是他班上唯一考分达到了四年制本科院校录取分数线的人。"现在我那讨厌的班主任就不能再告诉下一个班的学生他带过的学生没一个考上过本科大学了。"陈军得意洋洋地跟我们说。"他都不配享受我给他的荣耀,但是至少他将来的学生不会像我那样曾感到绝望了。"

系统,文化模型,个人生活

本章的故事展示了青少年们如何习得了现代化文化模型的不同面相。他们对该文化模型的回应因个性、家庭状况、他们本人的社会经济水平与学业成就的差异而出现了分化。孙薇、胡莹、陈军非常强烈地渴望通过拿到好的文凭来让自己和父母摆脱贫困。滕飞比较有安全感地相信自己可以接管父母的餐馆生意来维持较高的生活水准,所以学习驱动力较弱。杨舒的态度起初在我们刚认识时接近于滕飞,但在她父母的事业都在衰退时她的态度又和孙薇、胡莹、陈军更相像了。林琳学业上的出色表现给她的生活开了一种可能性,她可以谋求一份即便以第一世界的标准来看都是精英身份的工作,于是她想要通过出国留学来实现向上流动,即使她父母以中国标准来看已经算是精英了。于涛也有着类似其他年轻人的志向,他梦想着拿到通过了高教自考的学历或者出国,但由于自己缺乏学习能力和经济资源,只能放下抱负去从事犯罪活动或低薪工作。当所有这些生存策略都接连失败时,他也日益更趋绝望。王松原本是想通过在中国教育系统中的成就来谋得精英位置,但当他在第一次高考中没考上本科院校时把出国留学视为了获得精英身份的最佳途径,而不考虑按照父母的提议复读再考。后来他对出国留学做了更多的了解,得知这么做会让自己和父母有多么辛苦。他父亲摔伤和母亲生病都在提醒他自己该如何孝敬家长。另外,他也开始怀念高中的时光。由于所有这些因素,王松再一次改变了主意,决定按父母的心愿再次备考。

露丝·贝哈(Ruth Behar)曾说:"生命史叙事应该让读者从中看到主体怎么描绘和构制体验,以及文化和社会系统如何在其中发挥作用,而后者在类型化描述中是面目不清的。"[①] 里拉·阿布-卢赫德(Lila

---

[①] Behar 1995:150。

Abu-Lughod)发现对于个体生活的详细描述可以让读者眼里的个体"不是根据'文化'规则而被编程和表演社会角色的机器人,而是经其一生会经历考虑行动方案、犯错、固执己见、摇摆不定、努力保持良好的自我形象、承受痛苦的个人损失、享受他人的陪伴、寻找开心时刻的活生生的人"。① 我很赞同贝哈、阿布-卢赫德等人类学家提出的"策略性人文主义"②的取向。在本章中,我突出描写了大连城区的青少年们在与我接下来各章要描写的文化模型和政治经济发生互动时所具有的差异、复杂性和偶然性。在随后各章中,我将根据事例论证效果来选取一些场景和对话,用这些事例来解释生育转型的前因后果、现代化文化模型以及资本主义世界体系等。我将不去过于详尽地描写每个事例的来龙去脉和个人特质,以免将读者的注意力从那些广泛的模式性力量上拉开。但我希望读者们将谨记每个事例都是从个人的生活情境中抽离出来的,其复杂性与本章描写的主人公们的处境相比并无二致。

---

① Abu-Lughod 1993:27。
② Abu-Lughod 1993:25-36。

第二章　身负厚望：作为现代化开路先锋的独生子女

为了欢庆 1999 年 12 月 20 日的澳门回归——其从葡萄牙殖民地转为由中国政府恢复行使主权——媒体播放了一系列有关澳门的节目。我和一位食品小贩一起观看了纪录一所为老年人提供免费医疗服务的澳门医院的节目。他越看越生气，喊道："看看人家，过着天堂般的生活！他们甚至都不需要靠儿女养老，活得无忧无虑。看看人家那免费医院多漂亮，多现代。可在这儿没人在乎我们。我们要是没钱住院就只能等死了。等我老了病了，我就去街上躺下来等死，等我尸体腐烂了政府会派人把我弄走。我们跟国外的人比活在 18 层地狱啊。其实还不如别让我们看澳门人有多富！看了人家过得多好，社会服务多棒，我们就觉得自己真穷。"

他的 20 岁的儿子韩冬是成人教育学院的学生。他说："咱们这儿主要问题是人口太多了，澳门人生的孩子少，所以当然人家就富了。将来咱们这儿的人也会一样富起来，因为我这代人人都是独生子女。过去中国每新添一代人都人口翻倍，怎么可能富起来？"

韩冬言语中援引了由媒体、工作单位的政治会议、学校政治课上广泛散发的人口控制宣传资料所大力推广的低生育率文化模型。中国的独生子女政策所依据的一个基本原则是：将小群体（无论是一家还是一国）带入现代化要比在大群体中实施现代化更为容易。群体中的人越少，每个人能有的资源就更多。中国的人口学专家们曾非常谨慎地辨别了这一原则与英国经济学家托马斯·马尔萨斯（Thomas Malthus）有关人口过多会导致饥荒的警示①之间的区别。中国已故的最高领导人毛泽东虽然很提倡计划生育和人口控制，但他本人对"马尔萨斯主义"持贬低态度，认为其触犯了他对于社会主义现代化将最终消除贫困的信念②。毛泽东将马尔萨斯主义视为资本家为了让自己摆脱致使穷人饿死的罪名而使用的意识形态说辞，直到20世纪后期的几十年，中国共产党还一直在坚持这种看法。负责人口控制的中国官员们并不把独生子女政策当作避免饥荒发生的手段，而是强调可以用类似于计划经济的管理方法来进行计划生育，从而提高中国人的"素质"。时任国务院副总理的陈慕华在1979年的官办刊物《人民日报》上写道："计划生育和控制人口增长的目标是为了促进实现四个现代化、提高人民生活水平。"③在全国层面上，较少的人口将有利于每个人享受更大份额的国家资源，包括工作、房屋、教育、食品、水、土地。在家庭层面上，享有全部家庭资源的独生子女们将比需要与兄弟姐妹们竞争家长投资的孩子们更加的健康、富有、有教养。

限制生育政策

新中国自1954年开始即由官方批准开发和使用避孕技术，但直到1962年该技术才得以推广。④ 在1970年周恩来强调人口计划问题之前，生育限制与否只是自愿行为。此后，政策限制每对夫妻只生两个孩

---

① Malthus 1809。
② Mao Zedong 1958，1961a，1961b，1961c。
③ "四个现代化"是指农业、工业、科技、国防现代化（Chen Muhua 1979：729）。
④ White 1994。

子,但实施效果在各地不均衡。① 政府从 1978 年开始实施更为严格的计划生育政策。当时政府限定的人口目标是到 2000 年前人口不能超过 12 亿,其指出实现这一目标的唯一路径就是开展全国性的计划生育。② 该政策在农村受到了抵御而实际上演变为农村两胎化的政策,但政府最终还是接近于实现了目标。全国人口普查③显示在 2000 年中国人口达 1 265 830 000 人④。

在 20 世纪 70 年代,中国最高领导人主要是基于为了保存国家资源和增强计划经济的效能而推出了限制生育政策。⑤中国领导人也在不断地向关注资源保存、环保、人口过度增长问题的国际人士表达这个愿望。⑥ 但是地方官员则在说服各家各户遵守独生子女政策时更多地强调低生育率是现代化文化模型的内在组成部分。⑦ 对于每个渴望在资本主义世界体系中获得成功的家庭来说,用这个文化模型来驱动他们要比召唤他们去尽到保存国家资源的爱国责任更有说服力。早在 1976 年,限制人口的宣传资料和活动就在宣扬低生育率将带来个人与国家现代化的理念。当时人民卫生出版社出版了一个幼儿园短剧的剧本⑧,其中一个孩子向另一个孩子抱怨说(译者注:作者此处摘引的这段文字出自一部英文著作,译者译为中文。对于其他难以找到中文原话的英文引述,亦做此处理。):

我有很多哥哥姐姐,

---

① White 2000。
② Banister 1987;Kane 1987;Liu Zheng 1981;Peng Xizhe 1991;Peng Xizhe and Guo Zhigang 2000。
③ 国家统计局 2001:93。
④ 虽然这次人口普查可能由于难以追踪移民和获知非法居民数量而使人口数字存有缺漏,但中国和国际专家并不认为数据存在重大偏差(Chu 2001;Kennedy 2000)。
⑤ Greenhalgh 2001b;T. White 1987,1994。
⑥ 中国国务院新闻办公室 2000。
⑦ Anagnost 1995,1997a,1997b。
⑧ Orleans 1979:58 – 60。

> 也有个妹妹叫小芳。
> 我不健谈,偶尔发言。
> 爸爸妈妈都忙着上班,
> 我们家里的事儿乱七八糟,
> 哥哥姐姐们没有一点儿用。
> 他们总是烦妈妈,让她很郁闷。
> 我,小康,像一头小羊,
> 我喜欢到处乱跑乱撞。
> 我的小伙伴总打我小报告,
> 我一回家就挨打。
> 小安,我问你:
> 为什么你家里就能忙学习,搞批判,
> 而我家一天到晚总是乱哄哄,
> 总是很没意思地又吵又闹?

小安家里只有两个孩子,他回答这些问题都是因为小康的父母没有控制生育造成的。小康表示赞同,然后两个孩子一起说道:

> 计划生育好。
> 它利于抓革命促生产。
> 让我们认真学习马列主义毛泽东思想,
> 激情满怀,斗志坚决,
> 做三大革命的闯将。
> 它利于备战备荒,
> 落实国家经济规划。
> 母子将会健健康康,身体强壮,
> 革命的后代会茁壮成长。
> 亲爱的叔叔阿姨们,请听我们说:

请牢记毛主席的教导,

严格执行计划生育,

为巩固无产阶级专政贡献力量。

自1978年经济改革以来,以低生育率促进实现现代化的理念日益成为国家领导人与地方官员推行限制生育政策的重要依据之一。1978年7月8日,国务院计划生育办公室在《人民日报》发表了一篇文章,强调人口控制的紧迫性。文章指出:"若不实施有计划的人口控制,任由人口无限制增长,快速的人口增长将给国家和人民带来巨大的负担,破坏国民经济,严重影响国家建设和人民的生活水平与健康,减缓实现四个现代化的历史进程。"①负责起草中国人口控制政策的人口学家们则在起名为《人口理论》的论作中指出人口控制"将对提升工人的技术设备水平、实现四个现代化、提高劳动生产力产生有利的影响"。②这些学者们小心翼翼地在写作中回避马尔萨斯主义的意味,写道:"我们毫无食品短缺之忧。我们之所以想控制人口增长率,并不是由于生活资料的增长跟不上人口增长的速度,而是因为我们希望能全面发挥人民的能力,加快社会主义建设,快速提高人民的物质生活和文化生活水平。换句话说,我们关切的不是'食品短缺'或'无力供养人口',而是要让全国人民过上更美好和更有意义的生活。"③中国在实施人口政策中有时采取严格的强制措施,但其一向不把该政策定位为避免饥馑之灾的策略,而是称其为为了改善人民生活所做的谨慎规划。

与之相反,许多影响关于中国独生子女政策的国际话语的其他人士则强调该政策带来的人的损失。学者们记录了一些盼望再生孩子的女性的痛苦,这些女性因只生了女儿没生儿子而受到丈夫和公公婆婆的指责,她们被罚款、拘留、监管,须接受强制性避孕、

---

① Renmin Ribao [People's Daily] 1979:205。
② Tien 1980:29-30。
③ Institute of Population Research 1980:42。

妇产科体检、流产、绝育手术，也面临失业或失去各种福利的风险。① 反对该政策的政治活动家则关注杀婴、暴力性和强制性的流产或绝育手术的伤害。② 人口学家发现中国的性别比例越来越失衡，其原因包括杀女婴、父母不给女孩上户口、父母遗弃或刻意疏于照料女孩、性别选择性堕胎，或者这些因素的组合。③ 一些中国的官员与知识分子也对独生子女导致的问题予以承认。④ 农村地区的很多干部（包括大连城区附近村庄的干部）面对农民对该政策的普遍抗拒采取了一些措施，包括对二胎予以合法化、仅限于在个别针对子女数量过多的家庭的运动中采取强制性措施。⑤

对我认识的居住于大连这样一座城市的城区居民来说，实现现代化的文化模型所允诺的前景指日可待，他们并不站在独生子女政策批判者的那一方，而是持有与中国政府官员较相近的观点。批判者们主要关注农村问题，在那里现代经济的建立远远落后于生育转型的速度，人们对多子多孙的期盼也与限制生育政策存在尖锐的对立。但在城市地区这种对立并不强烈。虽然我认识的一些大连城区的家长也表达了对于独生子女政策中强制性措施的不满，但他们的言谈传达的情绪更多是烦恼而非痛苦。许多家长说他们刚刚步入婚姻时本想生至少两三个孩子，既

---

① Anagnost 1988，1995；Greenhalgh and Li 1995；Kaufman 1993；Liu 2000；Mueggler 2001；Wasserstrom 1984；Wolf 1985；Yan 2003：190-196。

② Aird 1990；Mosher 1993。

③ Arnold and Liu Zhaoxiang 1986；Coale and Banister 1994；Croll 2000；Johnson 1996；Lee and Wang Feng 1999；Li Yongping and Peng Xizhe 2000；Zeng Yi et al. 1993。

④ Susan Greenhalgh 在她采访的五位中国知名知识分子的著作与评论中发现他们对于独生子女政策持批判立场。这五个知识分子是：西安交通大学教授、人口研究所主任朱楚珠，全国妇联妇女研究所副所长刘伯红，中国社科院哲学研究所哲学家和伦理学家邱仁宗，著名的女权主义独立学者、曾在河南郑州大学当过西方文学教授和妇女研究中心主任的李小江，非政府妇女组织的领导以及一些研究妇女问题的期刊的编辑谢丽华。Greenhalgh(2001a)发现这些学者虽然偶尔会批评独生子女政策对妇女造成的问题，但却未过多发声，原因在于他们要与国家主流话语保持一致，而且他们同意独生子女政策背后的逻辑和理由。

⑤ Greenhalgh 1990，1993，1994a；Greenhalgh，Nan，and Chuzhu 1994；Liu 2000；Mueggler 2001；Short and Zhai Fengying 1998；Zhang Weiguo 1999。

有男孩又有女孩。他们出生于上世纪50年代,家里有不少兄弟姐妹,自己也期待将来多生孩子。但即便如此,他们在回忆起当初的生育偏好与国家政策的冲突时比起谈论其他痛苦经历——诸如三年困难时期(1959—1961)、"文革"(1966—1976)、上世纪90年代的失业以及失去医疗保险和退休金——抱怨程度更低。

  一些家长回忆说他们对于工作单位和居委会的干部强制实施生育控制政策——包括监管、强制性避孕、体检、严格的准生证制度、对坚持生二胎的人予以罚金和开除工职、取消福利的惩罚——感到不满。在上世纪70和80年代,当人们想多生孩子的意愿还比较强烈时,生育限制政策需要仰仗这些强制性策略才能落实。但到了90年代,大多数家长的态度改变了,也不再需要强力推行独生子女政策。一些家庭也有钱了,不觉得为多生一胎所要交纳的罚金或施行的贿赂是太大的开支。80年代采取过的强制措施到了90年代也不再那么受到抗拒了。失业和失去福利的风险对于那些面临下岗和工厂倒闭的人们来说不太具威胁性,对于那些能够在快速发展的、不太受国家政策管控的私营或外资部门找到工作的人来说也是如此。随着强力实施独生子女政策的政治与经济驱动力的下滑,干部们也不再像以前一样以很大的干劲去追查非法怀孕。还在坚持做这项工作的干部们也只是聚焦于管理本地人口,而不针对移民或其他外来者进行管理。因此,在交通日益便利廉价和户籍管理规定也更加松动的今天,女性可以在孕期住到国内其他地方的朋友亲戚家里来躲避监管。我认识的一些家长虽违反了独生子女政策,但对他们来说除了交纳罚金也无别的不利后果,而且这罚金要比很多父母在孩子一生中支付的教育费用低多了。[1]

---

[1] 负责执行独生子女政策的居委会干部和违反该政策的家长告诉我,在20世纪80年代初期大连市区对生育二胎家庭的罚款约为1 000元(125美元),到90年代末期为10 000—5 0000元(1 250—6 250美元)。虽然这些罚款是不小的经济负担,但它们往往远远少于供一个孩子从读小学直至读完大学的费用。有关教育费用的估算,请参阅第3章。

但即便在这些情况下,我在大连城区认识的人们中绝大多数认为不值得为了非法生第二胎而需处理这么多麻烦事。在我于1997年开始田野工作之前,他们绝大部分已然认可了独生子女政策的合理性。许多家长告诉我就算没有这个政策他们也没有足够的时间、金钱、精力来养更多的孩子。那些告诉我曾经抱怨这个政策与他们想要更多孩子的愿望相抵触的家长们也说自己相信该政策对于建造富强而现代的中国是很有必要的。许多人将童年时代的贫困归咎为原生家庭人口规模过大。有些人告诉我他们即便在上世纪80年代想要更多的孩子,但90年代教育费用和消费水平的飞速增长让他们庆幸只生了一个孩子。2000年,一名叫卢晶的职业中专学生的父亲跟她开玩笑说:"要是我早知道你这么费钱,我就根本不生孩子了!"

独生子女自己也很接纳低生育率的文化模型。有时他们会说要是现在能有兄弟姐妹陪伴、将来能有兄弟姐妹帮助赡养年迈的父母该有多好,但他们也告诉我很高兴自己不需要和兄弟姐妹竞争家庭资源。郑波华在2000年告诉我:"我爸妈为了给我付大专学费跟所有亲朋好友都借了钱,要是他们再有个孩子,根本不可能凑到供我俩都能上大学的钱。"虽然独生子女政策允许双方都是独生子女的夫妻生二胎,但回答我问卷调查的32%的女生①和16%的男生②表示他们将来不想要孩子。

2000年春节期间,职业中专学生郑毅带我去参加他姥爷家的家庭聚会。他姥爷家是一居室公寓,他母亲及其7个兄弟姐妹在那里长大。郑毅和他嫡表的兄弟姐妹们都是独生子女。他们很难想象十口之家怎么能在一间屋子里生活。

郑毅表妹陈妍问:"人怎么能那么活?"

郑毅回答:"他们就像猪一样挤在猪圈里啊。"

---

① 样本量为1 215。
② 样本量为853。

低生育率作为现代化文化模型的组成部分

我和希尔·盖茨（Hill Gates）①、西西莉亚·米尔沃兹（Cecilia Milwertz）②的研究一样，也发现独生子女政策并未在城市地区遇到剧烈的抵抗并须强制实施，城市居民的高生育率愿望远远不像农民那么强烈。大连这类城市中人们对独生子女政策不太抗拒，原因在于居民较快地内化了在世界上很多其他社会同样导致生育率下降的现代化文化模型。生育转型的理论家们曾经指出一个社会的生育率通常与其采取的现代经济相互关联；现代经济社会中儿童死亡率低，大多数人居住在城市且儿童的消费远多于产出，多数父母无法在工作的同时兼顾儿童抚养，男孩和女孩都接受长期的教育以求获得社会经济的成功。这些状况未必都会导致生育率下降，而且一些学者③也记录过其中某个或几个因素并未造成低生育率的情况。这些因素连同低生育率都是现代经济社会——无论是存在于社会主义、后社会主义、还是资本主义——的组成部分，而且相互促进。此处我讨论的是现代经济为何以及如何引起了广大地区的低生育率，并反过来被低生育率推动。

兄弟姐妹数较少的儿童可以享有父母集中化的投资，因此不会像第三世界国家大家庭里的儿童那样通常因食品短缺与医疗服务的缺失而有较高的死亡率。儿童低死亡率反过来促进了低生育率。经典的生育转型理论④指出儿童死亡率越低，其父母就越不会为了尽量有几个可存活下来的孩子而被迫多生孩子。卡罗琳·布莱索（Caroline Bledsoe）基于在上世纪90年代在冈比亚的研究指出，非洲农村的妇女们为了能有足够多的可存活下来的孩子来日后赡养她们，并赢得夫家的夸赞而生很

---

① Gates 1993。
② Milwertz 1997。
③ Bledsoe et al. 1998；Coale and Watkins 1986；Inhorn 1996；LeVine and White 2003。
④ Notestein 1953。

多孩子。① 布莱索、保罗·莱斯利(Paul Leslie)②、布鲁斯·温特豪德(Bruce Winterhalder)③等人都指出父母们通常都是基于为能确保抵御儿童死亡等风险因素而做出生育决策。罗伯托·弗里苏霍(A. Roberto Frisancho)、简·克莱曼(Jane E. Klayman)、豪尔赫·马托斯(Jorge Matos)发现在他们1973年研究的秘鲁城市居民④中穷人们为了抵御儿童高死亡率的风险而多生孩子,这使得在其高生育率、高儿童死亡率、低社会经济地位之间出现了共生关系。⑤ 根据南希·斯切波-休斯(Nancy Scheper-Hughes)的研究,上世纪80年代住在贫民窟里的巴西贫困妇女⑥平均每人生9.5个孩子(4.2个孩子可活到5岁),她们是因孩子中36—41%的人会在出生一年后死去而维持了如此高的生育率。⑦ 高生育率反过来导致了儿童高死亡率,因其缩减了每个孩子可获的家庭资源,而且对家里最不受喜欢的孩子最为不利。居住于同一城市的中产阶级妇女⑧则限制生育,因其知道她们生的所有孩子都能存活。因此,她们人均生3胎、有3个存活子女,所有的孩子都享受良好的生活条件。⑨

人口学理论家们⑩曾指出城市的家长更偏向于少生孩子,因为需要为儿童耗费大量的时间和金钱予以培养教育,而儿童对家庭收入的贡献则很少。罗伯特·莱文(Robert A. LeVine)与合作者发现肯尼亚的古西伊人(Gusiii)为了能用孩子充当劳力和为父母争取声望而多生孩子。⑪ 托马斯·弗里克(Thomas Fricke)基于1981—1982年的田野调查发现

---

① Bledsoe,Banja,and Hill 1998;Bledsoe 2001;Bledsoe and Banja 2002。
② Leslie 2002;Winterhalder and Leslie 2002。
③ Winterhalder and Leslie 2002。
④ 样本量为4 952。
⑤ Frisancho,Klayman and Matos 1976。
⑥ 样本量为72,这些妇女年龄介于19岁至76岁,平均年龄为39岁。
⑦ Scheper-Hughes 1992:307。
⑧ 样本量为23,这些妇女年龄介于24岁至48岁,平均年龄38岁。
⑨ Scheper-Hughes 1992:287,331。
⑩ Becker 1981;Caldwell 1982;Easterlin 1978;Easterlin and Crimmins 1985。
⑪ LeVine 2003;LeVine et al. 1994。

尼泊尔村庄的人们出于家庭式生产模式下儿童是珍贵的社会经济资源而生很多孩子。① 飞利浦·阿里斯(Philippe Ariès)指出在18世纪欧洲的"马尔萨斯主义或生育控制"实则是对随着学校教育的制度化而兴起的以子女为中心的家庭的回应。② 基于上世纪80年代初期的研究,约翰·诺德尔(John Knodel)及其合作者把泰国生育转型的原因部分归结于人们为了能让孩子跟上教育水平和消费水准飞涨的速度而必须支付高额的费用。③ 哈里·奥希马(Harry Oshima)则将日本、新加坡、韩国以及中国台湾和香港地区的生育转型归因为工业化带来的教育成本的上涨。④ 波恩·汉德沃克(W. Penn Handwerker)援引了爱尔兰、爪哇、美国、阿拉斯加因纽特人、墨西哥、危地马拉、利比里亚、突尼斯、博茨瓦纳、加纳、冈比亚、塞拉利昂等地的事例,指出生育率会随着"变化的机会结构与劳动力市场日益对受教育获得的技能与知识予以回报"而下跌,"这些改变的效果在于大大限制甚至消除了人们从儿童那里或从通过使用儿童而建立的社会关系那里可期获得的代际收入流动"。⑤

低生育率的父母对孩子的集中化投资产生了受教育程度很高的儿童。来自美国、中国、泰国的研究发现教育成就与兄弟姐妹数量较少之间存在正相关关系,有时即便控制了社会经济地位变量之后也是如此。⑥ 受教育程度高的儿童比例升高导致了学历通胀,反过来后者又通过加大儿童教育的时长与费用而促进了生育率的降低。长期接受学校教育延迟了人们结婚生子的时间。女性成家的时间越迟,生孩子的机会也越少。

---

① Fricke 1994。
② Ariès 1996:413。
③ Knodel,Havanon and Pramualratana 1984。
④ Oshima 1983。
⑤ Handwerker 1986:3。
⑥ Blake 1981,1989;Claudy 1984;Downey 1995;Hernandez 1986;Knodel,Havanon,and Sittitrai 1990;Polit and Falbo 1988;肖福兰和张其博 1985。

兄弟姐妹少的女孩们更会被鼓励去接受高等教育、开拓要求较高的事业，这反过来也会导致生育率的下跌。受过高等教育的女孩们有很强的动力去把时间花在从事声望高报酬高的工作上，而不是生育和抚养一大堆孩子。上世纪80和90年代在尼日利亚开展的研究发现女性接受更多学校教育可促使其实现少生孩子的愿望[1]，学校女孩们也使用避孕技术来防止因为怀孕而结婚，以求能够接受更多教育实现向上流动[2]。罗伯特·莱文（Robert A. Levine）与合作者在1983年的墨西哥研究[3]、1996—1998年的尼泊尔研究、1993—1995年的委内瑞拉研究[4]中则发现学校教育也可使女孩们学习抚养儿童的知识，以减少儿童死亡率和生育大量儿童的必要性。

当多数女性从事无法兼顾照顾儿童的工作时，低生育率就尤为明显。黛安·费尔姆莱（Diane H. Felmlee）基于在1968—1973年对美国女性的调研指出，女性的高就业率是与其低生育率最为相关的因素。[5] 雪莉·布格拉夫（Shirley Burggraf）记录了在上世纪晚期的美国抚养儿童会带来的明显的经济劣势。[6] 希尔·盖茨（Hill Gates）发现在上世纪80年代在台湾和成都具备人力资本的女性会因经济上的不利因素——特别是婚后不能用于挣钱的时间所对应的损失——而选择少生孩子。[7] 凯瑟琳·格森（Kathleen Gerson）记录了上世纪70年代的美国女性为了平衡工作、婚姻、母亲角色所做的艰难选择。[8] 阿里·霍克希尔德（Arlie Hochschild）记录了上世纪80年代双职工家庭的夫妻们即便

---

[1] Renne 1993。

[2] Caldwell, Orubuloye, and Caldwell 1992。

[3] LeVine et al. 1991。

[4] LeVine, LeVine, and Schnell 2001。

[5] Felmlee 1993。

[6] Burggraf 1997。

[7] Gates 1993。

[8] Gerson 1985。

只有一两个孩子、但也要为抚养孩子付出多么艰辛的努力。① 威廉·桑德(William Sander)基于对20世纪50—80年代美国经济与人口数据的分析,发现在女性的挣钱能力与生育之间存在负相关关系。② 在上世纪80年代随机抽样的300个美国洛杉矶的中产阶级白人妇女中,受教育程度越高,已生育与愿意生育的子女数越少,甚至连结婚的可能性也越低。③ 金赛(Kinsey)写的关于20世纪早期美国女性的文章中也记录了这一模式。④

在那些女性很少能找到有酬劳的工作的社会里,现代经济的到来增加了女性就业率。当家里的女孩能够挣到钱,家长们对女孩的歧视也会被减弱。查尔斯·斯塔福德(Charles Stafford)对于上世纪80年代中国台湾地区的田野调查⑤、森塔·基肖尔(Sunita Kishor)⑥、马克·罗森茨维格(Mark Rosenweig)和保罗·舒尔茨(T. Paul Schultz)⑦、穆塔·穆尔西(Mamta Murthi)与合作者⑧等人对上世纪70—80年代印度的研究以及在比较印度不同地区性别比例的基础上得出的结论,都印证了这一模式。现代经济提升了女孩的价值,使得家长们不太会去为了有个男孩而一直生育。

很少有社会是在建立现代经济之前生育率就接近了生育更替水平(每个女性平均生2.1个孩子)。但在中国全面建立现代经济之前,总和生育率就下降到了接近于生育更替水平的程度,大连这类城市的生育率甚至还低于第一世界的城市。1980年以来,中国的总和生育率为每个女性生2个孩子,在大连这类城市1978年后结婚的女

---

① Hochschild and Machung 1989。
② Sander 1990。
③ Essock-Vitale and McGuire 1988:229,233。
④ Weinberg 1976。
⑤ Stafford 1995。
⑥ Kishor 1993。
⑦ Rosenweig and Schultz 1982。
⑧ Murthi,Guio and Dreze 1995。

85

性的总和生育率接近于每人只生1个孩子。① 城市中有些精英家长甚至在人口控制政策施行以前就已经减少生育了。② 即便没采取独生子女政策,现代化与城市化也会在大连之类的城市造成生育转型并使之进而扩散到全国。只不过生育转型很可能会像在第一世界那样慢慢发生。独生子女政策有目标地加快了中国的生育转型,以加快中国通往第一世界的进程。

将第一世界带到中国

大连城区的青少年们作为意在创造第一世界公民的生育限制政策的产物,对于他们那广受认可的、作为家庭与国家的现代化开路先锋的角色予以认真对待。他们在社会化过程中坚信自己应该享受第一世界的生活条件。父母为了能给他们提供这类条件想方设法,即便要为相关花费付出巨大的牺牲也在所不惜。青少年们想拥有第一世界的同龄人们拥有的名牌用品、良好的生活条件、声望高的教育机会、待遇好的工作。他们对于本国的"落后"与第一世界的现代性之间的差距感到失望。许多人谈到想"在国外发展"。他们相信去了发达国家就能走捷径获取现代化文化模型中设置的目标。林琳、于涛、王松之类的年轻人想到第一世界学习工作,不仅以此来实现个人向上流动的梦想,也要向父母尽孝,让其为自己骄傲并能在退休后过上高级奢华的生活。他们对于是要永久地在第一世界安家还是等积累了足够的文化经济资本就回国享受第一世界的生活条件,则持模棱两可的态度。

中国顶尖大学的毕业生们可以直接向国外高校或公司申请奖学金或

---

① Cohen 1995:138-144;国家统计局 2000:109;Peng 1994;United Nation 1997b;United Nations Department of Economic and Social Affairs 1998。
② Banister 1987;Lavely and Freedman 1990;Lee and Wang Feng 1999;Whyte and Parish 1984:164。

工作机会来出国,但多数想出国的人是通过为了满足出国需求而在上世纪90年代蓬勃发展的、合法程度不一的私营公司来寻求机会。这些公司收取高额费用,为人们寻求在第一世界或作为向第一世界移民的跳板的社会里学习工作的机会,并为其能获得这类签证而完成必要的分析研究、文书准备、其他工作。大多数第一世界国家为了控制非法移民,严格限制发给中国人,尤其是较为贫困或受教育程度较低的人的签证。要想得到签证,需要花费大量的时间、精力、经济与社会资本。如果孩子在国外无法打工挣到足够的钱来支付学费和生活费,对家长的经济负担就尤为巨大。即便是一些比较富裕的中国家庭也必须靠借钱才能供孩子出国。

不能出国的年轻人们也依然渴望能尽可能享受到第一世界的生活方式。自从上世纪80年代初期,邓小平提出"致富光荣"之时,这种渴盼便被视为促进实现现代化的有力力量。如果整整一代人都奋力争取更高的教育水平与工作,那么中国势必会具有在资本主义世界体系中与第一世界竞争的实力。独生子女们完全接纳了他们作为引领中国进入第一世界的一代人的角色。他们在社会化过程中把享有第一世界优渥生活视为自己的与生俱来的权利,也具有了比父母高出许多的期待。

上世纪90年代的中国官方媒体比起毛泽东时代的媒体更加敏锐,其曾播出了许多解读空间很大的消费主义的画面。在1999年12月播出的一个新闻专题节目中,一个记者做了一项实验。他给街上每位随意走过的路人100元(13美金)现金,再和摄像师一起跟随接受了钱的人,看看他们怎么花钱。有个老太太起初坚决拒收钱,说道:"不是我的我不要!"经过再三的说服,她才最终收下钱,花一半的钱在廉价市场里买了质量差的食物和家居用品,攒下另一半用作孙子的学费。有个衣着精致的年轻女职员则很痛快地收下了钱,她去市中心的一家时尚咖啡厅给自己、记者、摄像师各要了杯咖啡和点心,很快就花光了这100元。韩冬和他母亲看到这一段时争论了起来。

韩冬母亲说:"这就说明年轻人是多么浪费,花钱就像用纸一样。"

韩冬则坚持说:"不对,这是说明干白领工作的人是多么自由快乐!那个姑娘根本不用为钱担心,所以才会觉得钱不过就是张纸!"

1999年的一天,我正给何鸿——一位高二学生做辅导时,她的在工厂当工人的父亲接了一个他姐的电话。他姐说刚被厂里辞退了,他很生气。接完电话后,他继续向女儿和我埋怨:"这么多人都失业了,中国要亡了!"

何鸿说:"不对,中国正变得越来越像外国。现在只是过渡。中国在采用外国的方法,外国常常是这样,有很多人失业。"

她爸爸嘲笑地问:"你怎么知道这些?"

"我看新闻啊。"她回答。

"我也看,我看到的是中国要亡了。"他说。

"可我看到的是向国外学习和致富的机会。你还是习惯老的思维方式,觉得铁饭碗是世上最重要的东西。我很年轻,对新知识更开放。"

在毛泽东社会主义的高潮阶段成长起来的家长们面临越来越多的社会经济不平等时,会发现自己在全球化的经济浪潮中过时了,也处于不利地位。但他们的子女更关注的是自己一旦通过费心费力地攀爬教育的阶梯而能收到经济回报,就可以拥有好的生活条件。

孙薇一般可以不做家务,因为她父母想让她把所有时间花在学习上,考上一所好高中。但在1998年的一个冬日,她母亲病得厉害,洗不了衣服,就让她来洗。孙薇答应了,但只是匆匆忙忙地洗了洗,抱怨说冬天的水把自己手冻麻了。

她妈妈看了看洗完的衣服,责怪她说:"看看这些污渍,好像你根本没洗一样。你应该学学怎么把衣服洗干净。我死了以后你怎么办?难道成天穿脏衣服?"

"我找到工作就买洗衣机,就再也不用手洗了!"孙薇说。

她母亲嘲笑地说:"嗯,你那么有钱,干吗不去洗衣店让别人给你洗衣服?"

孙薇笑着说:"我真高兴你这么想!我就想这么办!"

消费水平的飞涨

1998年,我房东的儿子张勇恳求父母给他买部手机。一年前,他成功说服父母安了一部固定电话,以方便他和毕业后四散到不同初中就学的小学同学联系。他抱怨说:"我朋友都有手机啦,要是我还不买面子上不好看!"

在20世纪的后20年,中国人的消费水平与物价和学历的通胀一样也快速飞涨。这很大程度上是因为独生子女们开始享有前所未有的购买力。父母们把子女驱动的消费视为表达父爱母爱和维系或提升社会身份的方式,以及让孩子们安心舒适地生活以求提高其学习成绩的务实性投资。即使想要节俭度日的家长和子女们也因担心脸面受损而不得不追随朋友和邻居们的消费模式。随着工作声望与收入的上限越来越高,要获得或维持受人尊重的身份所需达到的最低消费水平的标准也日益增高。电视机、冰箱、洗衣机、电话、能洗热水澡的热水器、摄像机、VCD播放机等原本是少数精英作为身份标志才拥有的奢侈品,日渐变成了人们为了维持受人尊重的声望所必须具备的物品(见表2)。计算机、空调、汽车则排在第二位。

表2 被调查者家庭与全国家庭拥有的日用消费品的比较

日用消费品	拥有至少一件日用消费品的被调查者家庭	中国每100个城市家庭所拥有的日用消费品($N=36000$)
电视	99%($N=2\,193$)	112
冰箱	96%($N=2\,193$)	78
洗衣机	91%($N=2\,194$)	91
电话	79%($N=2\,194$)	—
相机	78%($N=2\,179$)	38

续表

日用消费品	拥有至少一件日用消费品的被调查者家庭	中国每100个城市家庭所拥有的日用消费品($N=36000$)
洗澡热水器	77%($N=2\,194$)	45
VCD播放机	56%($N=2\,180$)	25
立体声音响	35%($N=2\,181$)	20
微波炉	30%($N=2\,193$)	12
手机	33%($N=2\,181$)	7
电脑	13%($N=2\,193$)	6
空调	13%($N=2\,194$)	24
摩托车	9%($N=2\,181$)	15
汽车(包括出租车或商用交通工具)	8%($N=2\,181$)	—

来源:整个中国范围的数据,参见国家统计局2000:318(表10-10)。

礼物交换一直是中国人社会关系的内在组成部分。[①] 上世纪90年代以前,多数礼物交换发生在成人之间,交换的礼品也多为金钱、食品、烟酒、衣物等消费品。但在90年代低收入的父母们开始惊恐地面对一个新现象的出现:青少年之间交换昂贵的不实用的礼品。年轻人们从媒体学到了西方的礼物交换习俗,开始通过开Party,吃蛋糕,去餐馆就餐,交换礼物和贺卡来庆祝圣诞节、生日、元旦。精英家长们很鼓励这些行为,视之为给孩子们购买快乐和社会资本的另一种方式;低收入家长们则日益为孩子们参与这类活动而承担越来越大的负担。大多数年龄大些的人们交换的礼物是可通用的、能够转送给他人的礼物,或者是一个家庭过家居生活须必备的、没有人送就得自己买的礼品。但青少年互相送专门针对对方的喜好而购买的贺卡、书籍、磁带、CD、珠宝、音乐盒、计算机游戏、VCD、玩具。买一些礼物的包装纸甚至要花和礼物本身一样

---

① Yan 1996;Yang 1994。

的价钱。大多数青少年的朋友们都是以同一学校为中心的一个社交圈子里的人，一个人如果把朋友送的高度个人化的礼品转送给另一个朋友，那将是非常尴尬的事。因此家长需要让孩子们保存收到的礼物，买其他礼物来与他人进行互惠。陈妍的母亲在2000年和我抱怨："我小时候，我和朋友们都没足够的钱来互相给对方买零食和实用得多的礼物，可今年我给女儿朋友买贺卡的钱都比我一周的买菜钱多！"

低收入父母们为了避免伤掉自己的社会颜面，不得不让孩子们过上超越其支付能力的生活。张勇每次跟母亲要钱买零食，母亲都告诉他买不起。但他先跟朋友借钱买零食，事后再告诉母亲得向朋友还钱。她有次骂他："你跟朋友借钱应该觉得羞耻。"但她还是给了他钱。

不尽情给孩子花钱的家长们会遭受让全家人蒙羞的风险。一次，我辅导的一位叫林涛的学生的贫困的母亲受到了邻居的劝告："你怎么能让儿子穿得那么破破烂烂的在路上走！你只有一个孩子！你攒的钱肯定够给他买好衣服。"

"我儿子有好衣服。"林涛的母亲谎称。"我只是不想让他穿，怕他弄脏了。"

邻居提议让林涛穿她儿子不想要的衣服。她说："他就穿了几次就不想要了，说不喜欢它们的款式。"

林涛母亲难以抑制愤怒地说道："我儿子也不喜欢不时兴的衣服。"

在她俩对话的过程中，林涛一直静静地看着我用来辅导他的教材。但等到邻居一走他就对母亲说："你看，就连邻居也注意到我的衣服有多破了。每次我在街上走都丢咱家的面子。"

母亲哭着抱怨了邻居的傲慢无礼，而后带着他去城里买了他渴望已久的、昂贵时尚的阿迪达斯牌子的衣服。

作为第一世界儿童的独生子女

大连城区的青少年们习惯了享受高于父母的生活水平，他们的父母大多保持了自其青年时代就开始养成的勤俭节约的习惯。青少年们渴望拥有他们在媒体上——包括反映第一世界优质生活水平的电影、娱乐节目、新闻报道——看到的第一世界的奢华生活方式。许多孩子也说服父母相信提高他们的生活水平能够直接积极地提升他们的学业表现。为了让孩子更健康强壮，父母们经常给孩子提供精心的健康护理和营养丰富又美味可口的食物，这样也使他们的胃口对食物越来越挑剔。我常常看到青少年们告诉父母他们要是没有零食、宽敞的房屋、冬天的暖气、夏天的空调就没办法专心学习。他们经受着巨大的同伴压力，那些缺少零花钱和衣服穿得差的孩子们会感到羞耻。如果拒绝给孩子买昂贵的衣服和不给他们花在娱乐、买零食、礼物交换上的钱，会引发孩子在社交和情绪方面的不安，让他们无法专心谋求学业成就。家长把家里大部分的钱都花在了孩子身上，认为这是必要的投资。大多数青少年都是享受着父母全力投资的独生子女，任何缺乏这类投资的青少年们都会在围绕学习成绩、社会地位、寻找好工作和配偶的激烈竞争中处于劣势。

但孩子们的高消费水平并非家庭经济消耗的最大支出对象。父母们通常只把用于子女消费的投资看作为了实现子女在教育系统中的成功而采取的手段，而达成这个目标所需的花费通常构成家里最重的经济负担。家长们愿意为了供孩子上学花光所有的积蓄，也不惜向亲朋好友借钱。政府官员意识到了家长的这种态度所能释放出的巨大潜力能够促进国家经济增长和将教育水平提升至第一世界水平，增加了各类费用不菲的教育机会。随着这些机会以及愿意紧抓这些机会的人的大量涌现，人们对于获取一项受人尊重的好工作所必须接受的最低教育水平的期待也快速增高了。

第三章 "小皇帝"头都大了：分层体系中的压力、规训、竞争

1998年的一天，初三学生管平告诉我在他最想读的重点高中近几年有几个学生自杀了。我说："希望再不会有这样的事了。"

"不，我还希望这样的高中生能再多一些呢。"他回答道。"这样的话一起竞争读好高中和好大学、找好工作的人就变少了。要是有很多学生自杀，政府或许就能意识到问题，改革教育系统，减轻我们的压力。"

当一代独生子女进入青春期以后，学生们由于在教育系统中的竞争压力过大而自杀或得了精神疾病的事例经常出现在新闻媒体的报道之中，政府官员们也的确意识到了这方面的问题。[①] 政府为了减少学生因无法获得高等教育而导致的受挫感，为有能力支付相关费用的人创造了

---

① Michael Phillips 及其同事发现自杀是15至34岁的中国人死亡的主要原因，自杀者占该年龄组死亡人数的19%（Phillips, Li and Zhang 2002:1）。尽管中国教育系统的竞争压力引发了关于自杀问题的社会话语，但这些压力似乎并不是 Phillips 及其同事调查的自杀案例的主要原因，后者更多可归因于精神或身体疾病、经济问题、社会或家庭冲突（Phillips, Liu and Zhang 1999; Phillips 2002）。然而，中国记者经常会写一些有关在教育系统中谋求成功的巨大压力如何造成痛苦、精神疾病和自杀的文章（Chu Jun 1999; Han Yan 1999; Liu Ying 1999; Yu Jingquan 1999）。正如 Sing Lee 和 Arthur Kleinman 所说（Lee and Kleinman 2000），自古以来在中国自杀一直被视为表达抗议和抵制的惯用方法。因此，或许可以说，媒体上的以及家长、老师和学生们口口相传的有关由教育压力所致自杀引起的恐慌、造成的威胁，以及相关的耸人听闻的报道，都是在被大家用以批判分层体系中竞争的过度激烈。

新的教育机会,期望通过学校扩招不仅能够减轻学生竞争教育机会的压力,而且通过提升国民的整体教育水平而加速现代化建设,并通过鼓励父母对子女教育的大量投资而促进经济增长。后两个目标已然实现,第一个目标却难以企及。

学生压力的根源并不在于要竞争上好高中和好大学,而是在于要竞争获取能让自己有资格从事"好工作"的教育机会。现在类似贸易、金融、技术等行业的工作待遇很好,原先人们向往的工厂工作则黯然失色。但当受过高等教育的求职者人数渐增时,雇主们就提高了要求求职者具备的最低教育资质的门槛。随着学历通胀与人们的期待和消费需求的激增,"好工作"越来越难找。

20世纪80年代早期,几乎所有城市高中和大学毕业生都能被分配工作。多数有初中文凭的城市居民都能找到工作,受过中等教育的人能找到受人尊敬的工厂工作,受过几年大学教育的人——其中也包括接受大专或成人教育,或通过高等教育自学考试的人——能找到精英类的工作。当时失业率低,经济改革刚刚开始,市场完全开放,即便识字很少的人也能比较容易地做小买卖挣钱。

但到了20世纪90年代晚期,高中毕业生都难以找到稳定、声望高、工资高的工作,初中毕业生就更难。读过大专或成人教育学院,或有高等教育自学考试学历的人不得不去找十年前高中毕业生才干的工作。大多数好工作只对在名牌大学读过四年本科的人开放,许多精英工作也要求求职者具备研究生学历、特殊技能,或国外经历。由于农村移民和城市下岗或早退的工人也都在做小生意的市场上竞争,人们只有具备相当多的社会和金融资本才能做成利润可观的生意。许多年轻人为了满足自己在童年社会化过程中习得的高期待,会在从学校毕业后找不到满意的工作时选择不就业而非低就业。他们不去做觉得被大材小用的低薪工作,而是等待更好的、但也很难得的工作机会,用功准备通过率很低的高教自考,试图去国外留学,或为了进一步深造再次为通过普通成人教育学院入学考试做准备。

为了满足独生子女一代的教育需求,政府拓宽了成人教育的选择面,鼓励建立民办学校、允许公办学校通过"自费"和"扩招"项目招收分数低但多交费的学生。20世纪90年代末的年轻人比以往有了更多的教育机会,但这些选择只是暂时缓解了他们竞争精英地位的压力。一个名叫吴文的大专生在1999年和我的一次聊天中说:"我以前觉得自己初中毕业时赶上了新出现的自费上高中的好机会很幸运,不然我上不了高中,也不能读大专。但现在大学扩招,会有好多大学毕业生找工作,我的大专学历会一文不值。我现在必须去读成人教育学院,拿个四年制本科学历或者硕士学历,这样才有竞争力!"许多20多岁的年轻人即便在上班以后还要继续寻求更高等的教育,或者考取能证明自己在会计、计算机科学、外语等方面有优秀技能的资格证。他们担心自己会在更年轻、受教育程度更高的求职者面前相形见绌而失去工作。

独生子女们比其父辈、祖辈的受教育程度要高很多。大多数接受我问卷调查的学生仅在读了几年小学之后就超过了祖辈的教育水平,他们也很有可能在高中毕业之后就会超过父母的教育水平(参见表3、4、5)。① 到2000年,独生子女一代的教育水平远高于整体中国人的教育水平。② 全体中国人中仅有4%有大学学历,11%有高中学历,34%有初中学历,36%有小学学历,15%未读完小学。③

---

① 我发现被调查者的父母(在"文革"时期长大)受教育程度高于其父母,这与更广泛的中国城市人口学研究结果相符(Bian 1994;Tang and Parish 2000:60-62),即使它似乎与中国知识分子(Chang 1991;Cheng 1986;Gao Yuan 1987;Yue Daiyun and Wakeman 1985)关于"文革"造成向下流动的主流话语相矛盾。虽然"文化大革命"使知识分子家庭的孩子受教育程度低于父母(Davis 1992),但这类家庭只占中国人口的一小部分。总体来看,即便经历"文革",中国人的受教育程度有所提高(Pepper 1996)。
② 样本量为1 265 830 000(国家统计局 2001:93)。
③ 国家统计局 2001:96。

表3　被调查者祖父母以及外祖父母的识字率

	经被研究者认定为识字的百分比
外祖母（N=1 913）	61%
祖母（N=1 900）	57%
外祖父（N=1 898）	90%
祖父（N=1 896）	88%

来源：作者1999年的问卷调查。

表4　被调查者父母的教育水平

	母亲（N=2 178）	父亲（N=2 171）
小学以下	1%	0%
小学	3%	3%
初中	53%	46%
职业中专或技校	3%	3%
中专	6%	6%
普通高中	23%	24%
大专	8%	12%
四年制本科	3%	6%
硕士	0%	0%
博士	0%	0%

来源：作者1999年的问卷调查。

表5　2000年大连城区、大连地区以及全国范围内的教育统计数据

	大连城区 a 百分比(N)	大连地区 b 百分比(N)	全国 百分比(N)
上小学的适龄儿童 c	—	100% (455 569)	99% (124 453 000)
上初中的13—15岁青少年	—	100% (231 074)	—

续表

	大连城区 a 百分比(N)	大连地区 b 百分比(N)	全国 百分比(N)
上初中的小学毕业生	—	—	95% (24 192 000)
上高中的初中毕业生	92% (24 273)	75% (58 152)	51% (16 335 000)d
上技校	5% (24 273)	6% (58 152)	—e
上职业高中	23% (24 273)	17% (58 152)	11% (16 335 000)
上中专	13% (24 273)	9% (58 152)	8% (16 335 000)
上普通高中	51% (24 273)	43% (58 152)	29% (16 335 000)
上普通高校(非成人教育)的普通高中毕业生	81% (7 976)	81% (17 835)	73% (3 015 000)

来源:参见大连市史志办公室 2002:258,262,265,271;国家统计局 2001:649(表 20-1),652(表 20-6、20-7),656(表 20-17)。

a 仅包括位于市区的沙河口区、西岗区、中山区,以及位于半城半乡地区的甘井子区、旅顺口区。

b 包括所有农村和城市地区。

c 上小学的适龄儿童一般被定义为 7—12 岁之间的儿童。这在大连市史志办公室公布的数据而非中国国家统计局的数据中被标明。

d 中国国家统计局公布的数据显示,入读高中的人数略高于进入中专、职业高中以及普通高中的学生人数总和。这可能是因为前一个数据包括了特殊学校的高中生(如残疾人士、被监禁的学生),这类学校也招收小学和初中生。

e 与大连市史志办公室不同,中国国家统计局没有划分出技工学校这一类别;可假定大连的技工学校在国家统计数据中被归入了中专或职业学校。

表 5 中尚不包含毕业后出国留学的学生、为学习技能或考取资格证上辅导课的人、考取高教自考学历的人、虽未入读高中但旁听高中课程的人、为能获得更高教育工作攒钱的人、准备再次参加高考和中考的复读生。老师们告诉我很多没能上普通高中或大学的城市年轻人都选择了上述出路。

我在 1999、2000 年都去过成人教育学院入学考试的考场。我发现大多数考生的年龄比高考考生大不了多少。成人教育学院入学考试和高等教育自学考试向每个人都开放，也不限制每人的考试次数。绝大多数普通高中毕业生和一些非大学预科的高中学校的学生都能通过成人教育学院入学考试。其声望低于普通高校。人人都能参加高等教育自学考试，但这类考试难度很大，即便许多普通高校的学生都不能通过。

由于受到了父母压力和大力投资的驱使，许多独生子女最终都为能有资格获取待遇好的工作——多为旅游、贸易、金融、商业、技术等新兴领域的工作——而掌握了充足的技能，接受了良好的教育。正如人口政策的规划者们所预期的那样，随着受到良好教育的、富有雄心抱负的年轻人的不断涌现，中国经济得到了大力的发展。但精英职位数量有限，不可能有意者皆得之。国家以降低生育率来加速现代化建设的策略成效甚佳。它提升了中国在资本主义世界体系中的成就，但也导致独生子女过快提升自己的期待高度与教育水平，使其增速超越了国家经济增长的速度。

教育体系

家长们把子女的学业成就视为子女获得财富、声望、权力的主要通道。生于20世纪50年代的家长们自身的教育曾被"文革"(1966—1976)干扰破坏，当时许多学校被停办，高考和中考被终止，在依然办学的学校里政治斗争取代了学习指导，许多上山下乡的城市知青在乡村不能接受学校教育。一些人在"文革"于1976年结束之后通过高教自考和成人高考获得了更高的教育机会。在我的问卷调查中，大多数回答者的父母都比其父母有更高的教育水平（参见表3、4）。虽然在当时的社会环境中教育与精英地位之间的联系被切割了，这些学生父母的教育水平还是与其职业、消费模式有直接相关关系（参见表6、7）。① 这些父母坚定认

---

① 根据1988年来自中国城市的统计数据，Tang Wenfang 和 William L. Parish 估计，中国城市居民的受教育年限每增加一年，收入增长3%（Tang and Parish 2000:85-87）。

为对于他们的孩子——成长在对教育成就加以回报的社会体系内的孩子——来说,一个人的教育水平将与其社会经济地位有更密切的关联。

表6 曾从事精英工作的父母

	曾从事精英工作 a
母亲	
大学文凭($N=200$)	90%***
高中文凭($N=644$)	52%***
没有高中或大学文凭($N=1\,135$)	21%***
父亲	
大学文凭($N=327$)	93%***
高中文凭($N=637$)	56%***
没有高中或大学文凭($N=977$)	28%***

来源:作者1999年的问卷调查。
a 精英工作在这里定义为领导或经理、专业技能从业者或大企业业主。
*** $p<0.001$

表7 被调查者奢侈品所有权状况与父母教育水平的关系

	拥有至少2—3件奢侈品 a
母亲	
本科学历($N=233$)	22%***
高中学历($N=697$)	18%***
没有高中或大学学历($N=1\,240$)	8%***
父亲	
本科学历($N=393$)	25%***
高中学历($N=705$)	14%***
没有高中或大学学历($N=1\,065$)	8%***

来源:作者1999年的问卷调查。
a 三种"奢侈品"是电脑、空调和微波炉。我把这些商品的所有权作为衡量家庭财富的因素,因为在被调查者中只有13%的人家里有至少其中两件物品。
*** $p<0.001$

即使是精英阶层的父母也意识到他们的财富和人脉关系不可能维持孩子一生的幸福。由于中国快速经济增长所带来的通货膨胀的影响，父母们无法确保自己攒的钱足够让子女能单靠遗产无忧无虑地生活。他们的钱和关系可以给孩子们创造机会，但孩子们更进一步的成功与提升则至少部分取决于其自身的能力和教育。精英层父母只能短时期内帮到孩子，他们自己退休以后也会逐渐丧失财富与关系。

在全市范围内的中考表现如何是决定学生能上哪一类高中的主要因素。大连1999年中考测试的科目包括语文、数学、外语①、物理、化学。满分为650分。在1999年初中毕业生的中考报名表上，学校按其学生精选度依次分为如下几个等级：(1)重点高中；(2)普通高中；(3)民办高中；(4)中等专业学校；(5)职业高中、职业中专、成人中专、技工学校。虽然技工学校与职业高中或中专、成人中专在报名表上被列入同一等级，多数学生认为技校是最差的选项，因其培养出来的学生都从事低薪工作。学生们在考前在上述每一类学校中做出选择，是否被录取由其考分决定。对于学校初步选择不录取的学生，其家长可与学校管理层沟通协商，争取孩子能入读。精英阶层的父母们常常能通过多花钱让孩子读上比考分对应的学校高一两个级别的学校。但多数学校管理者还是为了维护学校的名声而不愿招收考分比本校录取分数线低太多的孩子，即使其家长愿意花好多钱送礼或支付就学费用。

中等专业学校培养的学生多从事会计、警务、幼儿和小学教育等低端行业的工作。职业高中或中专、成人中专培养的学生多从事理发、酒店服务、旅游、销售、文秘等服务行业的工作。技工学校培养的学生毕业后当技术员、司机、工厂工人等。这些非大学预科的高中培养的学生不参与高考，这类高中的学习要求低于大学预科高中甚至是初中。

---

① 学生可以选择用英文或日文进行测试。大多数学生选择英语，因为很少有初中提供日语教学。

20世纪90年代晚期,大连市教育局允许高中接收中考考分略低于学校分数线、但有意愿和能力支付比"公费"学生的学费高出数倍的学费的"自费"和"扩招"类的学生。在1999—2000学年,大连城区高中的学费情况是:大学预科高中的公费生为 500—1 000 元(63—125 美金);技工学校、职业学校、中等专业学校的学生为 1 800—4 500 元(225—563 美金);民办高中的学生为 2 400—8 000 元(300—1 000 美金);大学预科高中的自费和扩招学生为 2 500—10 000 元(313—1 250 美金);国际私立学校的学生(包括中国与国际学生)为 35 000 元(4 375 美金)。另外,大多数学生每年还要支付 1 000—5 000 元(125—625 美金)购买课本和用品,以及上晚上、周末或假期开设的半强制性的课程。当高中的自费和扩招学生名额供不应求时,一些学生需要一次性支付 10 000—35 000 元(1 250—4 375 美金)来获得此类求学机会。大多数民办高中、中等专业学校、技工学校、职业学校是在 20 世纪 80—90 年代为满足不断增长的中等教育需求而建立的。尽管非大学预科高中的目标是培养学生就业,许多这些学校的学生在毕业之后如果找不到喜欢的工作或者根本找不到工作,会继续接受高等教育。

大学预科高中主要是培养学生迎战高考。重点高中的生源、师资、资源是最棒的。民办高中与公立高中的教学目标和课程设置一致,但就其声望与筛选学生的严格性来说不及后者。2001 年前,只有大学预科高中的、未婚且年龄小于 25 岁的毕业生有机会参加全国高考,高考每年 7 月面向全国考生举行一次。随着人们对追求高等教育机会的需求与日俱增,这类规定被于 2001 年废除。

1999 年的高考生参加包括数学、语文、外语的统考。① 理科考生还考物理和化学,文科考生考政治和历史。② 满分 750 分。该年高中毕业

---

① 学生可以选择用英语、日语或俄语进行测试。大多数学生选择英语,因为很少有高中提供日语或俄语教学。
② 高考考试科目的组合每几年都会根据课程改革而改变。

生在高考志愿报名表上的学校类别排序是:(1)第一批录取本科院校;(2)第二批录取本科院校;(3)市属本科院校;(4)省属以上专科学校;(5)省属高职专;(6)市属专科学校;(7)市属高职专。全国高校依据学生的考分与地理位置进行录取选择。由于多数高校在录取政策上优先照顾本地考生,许多高中毕业生留在本市或本省读大学。上世纪90年代晚期,中国政府开始允许一些高校招收考分略低于分数线,但愿意多交学费入读该校的学生。1999—2000学年,考分高于大学分数线的学生的学费是2 500—5 000元(313—625美金),考分略低于分数线的学生学费是8 000—10 000元(1 000—1 250美金)。另外,学生每年交500—2 000(63—250美金)的宿舍费,花5 000—8 000元(625—1 000美金)用于购买书本、用品、食物、健康保险,交费参加学生活动,或支付家和学校之间的往返交通费。

高中毕业生在高考考分公布之前须上交高考志愿报名表,列出自己在每个范畴的学校里想报考的学校并确立先后次序。高校或院系愿意优先录取将自己作为报考第一选择的学生。学生、家长、老师告诉我选取哪个高校和院系作为第一选择是"一种科学",其重要程度不亚于高考尽量考高分。这门"科学"要考虑的多种变量包括:学生考分的预估;学校或院系的考取难度;哪些学校或院系的就业前景好;哪些学校或院系要求在高考之外另设面试或特殊测验,因此有走后门的空间,一些学生可以通过家长送礼或依托人脉关系而有上学机会。

追求好工作

张勇在2000年的一天跟我说:"我将来一定要有钱。"他在初中班上排名很靠后,他的父母是连初中都没读完的工资很低的工厂工人。但他有雄心壮志。"现在这社会,你有几万块钱还是穷人,有个几十万块钱才能舒服点过日子。我想上高中考大学,学经济学,找个大公司的好工作,等攒够钱自己创业,这样就能当有钱人了。"

自从中国发展现代经济,有关好工作的文化模型也发生了改变。在20世纪50—70年代,人们把工厂工作视为体面职业。私人企业是非法的。服务部门岗位较少,且大多数岗位低薪、不受尊重。政府基于社会主义意识形态限制收入差异,领导干部和专业人员的工资仅略高于工厂工人。① 在风雨飘摇的十年"文革"(1966—1976)中,工厂工人是最政治正确的阶级之一,普遍免于遭受干部和专业人士所受的暴力伤害。大多数大连城区居民在工厂上班,享有自认为终生性的职业保障、医疗保险、退休福利。许多人是从农村地区迁移过来的,认为工厂工作远远好于农业劳动。

但到了20世纪90年代,工厂工人的工资与服务部门的工资相比相形见绌,工业上的全球竞争也使得工厂难以确保提供给工人就业保障和良好福利。贸易、商业、金融、旅游业等领域高薪与高声望的工作机会日益增多,大大扩充了"好工作"的概念外延。虽然大连城区大部分成人还是在工厂上班,工资也接近城区平均工资,但工厂对于年轻人来说不再是体面工作的标签。成长于90年代的年轻人们内化了曾经驱动第一世界年轻人的生活方向的有关"体面"的文化模型。这种"体面"是依据只有挣得远高于中国工人平均工资的收入才能支撑的消费模式来界定的。从事只能挣到国内平均工资的工作的年轻人们感觉受了很大打击,许多连这类工作都找不到的年轻人都根本不愿工作。

到21世纪初,多数大连城区的拿到中等教育学历的学生们只有再继续接受教育才能找到喜欢的工作。在整个上世纪90年代,每年的毕业生都发现他们的就业竞争资质要低于几年前拿到同等学历的人们。这些毕业生觉得怀才不遇、倍感受挫,不满意工资待遇、工作条件、晋升机会,认为其总是低于自己的学历资质对应的水准。大连市的年轻人们

---

① Howe 1973;Korzec and Whyte 1981。

与世界上很多国家的年轻人一样①，发现自己期待的地位与实际获得的地位之间有很大差距，为此感到压力很大。很多高中毕业生只能找到工作时间长强度大，但工资很低，没有工作保障，晋升机会很少的低薪工作。许多高中毕业生不能承受这种状况，在工作几个星期或几个月后就泪流满面地被解雇或辞职了。有大专学历、高教自考学历、成人教育院校学历的年轻人们有不少从事服务员、售货员、保安、低等文职人员的工作，而在十年前高中毕业生就能轻而易举地找到这些工作。在受到良好教育的、竞争激烈的独生子女们相继成年之后，就业状况就发生了改变。许多年轻人为自己就业远低于期望感到灰心失望。宋志明是一名受过成人教育的大专毕业生。他告诉我："我在学校里努力学习就能考得更好。可现在不管我多么努力也当不了更好的保安。我无非就是站在那儿浪费青春。"

在上世纪80年代早期，当民营企业开始合法化时，即使教育程度不高、欠缺资本和人脉的人只要有足够的运气、技术和胆量就能创业挣钱。在商人们的回忆中，那段时期竞争不多、税少、规则少，是创业发财的欢乐期。但到了90年代晚期，许多家庭生意不再是通往财富的阶梯，而是低收入的人们为了勉强度日而向其他低收入群体销售物品的谋生手段。他们根本竞争不过大型的现有企业，这些企业在人脉、地理位置、声望、选择权、产品质量等方面占据绝对优势。城市中不断增长的农村移民和失业的城市居民都在竞争做小本生意的商机，主要的销售对象是无力购买大企业物品的低收入人群。对于父母并非大型企业主的年轻人来所，在教育体系之外过上优渥生活的主要路径便被封死了。

独生子女作为父母唯一的希望，他们从小在社会化过程中被教育要

---

① Thomas W. McDade(2001;2002)发现，由地方传统定位的个人地位与由西方标准定义的个人地位之间的不一致给萨摩亚青少年带来压力。William W. Dressler 和他的合作者发现，地位不一致造成的压力也出现在了巴西(Dressler et al. 1987a)、墨西哥(Dressler et al. 1987b)、西印度群岛(Dressler 1982)，以及美国阿拉巴马州的一个非裔美国人社区(Dressler 1990;Dressler and Bindon 2000)。

成为社会精英。建筑、清洁、家政等领域的工作以及在工厂和军队里的低端岗位根本无法给城市年轻人们提供足够的收入、保障、晋升机会,让他们能够过上体面的生活、在婚姻市场上有竞争力、攒够钱买婚房、让子女接受费用不菲的教育、赡养退休的、无工作的也无法再就业的父母和祖辈。因此,大多数独生子女即使不能就业也拒绝上述工作。家长也不愿意让独生子女在低端职业上浪费自己的潜力。2000年,陈天润的父亲刚刚从工厂下岗,他和我聊天时说:"我花几千块钱送儿子上职业中专,不是为了让他找个连任何农民都能干的工作。我不想让他最后像我一样。"

城市年轻人不愿意干的工作,由失业的、急于找到工作的中年城市居民和农村青年来做,后者将能在城里工作的任何机会视为实现向上流动的路径。而且即便城里工作工资再低,以农村标准来看也是高的。

城市里从事低层次工作的高中毕业生或者进行业余学习,或者在攒够钱以后辞职去接受高等教育。对于在21世纪初期进入求职市场的年轻人来说,接受更高阶的教育是其找到好工作、拥有受人尊敬的成人身份的必备前提,而最好的职位往往都要求本科乃至研究生学历。中国的银行很少为低收入家庭子女提供教育贷款,但很多缺钱的家长设法跟较富裕的兄弟姐妹借钱来供孩子读书。中国政府也考虑到了独生子女一代的教育需求是促进经济增长和社会发展的强劲动力,设法让尽可能多的城市年轻人在父母具备支付意愿和能力的前提下能够接受中等和高等教育。

我在2000年参加过一位名叫肖颖的居委会社区人员的大家庭聚会。她在聚会上说:"我觉得失业的人可怜,可他们也该受指责。"她的职责之一是帮助失业者再就业。有个国营商店的经理请她帮忙招人应聘一个工资很低的售货员职位。"我跟几十个失了业,应该特别急切找工作的人推荐了这个职位,但他们都不干!"她抱怨道。"这都过去几个星期了,还是没人愿意干这工作。大连人都懒,光想干工资高还不用太出力的工作。"

肖颖的表妹沈秀丽最近刚刚从工厂下岗,说她愿意试试。"你怎么不早跟我说?我明天就能上岗!"

肖颖说:"人家的销售岗只招年轻女的,不招中年人。你女儿要是愿意倒可以试试。"

"才不呢!"沈秀丽生气地说,"我绝对不让女儿干没有前途的低工资的工作,完全是浪费青春!要是她拿了职业中专的学历找不到好工作,我就供她上成人大学。我绝不让她将就干一个没前途的工作。"

许多不满足于只接受低端教育或从事低端职业的年轻人最终都得到了更好的教育和工作。这些年轻人坚持不懈地寻求更高阶的教育机会与职业发展良机,从而在资本主义世界体系中更具竞争力。他们也由此推进中国获取在这一体系中的核心区域位置,而这正符合官方实施人口控制政策的初衷。

但这些年轻人单凭雄心壮志所能到达的高度也是有限的。并不是每个孩子都能成为资本主义世界体系中的赢家。家长们能通过自己挣钱、攒钱、要钱、借钱来资助子女接受更多教育的能力也是有限的。年轻人能否有足够的自制力来把握好父母为之提供的教育或工作机遇而取得成功也是个问题。最重要的是,好工作的数量是有限的。当有些人发现即使抱负再大也无法跨越这些界限、不得不将就接受一些低层次工作时,内心受到了很大的打击。不能获得期待中的成功的年轻人们往往陷入抑郁,或者当身边人以及父母、老师、亲戚长辈指责他们"没有适应能力"时会予以愤然回击。在他们长大的社会化过程中,他们期待自己将登上当地或全球等级制的顶端,其中类似于于涛这样的年轻人们即便找不到其他工作也不愿意勉强做他们认为低于自己能力的工作。就算他们半心半意地愿意从事建筑、家政服务、工厂装配流水线的工作,雇主也不太愿意雇佣他们,而倾向于招收农民工,因为雇主们深知这些受到挫败的城里年轻人们不太能像农村人那样谦卑、恭顺、忍受艰苦的工作条件。长期找不到工作的年轻人会成为家里和社会的负担。

学而优则向上流动的文化模型

中国人通过学业成就实现向上流动的文化模型植根于帝国时期的科举制。科举制始于汉朝（公元前202年—公元220年），在宋代（960—1279年）成为获取精英地位的主要路径，直至在1905年作为清朝最后的施政改革的内容之一而被废除。尽管通常士大夫会通过给予孩子其他大多数人无法企及的良好教育而将精英地位传承给下一代，通过科举制实现向上流动的人也大有人在。科举制防止阶层的彻底固化，缓和了精英阶层不同派系之间的张力矛盾，促发了允诺人们大力投资教育就有希望实现向上流动的这一文化模型的生成。① 为了防止阶层分化，1949—1976年，中国试图通过政策实施来破坏这一文化模型。② 后来，中国则复兴了这一文化模型，其与资本主义世界体系对于具备资格证书的文化资本的重视是一致的。但这种复兴不同于与科举制相关的文化模型，后者主要是针对相对较为少数的、已处于或接近于社会顶层的士大夫、商人、乡绅家庭中的男性成员。相反，中国帝国时期长期对教育价值的看重、共产主义革命时期对女性的赋权和社会经济的民主化、资本主义世界体系中精英管理的意识形态等等因素共同促成了一个更有力和普及大众的文化模型的出现：它向全体青年人——不管其性别或社会经济背景如何——许诺了学而优则向上流动的前景。

由于共产主义去阶层政策的实施（在"文革"时达到顶峰），20世纪晚期中国的阶层体系是变动、混乱、复杂的。③ 有的精英祖辈数代都是精英，但这种情况不占主流。20世纪90年代的精英阶层中很多人是无权

---

① Elman 1990,1991；Esherick and Rankin 1990；Fei 1953；Hymes 1987；Waltner 1983。
② Pepper 1996。
③ Davis 1992；Pepper 1996；Shirk 1982；Watson 1984a；Whyte and Parish 1984:27－56。

无势且未受过教育的农村贫困家庭的后代。其中有些人因为运气好、政治忠诚度高,成为政府干部,并在后来利用政治上的人脉关系建立商贸网络而获得丰厚利润。其他人则在经济改革一开始时便创业致富。有些人在毛泽东时代被分配或聘用到商贸等工业部门工作,虽然在当时这类工作不太吃香,但到了全球化与经济改革时期却成了肥缺。另有些人则是这代人中的少数派,他们凭借自己的才干、运气、坚韧以及父母的教育投资——使其即使受到"文革"冲击也接受了更高阶的教育——而取得专业人员或经理职位。与此同时,有些穷人是精英家庭的后代,在"文革"中失去一切财富地位,之后再未东山再起。

我认识的大连城区的学生们从未亲眼目睹过阶级身份由一代平稳地传递给下一代的情况,他们中无一人像那些在阶级结构根深蒂固的社会中长久处于底层的家庭中的年轻人那样对向上流动持绝望态度。即使最贫困的学生也受到向上流动的文化模型的驱动,持有的态度很类似于杰·麦克洛德(Jay MacLeod)所描述的"兄弟"[1]、约翰·奥格布(John Ogbu)与合作者描写的"自愿的少数民族"[2]、马塞洛·苏亚雷斯-奥罗斯科(Marcelo Suárez-Orozco)[3]和卡罗拉·苏亚雷斯-奥罗斯科(Carola Suárez-Orozco)描写的第一代迁入美国的墨西哥与中美洲移民。[4] 麦克洛德研究的"兄弟"是一群在美国一个贫困街区居住的非裔高中学生,他们严格遵循学校规定,坚信教育成就将会带来向上流动。他们跟那些愤世嫉俗的"走廊上的游荡者"——不相信能凭借教育实现向上流动的白人男孩们——不同,对于向上流动的前景是乐观的,因其全家刚刚搬到这个街区,而且认为这是跳出了之前的社区向前进了一步。[5] 奥格布和合作者则认为自愿的少数民族(自己选择了移民)要比不自愿的少数民

---

[1] MacLeod 1995。
[2] Ogbu 1983,1987;Ogbu and A. Gibson 1991;Ogbu and Simons 1998。
[3] Suárez-Orozco and Suárez-Orozco 1995;Suárez-Orozco 1989。
[4] Suárez-Orozco and Suárez-Orozco 1995。
[5] MacLeod 1995:130-131。

族更加相信教育的回报并遵循教育体系的规则而非抵拒。马塞洛·苏亚雷斯-奥罗斯科和卡罗拉·苏亚雷斯-奥罗斯科发现来自墨西哥和中美洲的青少年第一代移民要比美国土生土长的白人或拉丁裔人有更大的成就动机。在这些研究中,移民具有更大成就动机的关键原因在于他们坚信(不管这信念是否被误导)自己拥有父母无法具有的全新的更好的机遇。我认识的大多数大连城区的青少年也都有此信念。而许多大连年轻人之所以很接纳这种观念,是因为他们的父辈或祖辈就是为了获得更好的机会而从较落后的城市、乡镇或农村迁到了大连。另外,与其父母年少时经历的时代相比,他们生长在社会几乎发生全新变化的、提供大量新机遇的时代。他们运用向上流动的文化模型来理解自己的家庭历史,穷困学生认为他们自己不过是运气差、父母收入低的普通年轻人,而非面对着永远不可跨越的阶级障碍的"底层阶级"中的一员。即使是无权无势的低收入家庭的学习差的孩子们也跟我说他们想通过考取成人教育或高教自考的学历、自己创业、到富裕城市或国家工作来争取向上流动。

精英家庭的孩子在教育体系中明显占据优势。富裕的父母能够花得起钱供孩子请家教、上辅导班、出国留学、买课外书和学习材料、买电脑、上私立学校、买教育软件和游戏、上名校。受过良好教育的家长能辅导孩子,通过社会关系网找到合格的家教,充当孩子好好学习的榜样,给孩子提供学习技巧和教育决策方面适宜的指导。但当我告诉学生、家长、老师,布迪厄有关精英使用可传承的文化资本来将精英地位传给孩子的理论时[1],有些人说:"在中国恰恰相反。穷学生更有动力,他们知道好的教育是自己脱贫唯一的方法;富学生动力差,他们觉得依靠父母就能上好学校,找好工作,这样做天经地义。"

---

[1] Bourdieu 1977,1984;Bourdieu and Passeron 1977。

1998年,我第一次从李梅——一所大学预科高中的高三学生——那里听到这个观点。我回应说:"但是布迪厄的理论对美国很适用。比如哈佛大学的大多数学生的父母是有白领工作的有钱人。虽然哈佛在招生时不问学生家境,为付不起学费生活费的学生提供全额奖学金资助,但没有多少穷人家的孩子能考到能上哈佛的分数。在我高中的大多数学生的家长是普通的工人或者家庭企业主,我高中的大部分同学都只能读两年制大学,只有考分够高才能拿到全额奖学金读更好的大学。你没发现中国也是同样的模式吗?"

　　"当然不是!"李梅说,"在国外,富人们是因为自己素质高、有才干、受到好的教育、努力工作才致富的,所以他们当然会有素质高、有才华、有教养、肯努力的孩子。但在中国,富人们是因为运气好、有权、腐败才有大钱的,他们本身没什么能力,所以孩子也没能力。穷孩子虽然能力不比富孩子强多少,他们更勤奋,所以学习更好。"她接着提到了几个我们共同认识的、符合她说的模式而非布迪厄理论的人。我不得不承认她说得对。在她的班上,大多数学习最好的孩子家境都比大多数差等生差。但另一方面,我也注意到,我在校外认识的家庭当中,精英家庭的孩子都比非精英子女的学习成就更高(无论是以教育成就、全市或全国的标准化考试中的成绩,还是在接受我辅导时展现的天资来衡量)。许多初中老师和学生也告诉我在他们班级里是同样的情况。

　　我为了找到更普遍的模式,查看了问卷调查对象的考试成绩与其父母的职业地位和教育水平的关系。我调查的那所职业中专的学生的成绩无法用于这方面的分析,因为学校里每个班级的考试科目不同;我分析了初中和高中的调查数据,有了重要的发现。在初中,精英子女考分一般高于非精英子女(见表8)。但在高中,模式相反,非精英子女一般考分高于精英子女。

表8　初中与普通高中学生平均班级排名与其父母教育与工作状况的关系

	初中学生		高中学生	
	班级平均 百分等级 a	N	班级平均 百分等级 a	N
有大学文凭的父母				
父母双方均有	66***	29	35***	46
一个父母有	61***	81	48***	103
父母均没有	49***	558	54***	307
曾做过精英工作的父母 b				
父母双方均有	56**	168	45***	163
一个父母有	54**	181	50***	144
父母均没有	47**	310	58***	148

来源:作者1999年的问卷调查。

a 百分等级是基于学生2000年1月份的期末考试成绩。只有被班主任保留了完整的学生成绩记录的被调查者的成绩才会被纳入这个排名。最高的百分等级是100,最低的是1。百分等级是在成绩分布中某个特定分数大于或等于其他分数的比例。例如,一个百分等级为64的学生获得的成绩大于或等于参加考试学生中64%的人获得的成绩。

b 精英工作在这里定义为领导或经理、专业技能从业者或大企业业主。

** $p<0.01$

*** $p<0.001$

我起初对这一发现感到很惊诧,也惊讶于许多大连城区的人都坚持说穷人子女一般比富人子女"学习更好"。难道说中国、大连城区,或者我调研的那所高中的学生有什么特殊性,使得家长难以让其子女继承其精英地位？如果真是如此,为什么我调查的初中生会有不同？为何我通过个人渠道认识的那些家庭展示了精英地位的传承性,符合布迪厄理论所预测的情况？我和许多师生讨论了这些问题,终于了解了为什么会有如此多的人认定精英子女比非精英子女学习差。初中招生是依据学区而非考分或支付学费能力,学生考试成绩与其父母的财富和教育成就直接相关，恰好符合布迪厄理论所预测的情况。但在高中，20%的学生①是家庭较富裕的"自费"或"扩招"类学生，其入学考试分数低于学校的正规分数线，但因其愿意且有能力支付每年2 500—5 000元(313—625美金)的学费而入读该校。其余是相比之下家境较穷的"公费"学生，中考成绩高于学校分数线，只需每年交600元(75美金)学费。该校并未招收许多在该校入学分数线之上的富裕学生，大多数这类学生多花些钱，成了重点高中的自费生或扩招生。老师们告诉我这种模式在中国的大多数高中和高校中都很普遍。一般来说，一所高中或大学通常是由缺乏金钱或人脉而不能读更好学校的优等生以及因为具备金钱和人脉才能入读该校的差等生共同组成。这一体系实则部分掩盖了文化资本的传承。

虽然人人都知道富裕学生比贫困学生有更多的教育机会，但是大家常常发现在高中或大学班级里的大部分最优秀的学生比大部分最差等的学生家境要差，而且认为后者更有说服力。高中或大学常由贫穷优等生和富裕差等生组成，这一现况促成人们信奉一种文化模型：预期贫困学生会比富裕学生取得更多学习上的成功。该文化模型让贫穷弱势家庭满怀希望，他们梦想着通过子女的学业成就实现向上流动。

学生们尽管会抱怨教育体系中的腐败和不平等，他们仍然把这种体系视为自己能够拥有的最可以公平竞争的领地。"穷人子女学习更好"的理念虽与总体的人口模式与我所了解到的大部分个体案例的情况不符，但它也不全然只是虚构的神话。相反，这种理念对于我认识的一些学生来说是自我实现的预言，那些被文献记载过的、拥有非常强大的成就动机的一部分美国第一代外来移民也受到过同样的激励。② 在很多情况下，穷家子弟单靠想要获得成就的决心敌不过富家子弟所具备的继承文化资本的优势，但这种决心的力量也是巨大的，足以防止阶层壁垒的

---

① 样本量为782。

② MacLeod 1995；Ogbu 1983，1987；Ogbu and A. Gibson 1991；Ogbu and Simons 1998；Suárez-Orozco and Suárez-Orozco 1995；Suárez-Orozco 1989。

固化,并确保教育体系能够偶尔生产出由穷变富的励志故事。不是每个贫困子弟都能实现通过学业成就获得向上流动的梦想,但极度严格自律的学生却有美梦成真的一线生机。通过严格自律的学习在入学考试中考了高分的贫困学生能够低成本地入读精英学校。这类学校将培养他们具备从事精英工作的资质,分数低的富裕学生则不管父母多么有钱、有人脉也无法获得这种工作机会。社会中向上或向下流动的事例屡见不鲜,穷人家时时保有由穷变富的希望感,富人家则保持对向下流动的恐惧。不管其社会经济地位如何,我所认识的大部分大连城区的人们坚信每个孩子都可能成为赢家,也必须始终保持努力,以免变成输家。

性别与分层的复杂关系

在独生子女政策出台之前,大多数女孩被培养成了输家。父权制家庭体系与重工业为主的经济体系都更加偏爱男孩,女孩不管是在与兄弟竞争家庭资源时,还是与男孩竞争上学或工作机会时都往往会落败。但我认识的所有大连学生却无论男女都是按要做赢家来培养的。在独生子女政策之前,家长们一般都给儿子而非女儿更多的投资。[①] 许多家长告诉我他们的原生家庭就是这种情况。但遵守了独生子政策的家长们则无法挑选要优待哪个孩子。独生女和独生子一样都是父母未来唯一的希望,得到了父母全部的鼓励、投资、压力。因此,她们的父母也和独生子的父母一样对子女有很高的期待。

改革开放以后的城市经济为年轻女性发展提供了越来越有益的条件。上世纪 90 年代之前,在大连这样的城市,大多数工作岗位是设置在专门生产重工业产品(诸如金属、电力、煤炭、石油、机械、建筑材料)的国有企业。这些岗位要求员工具备一些俗见认为属于男性特质的特征,诸

---

① Greenhalgh 1994b;Salaff 1995;Wolf 1972,1985。

如掌握科学专业知识、具备专业技术能力、体力良好、能忍耐艰苦脏污的工作环境。大多数这类工作只招收男性，女性从事较低等的轻工业和服务部门的工作，这些部门规模小、缺乏工作保障、工资低。[1] 但当中国企业进行对外竞争时，中国的重工业企业竞争不过效率更高、技术更先进的第一世界的同行企业，结果破产或不得不让许多员工下岗。但无须先进技术就可低成本生产消费品的轻工业则发展兴旺。同时，信息、旅游、酒店服务、教育、商业、餐饮、金融、贸易、商务等行业的发展则导致城市服务部门的迅速增多与薪酬提升。轻工业和服务部门需要顶层经理具备通常与男性特质相关的勇敢果决与创造力，需要中层或低层的员工具备通常与女性特质相关的自律力。因此，一些发展迅速的行业的雇主倾向于招收女性来从事最高层工作之外的其他工作。

一些社会认为男性气质高于或截然相反于女性气质，这与中国文化里的性别与人格的关系截然不同。里拉·阿布-卢赫德（Lila Abu-Lughod）描写了贝多因人中独立自主的男性[2]，罗杰·兰开斯特（Roger Lancaster）描写了尼加拉瓜的男性气概[3]，迈克尔·赫兹菲尔德（Michael Herzfeld）描写了克里特岛上争强好胜的男性[4]，但在中国文化里，"阳"只有适中节制且与"阴"相互平衡时才是好的。推崇阴阳均衡的文化模型虽然并不能阻止在整个中国历史上兄弟、丈夫、父亲、公公运用父权制来要求姐妹、妻子、女儿、儿媳的顺从，但其允许人们可以用不排斥或贬低通常与女性相关的积极特质的方式来界定理想人格。即使是在男性统治的鼎盛时期，女性之所以被认为不洁，并非因为人们刻板印象中的女性特质所致，而是由于其利益与在父权制亲属体系中占据统治地位的男性们常常发生冲突。[5] 在我认识的大连市家庭中，人们把男孩或女孩

---

[1] 国家统计局 1981:121-128; Robinson 1985:356-357。
[2] Abu-Lughod 1986。
[3] Lancaster 1992。
[4] Herzfeld 1985。
[5] Ahern 1973; Sangren 1983。

均衡地兼备常规的男性或女性积极特质视为其拥有最理想的人格。人们认为没有积极男性特质的女孩是脆弱的、爱依赖别人的、没用的、注定要在竞争社会里失败的寄生虫;认为没有积极女性特质的男孩是野蛮的、无耻的、危险的、注定要在崇尚自律和服从的社会里失败的混混。大家把那些罕见的、毫无男性特质的男孩和毫无女性特质的女孩则视为更糟糕的人,认为都无法基于社会化过程或生物性倾向来指责他们的阴阳失衡。但是,正如格拉西亚·克拉克(Gracia Clark)①在居于城市的阿桑特人中所发现的,人们把很好地均衡了男女两性积极特质的男孩或女孩与其异性的特质相类比,可被当成是对这些孩子的表扬。家长和老师有时会夸赞一些安静、勤奋、用功的女生在某些场合适当地表现出了类似男孩子一样的勇敢、创造力、独立,也会表扬一些勇敢、有创造力的、独立的男孩在某些场合适当地表现出了类似女孩子一样的安静、勤奋、用功。

周静的父亲在1999年和我的一次聊天中,在讨论女儿当高中班的班长时说:"我女儿坚强又独立,就像个男孩一样。她老师告诉我,她每次发现同学们上自习聊天时就会站起来制止,哪怕对方是她的朋友。"

初一学生李季的母亲则在1998年跟我聊天时说:"我儿子又用功又乖,就像个女孩一样。他才不是那种爱打架的坏小子。"

我认识的许多大连城区的人都认同有关女性特质的文化模型,该模型将女孩描绘为纤弱、敏感、美丽、有责任心、顺从、自律、专注家庭、爱面子。人们通常认为女孩因为有耐心、认真、记忆力好而擅长学文科,因为缺乏灵活的想象力而不擅于学习数学和理工科。基于这些期待,人们通常认为女性适宜从事翻译、医生、护士、教学、文秘、空乘服务、公关、会计、导游、宾馆服务、食品服务、收银、售货、美容、纺织、以及其他轻工业部门的工作。②

---

① Clark 1999。
② 关于年轻妇女在服务行业的优势的进一步讨论,参见 Wang Zheng 2000;Zhang Zhen 2001。

另一方面,有关男性特征的文化模型则将男孩描绘为强壮、有韧性、坚强、有进取心、脸皮厚、勇敢、积极、喜欢娱乐活动。人们通常认为男孩有灵活的想象力而擅长学数学和自然科学,因其缺乏耐心、记性差、坐不住而不擅长学文科。基于这些期待,人们通常认为男性适宜当工程师、计算机程序员、科学家、水手、司机、警察、技术员、士兵、维修人员、保安、体力劳动者,以及从事其他重工业部门的工作。

关于性别的文化模型常常是自我实现的预言。正如迈克尔·赫兹菲尔德(Michael Herzfeld)所指出的,人们通常用刻板印象来为自己的不佳行为进行开脱,将其描述为正常与不可避免的行为。① 如果一个男孩爱打架、不服从权威、不做家务、文科考得差、爱运动和打游戏、不爱学习,他受到的指责要少于有同样行为的女孩。1998年,初一学生张勇在一个上学日的晚上不学习,他父母指责他时,他振振有词地反驳说:"男孩一般都不能静静坐住学习。"

如果一个女孩理科考得差、进取心弱、不坚强、缺乏创造力、不勇敢、缺乏主动性、没有领导能力,她受到的指责也少过有同样行为的男孩。周波是一个很爱在学校里哭鼻子的高三女生,她在1998年跟我聊天时说:"我知道自己不该太敏感,有时候觉得自己应该提高下心理素质,但人们都会同情流泪的女孩,所以我哭哭也没什么不好的。"但与性别相关的负面特质则常常被排斥在人们有关"男儿本色"和"女孩本性"的预设之外。

虽然男孩和女孩们都知道最好是能够均衡地拥有男女两性特质的积极面,而且毫无任一性别特质的消极面,但对大多数人来说这太理想化了,难于实现。因此,青少年们主要关注于去掉自己身上与相异性别相关的负面特质,因为他们知道与自己性别相适宜的负面特质更易被他人容忍。结果是,大多数人展示出的特质进一步强化了有关性别的主流

---

① Herzfeld 1997:156–164。

性文化模型。

年轻人们在选择异性占据主导地位的领域时都会比较慎重。① 我经常听到一些在自然科学、技术、计算机等专业方向上取得成功的女性和在人文社会科学、服务行业等专业方向上取得成功的男性谈论当初他们在说服老师和雇主相信他们擅长于不适合自己性别的学科时是多么艰难。大连的许多职业或技术学校都曾在招生时公布每个专业的性别配额,尽可能地排斥学生接受不适合本身性别的职业培训。即使是那些不进行性别配额的官方公布的学校也会在招收特定专业的学生时考虑性别因素。父母们担心子女将在异性占主导地位的领域受到歧视,所以一般都不会主张孩子选择不适合本身性别的专业和职业,即使孩子喜欢那些方向并表现优秀。

郭达在 1999 年从职业中专毕业,他想选择就读成人教育学院的会计专业,但他父亲严厉地警告他:"大家都知道女人比男人更细心,所有会计都是女的。你觉得公司会招你当会计,不招女的?你应该学个更适合男人的专业,比如机械维修。"

丁娜在 1999 年从高中毕业时选择入读大学的计算机编程专业。她父亲很反对。他说:"我知道你计算机学得好,可将来雇主只看你一眼就不会招你,因为你是个女的。计算机知识更新得很快,你一结婚生小孩就会落在后面,赶不上男同行。你要真想做计算机方面的工作,应该学电算化会计专业。要不最好是读医学院。"

人们认为传统的女性特质很适宜于迅速扩张的轻工业和服务部门的很多职位,传统的男性特质则适宜于不断衰退的重工业部门的岗位,以及仅对极少数精英开放的专业职位。这就意味着进入专业职位的男性要比女性同行更易获得成功,而进入一般的就业市场的女性则比男性更易找到工作,后者也更有可能最终失业。因此人们给女孩的建议往往

---

① 关于大连市区性别角色和职业选择的分析,参见 Lisa Hoffman(2000)的博士论文。

是让其遵从能让她们在一般就业市场上具有优势的文化模型，而放弃那些有可能将她们排斥在精英专业职位之外的文化模型。丁娜的父亲就告诉她："你有好的教育，不愁找个适合女孩的好的办公室工作。但你要想真正发展事业，就要记住有很多老师和单位都歧视女生，你一定要比男孩更优秀才能有立足之地。"

年轻人们有时发现父母对自己的性别社会化的期待是自相矛盾的，而感到内心受挫。王松在1999年曾向我抱怨："我妈老说我该待在家里好好学习，不要出去。我要是女孩，那没问题。可我是男孩啊！她应该明白自己养的是儿子，不是女儿。"

高中生李莹则在1999年的一份大连报纸上发表了致母亲的公开信："您总是不考虑我的性别和我想怎么安排自己的生活。我是个安静腼腆的女孩，不喜欢锻炼，就喜欢待在家里看小说。可您还是给我买更适合男孩穿的衣服，让我做不适合女孩做的事情。……妈，性别是不可改变的。所以请接受我是女孩的现实。我想有自己的梦想。"①

男性特质的行为会让男性在精英专业职位占据优势。但如果这类行为不与和女性气质相关的自律相互均衡，会让男孩在学业或就业竞争中失败。当发现男孩更有可能学业失败和无法就业时，许多高中的管理层在设置招生性别配额时更倾向于招女生。1999年，由大连市教育局印制并分发给初三学生的一些材料就反映出女孩在中低层学校有更多的教育机会。在技工学校（第六等学校），男女生均招的配额是1 346个，单招女生的配额是4 492个，单招男生的配额是4 301个。在职业学校（第五等学校）男女生均招的配额是2 949个，单招女生的配额是5 189个，单招男生的配额仅是3 849个。大多数中等专业学校（第四等学校）不公布性别配额，但老师们告诉我他们倾向于按大致相同的比率招收男生和女生。在民办学校（第三等学校）中，两所只招女生，没有一所只招男生。在我调研

---

① Li Ying 1999。

的普通高中（第二等学校），52%①的学生是女生，48%②是男生。仅仅大学和数量较少的"重点高中"（第一等学校）招收的男生多于女生。③

女性由于受到额外的家庭责任负担、更有利于男性竞争精英专业职位的文化模型、精英丈夫与非精英的上嫁型妻子之间的不平等等因素的影响，面临事业上的"玻璃天花板"。但女性同时也享受到了由上嫁型婚姻系统，更有利于女性在教育体系中竞争的文化模型，服务业和轻工业部门迅速扩充的女性就业市场等因素创造出的"玻璃地板"的保护。这种"玻璃地板"保护女性免于降落到社会最底层，陷入贫穷、犯罪和失业。男性既无"玻璃天花板"的障碍，也无"玻璃地板"的保护。虽然精英男性比女性更有可能爬上社会的顶端，但较低地位的男性也比同等地位的女性更有可能滑入社会的底层。

性别文化模型的有些方面其实对年轻女性及其父母比较有利。遵从该模型的女孩通常比男孩读书更用功、更顺从，因此在教育体系中除最高端之外的其他层级都比男孩更易成功。我发现以男性为主的专业和以女性为主的专业在班级氛围上有显著差别。大多由男孩组成的班级常爱吵闹、老师难于控制；大多由女孩组成的班级则安静有序、易于管教。课间休息时男孩们喜欢聚在一起说笑打闹、踢足球、打篮球，女孩们要么聊天，要么还是继续学习。男孩们及其家长抱怨教育体系对女孩更

---

① 样本量为2 266。
② 样本量为2 266。
③ C. Montgomery Broaded 和 Chongsheng Liu(1996)在1992年对武汉市区较为优秀的初中毕业生的教育分层状况进行了研究，发现男孩的考试分数比女孩略高，并且男孩往往比同等学业成绩水平的女孩更谋求考取并最终考取更好的学校。根据1999年中国人口抽样调查的结果，在当年15岁至49岁的女性所曾生育的活产孩童中（样本量为443 999），女孩仅占47%（国家统计局2000:109）。根据2000年针对所有中国学生的人口统计数据，女生占小学生的48%（样本量为130 133 000）、职业中专生的47%（样本量为5 032 000）、初中生和普通高中学生的46%（样本量为73 689 000）、中专学生的57%（样本量为4 895 000）、大学生的41%（样本量为5 561 000）（国家统计局2001:649,658）。这表明"玻璃地板"和"玻璃天花板"可能涉及全中国的女孩，但对于农村女孩来说，"玻璃地板"可能不那么明显，"玻璃天花板"可能会更高。

予偏爱,常常过多地奖励女性特质(诸如耐心、勤奋、记住大量信息的能力)。薛良是一名高中男生,他在 2000 年曾和我说:"我看到坐在我前面的女生们一天到晚总在学习很不舒服,课间休息时我在玩,她们还在学。女生们只是愿意死记硬背就能考高分,这不公平,其实我脑子比她们快"。我调研的学校的学生成绩展示出,女生学外文比男生学得更好。[①]这使得女生在寻求贸易、旅游部门、外资企业的好工作时更有优势。高中和初中女生的总体成绩也高于男生(见表 9)。高中入学考试测试的科目里自然科学和数学科目(男孩擅长)多于人文科学科目(女孩擅长),四年制本科院校招收的理工科学生也多于文科生。这些因素构成了女孩在获取最高层的学业成就时明显处于不利地位,但其对于女孩获取中低层(多数学生身处其间)的学业成就影响不大。

表 9 被调查者的班级平均排名与性别、学校的关系

	班级平均百分等级 a
初中	
女孩($N=361$)	57***
男孩($N=325$)	42***
普通高中	
女孩($N=262$)	54***
男孩($N=201$)	44***

来源:作者 1999 年的问卷调查。

a 百分等级是基于学生 2000 年 1 月份的期末考试成绩。只有被班主任保留了完整的学生成绩记录的被调查者的成绩才会被纳入这个排名。最高的百分等级是 100,最低的是 1。百分等级是在成绩分布中某个特定分数大于或等于其他分数的比例。例如,一个百分等级为 64 的学生获得的成绩大于或等于参加考试学生中 64% 的人获得的成绩。

*** $p<0.001$

[①] 在我进行问卷调查的学生中,初二至高三的女生(样本量为 624)在 2000 年 1 月的期末考试的外语测试中平均得分为 82 分,而同年级的男生(样本量为 527 分)平均得分为 66 分(女生与男生成绩的显著性差异值 $p<0.001$)。满分为 150 分。

父权制文化模型的一个面相在上世纪 90 年代末依然在延续,那就是人们期待新郎要提供婚房。是否能满足这个期待是一个男人能否娶亲的一项重要指标。有男孩的家庭要在男孩到达适婚年龄之前努力通过购买、租赁、借用、继承、分房等办法准备好婚房。但在住房日益私有化、而非由工作单位供给的情况下,完成这个任务越来越艰难。有女孩的家庭则可把提供或协助购买婚房的能力视为增强女孩婚姻竞争力和生活舒适度的加分项而非必备项。独生女及其家长视之为一项优势,而非显示女儿的价值低于儿子。各家的独生子女们都不需要竞抢父母的投资或遗产。他们与父母只需要决定采取哪种财富传承的方式。独生女的家庭可以把积蓄全用于女儿的教育,不需要像独生子家庭那样还得攒钱买婚房。因此,需要获得住房来吸引配偶,这使独生子及其父母处于不太有利的境地。

性别文化模型形塑着大连的就业市场,但其并非对所有女性都不利而对所有男性都有利。这些模型对年轻女性、低层女性、精英男性是有利的,对老年女性、精英女性、低层男性不利。国企的中年女性遭遇了制度性的歧视,这种歧视依据的理由是这些女性的主要责任是管好家庭事务、因此就业对她们来说不太重要。她们是被最早解雇和最迟雇佣的一批人,其强制性退休年龄比同等职位上的男性要少 5—10 岁。在声望和工资最高的专业职位上工作的女性凤毛麟角,部分是因为她们要在家里上"第二班"[①]而妨碍了事业发展,也是因为许多雇主认定女性缺乏经理或高层次专家职位所必需的胆量与创造力。

许多新近的研究都关注了社会对老年妇女和精英妇女的偏见,认为经济改革增强了对女性的歧视。[②] 但我发现这些改革的后果对于大部分拥有中等或略低教育水平与家庭背景的年轻人来说是复杂多样的。促

[①] Hochschild and Machung 1989。
[②] Croll 1995;Honig and Hershatter 1988;Hooper 1998;Kerr, Delahanty, and Humpage 1996;Summerfield 1994。

使国企歧视中年女性的经济改革也同时创造了轻工业和服务部门大量的、偏向于招收年轻女性的工作机会。这些行业的低层次工作就像上世纪80年代经济结构调整启动时出现的绝大多数工作一样，工作待遇差，缺乏工作保障。但独生女一代与其母亲、祖母辈不同的地方在于，后者在婚前工作挣得的工资有时要用于资助兄弟的教育、婚礼、婚房，前者无兄无弟，可用自己从低层服务工作挣得的收入来资助自己进一步接受教育培训，从而找到更好的稳定工作。随着私营部门、轻工业和服务部门的大力发展，这些女性从工作中获得的技能、经验、积蓄、人脉至少能为其中一部分人打下自己创业或晋升到更稳定职位的基础。就算有些工作没有职业晋升的前景，但也好过失业。缺乏学历文凭或家庭没有财富或权势的男孩们更易于落入失业状态。其中有些人会加入新出现的年轻人帮派，过上贫穷、犯罪、被监禁的生活。

中规中矩之路：规训是成功的手段

"你就想自己是进监狱了。"荀金的父亲在她考上大学预科的高中以后这么劝她。"从现在开始，你必须全心全意地学习。你就像犯人一样，没有自由去做自己喜欢的事。你唯一的希望就是高考的大考验，这会决定你以后的人生是享福还是受苦。"

米歇尔·福柯（Michel Foucault）把监狱和学校视为被国家创造出来、用以让所有个人臣服于国家的规训的相似机构。[1] 大连城区的学生和家长们也意识到规训是将监禁与教育体验相连的连线。监狱是为那些没有培养出足够的自制力的人开设的，通过国家强制手段对之进行规训。另一方面，学校和考场则是使年轻人能够证明自己具有足够的自制力、具备工作资质的场所，他们最低能当好工人，最高可进入精英阶层、

---

[1] Foucault 1977。

有意愿和能力为国家的现代化目标工作。学生、家长、老师都认可纪律和规训是决定教育能否成功的最关键的因素。他们讨论学生学习差的原因时会谈到"管"(即规训、控制、管理、照顾)的失败。学生如果"管不住自己",家长老师不管他们,就会考试时表现很差。正如安妮·艾利森(Anne Allison)在谈及与中国教育有很多相似之处的日本教育体系时所写到的,成功的关键在于"要愿意服从学校体系权威,并有能力模仿性地再造这一体系内由无穷无尽的监管、接连不断的考试、习惯性的记忆背诵而组成的结构"[①]。

学生们需要极强的自律才能强迫自己不沉溺于娱乐,记忆大量信息,并且不停地重复性地做各种模仿入学考试真题的习题。他们在学习上投入的时间越多,越能在考试中取得更好的成绩。他们花在娱乐活动上的每一分钟都等于是在记忆更多信息、练习更多习题的竞赛中丢掉了一分钟。优等生的自我规训能力很强,能够做到规避娱乐,争分夺秒地学习。高考和中考测试的是学生累积性的知识,因此学生们都被加压、连在周末和假期也要持续学习。学校额外收费,给学生开设假期和周末的额外课程。严格意义上这类课程是"自愿的",但大多数高中和初中生都要上课、以免学习落后。另外,许多家长想方设法让孩子在仅剩的一点自由时间里还要上私人补习班或被家教辅导。在我的问卷调查对象中,88%的学生[②]曾上过私人补习班,或由父母之外的其他人辅导过学习。他们最早在上幼儿园时就接受过这类补习或辅导,最晚则持续到读大学时。学习好的学生告诉我他们有时偶尔沉溺于娱乐活动,便一定会感到很愧疚,觉得自己荒废了学业。

自从中国于1978年启动经济改革以来,教育家们的主要关注点是培养学生在主要由多选题和填空题组成的考试中考出好成绩。初中和

[①] Allison 1996a:xiv。
[②] 样本量为2 193。

大学预科高中的教学更是如此，学校的所有作业、期中考试、期末考试都是按照模拟中考高考试题的方式设计的。但即使是小学、本科院校、研究生院校、中等专业学校、职业高中和中专、技工学校对学生学业成就的考量也主要是依据考试分数进行。另外，许多没上大学预科高中的学生还会为了准备成人教育学院的入学考试或高等教育自学考试而参加额外课程，一些本科生则集中精力准备研究生院校的入学考试。某些高中和本科院校降低了录取分数线来招收少量在艺术、舞蹈、音乐、运动等方面有特殊才能的学生。国有单位有时会在雇佣或提拔员工时优先考虑共青团员或共产党员。① 但是入学考试分数在决定学生的社会经济发展轨迹方面是比所有其他个人成就更重要的要素。

学校举办的考试虽然对于中考或高考不发挥任何影响力，但这些考试为预测学生在真正入学考试中的表现提供了重要指标。基于考分的班级排名是比考分本身更可靠的指标，因为考分会随着试题难易程度的变化而波动。2000年以前，多数学校都公布所有学生的考试成绩和班级排名，排名很靠后的学生也会出现在公布名单上。2000年，大连市政府开展了减轻学生竞争压力、以免其出现"心理问题"的宣传活动，并禁止了学校公布成绩的做法。市政府号召学校通过引导学生开展课外活动、进行创意写作、撰写研究论文、做科学实验、参与课堂讨论，来推行"素质教育"。但初中和高中的老师们并不太热衷于这类活动，因其对于决定学生能否入读声望高的高中和大学影响甚微。

我最开始在大连城区的家庭和学校中教授英语时，努力鼓励学生参加游戏、英语短剧、讨论以及其他活动，来提高他们的英语听说读写能力。学生们很喜欢这种授课方式，但后来他们发现我的这些努力并不能帮助他们在做模拟入学考试英语测验的试题时拿到高分，就不怎么认真

---

① 大多数学习优秀教养好的青少年都有资格参加共青团，但只有极少数人能有资格加入共产党。一般来看，年满18岁、血统纯正、社交能力强、教养好、成绩优秀、政治悟性高的人才能加入共产党。

对待我的教学了。一些学生虽然英语会话技能很好,但在英语语法、词汇、阅读理解的测验中考分较低,反倒不如那些口语差但多花时间记忆英语单词和做模拟试题的同学。家长和老师也批评我把学生时间浪费在不能切实提高他们测试成绩的活动上。

受到批评后,我改变了自己的看法。我不再要求学生朗读文章、撰写散文、用英语做游戏,转而教授语法、发音、拼写规则、记忆词汇的技巧、考试答题的策略。虽然这类教学枯燥费力,但确实引人注目地提高了我辅导的许多学生的英语测验成绩。我和中国的老师们一样,也觉得对学生的学业表现负有责任。如果他们的英语测试成绩排名下降了,我会责备自己没能教会他们正确的考试技巧;如果他们的排名上升了,我心里也会充满骄傲感。

从小学到中学,中国学生都被分配到不同的班级里,每个班的教室里学生有固定座位,并成排地井然有序地排列。每个班级大致有40—60名学生,白天学生坐在自己书桌前,不同的老师来教授不同科目。班主任的影响力最大。他们不仅教授某一科目,还负责管理自习,与学生家长会面,为全班学生成绩的好坏负责。

学校的大多数学生在整个就学期间所在的班级保持不变。许多老师也在学生从入学到毕业时都教同一批学生。由于相处时间很多,学生们与其同学和老师发展出了温暖亲密的关系。虽然学生们的学业竞争会带来关系上的紧张,但这种紧张是有限的,因为学生们知道最终决定其命运的并不是他们在同班同学中的排名,而是他们在全市、全省乃至全国的考生中的排名。青少年们的多数朋友都是他们当前或之前班级的同学。

师生关系的紧张也是有限的,因为学生的入学考试考分是由官方判卷人、而非他们自己的老师决定。许多师生都在生活中保持联系。学生们告诉我说老师就"像父母",相像的方面有好有坏。老师们则说感觉学生就像他们自己的孩子。

学校要求家长参加"家长会",他们要坐在子女的座位上,听老师和校方管理者讲授如何让孩子学习更好,并告知孩子行为表现和考试情况。老师们也会在学生犯错时约家长来学校见面。一些家长聘请孩子的老师来给孩子上周末或假期的私人辅导课。老师的声望高低取决于其学生在入学考试中的表现好坏。好的声望可以让老师赢得尊重和夸赞,得到晋升和加薪,并有机会在闲时开设私人辅导课时赚取高额补习费。事业有成的学生则成为老师的有力资源,老师可以从学生那里得到一些好处,并且充当社会关系网中的中间人。

学校不仅是学生获取高等社会经济地位的门径,也担负着培养学生品德的责任,这里说的品德包含要自律、遵守国家政策、做好人。理想的方式是,学校通过政治课和宣传会来号召学生遵守国家政策,让亲切慈爱的老师充当学生的角色模型和人生导师、教他们做好人,通过严格执行学校禁令来规训学生。而在实践中,学校把规训作为对学生开展道德教育的主要施力点,因其最有可能提升学生的入学考试分数,增强其找到好工作的能力。

学校对学生生活中的各个方面予以规训。中国的初中、高中、大学全部要求学生在刚入学后接受至少为期几个星期的军训。军训由军队人员操作,训练学生们在夏末艳阳高照的酷热环境下身着军装组成队列行走,或遵照教官命令进行一些体力消耗极大的活动。我认识的有些学生认为这类训练浪费时间精力,但有些人觉得这是他们可以暂时脱离常规学习生活的有趣活动。军训中整齐划一的队列行走同时也是学校的体育课、集会、每周的升国旗仪式中的重要组成部分。管理者也选取了一些师生担任监管员,对违反学校规则、在走廊上或上课及自习期间打闹、吃零食、交谈的学生与班级进行记过。未被记过的班级则会得到嘉奖。个人性记过将会有损于学生担任班级干部、入团入党、得到特殊机遇或奖项的机会。每一个班级里都有一名班长,负责在老师不在的时候维持班级纪律。

学生必须遵守由学校铃声进行分段的、严格规划的日程安排。学生只有在午餐和短暂的课间休息时间可以吃零食、交谈、去卫生间。甚至连午休(中国大多数高校或工作单位都有此传统)都受到严格规划。在午饭后学生们要趴在自己书桌上睡觉,午休时间通常不超过一个小时。老师们强调午休很有必要,可以让学生们在上下午课或自习时不感到困倦。有的班级的老师允许那些睡不着的学生安静地学习,但多数老师都不准学生在午休时间吃零食或进行娱乐活动。从小学到大学,学生们每周有5天、每天至少有8个小时待在学校里。初中和高中的学生则在学校里每天待9—14个小时,许多学校还在周末和假期开设补习课,让学生们在升学考试中更有优势。学生们在上学的大多数时间里(包括午饭、午休、自习)都坐在自己的小木椅座位上,置身于其他学生的桌椅之间,身体活动能力很受限制。许多班级的教室都挤满了学生的桌椅,以至于人们要想从教室后面走到前面来还得侧身走。

高中、初中、小学都不准学生谈恋爱,称其为"早恋"。有的老师对早恋态度宽容,其他老师则想方设法杜绝谈恋爱的学生在上学期间聚在一起,并将其违规早恋的事情告知双方家长。大多数老师和家长都说早恋会让学生们学习分心,像胡莹、陈军、王松这样的好学生也都同意这种说法。在最有名的学校学生早恋的情况最少,因为这些学校管理最严格,学生也最听话,而且学生勤于学习,没有空闲去做娱乐活动。这也促使人们更加坚定地相信学生不谈恋爱有助于提高学习成绩。

但即便学生们谈了恋爱,也往往不会有性行为。大多数青少年找不到不受监管的时间和空间来发展性关系。他们每天大部分时间都待在学校,也支付不起租车或住酒店的费用。20岁出头的年轻人们也很少有私人公寓或单独的宿舍房间。大多数家长在孩子们每天放学后回家的时间都待在家里,只准青少年子女与同性朋友,或者同性异性都有的一大群朋友出去玩。失业的父母则几乎每天都一直待在家里。许多家长通过向孩子的老师、朋友、朋友的父母打听,来仔细地随时掌握子女在外活动的情况。老师们也会在学生逃学时告知其家长。家长们很谨慎地守护子女的贞洁，因为在婚姻市场上被人们认定还是处子之身的人要比被知道有过婚前性行为的人更受欢迎。这对女性来说尤为重要，也同样适用于男性。家长们和老师们认为只有寻找结婚对象是约会的唯一合理理由。年轻人一般在20多岁开始寻找配偶。国家法律规定女性和男性的结婚年龄下限分别为20和22岁，国企对于比法定结婚年龄至少大两岁才结婚的人予以奖励。2001年之前，不开设成人教育的普通高校招生时不招收已婚人士，也不允许学生上学期间结婚。① 年轻人通常是在完成学业、找到稳定工作后才开始进入婚姻市场。

学校努力不让任何事务干扰学生，使其学习分心。从小学到高中，学生们必须穿校服，校服一般都是舒适耐穿、男女通用的运动套装。女生留短发，或把长发扎在脑后，男生的头发长度不能长过标准男士发型。男女生都不能佩戴首饰、化妆、染发。学生不能在学校里喝酒、吸烟、打牌、打麻将、下棋、使用寻呼机或手机、电子游戏机、便携式音乐播放器以及其他娱乐工具。学校严格执行禁令可提升学校声望。无法执行禁令的学校往往属于低层次学校，其所招收和培养出的学生散漫不守纪律、成绩差，反过来他们也更敢于违抗学校规定。

初中和高中生不仅要学官方指定教材，也要学习大量的课外资料，采取"题海"战术来在学习竞争中争先。学生在周末、假期、节日期间都要做大量的作业。顶尖的学校给学生们布置的作业过多，即便最勤奋的学生都做不完所有作业。学习最好的学生甚至为了争取每天有更多时间学习而减少了睡眠时间。学生、家长、老师们常常问我是通过什么具体的自律方法考上了大学。他们最常问的问题是："你怎么学习的？""你怎么安排时间？""你什么时间睡觉，什么时间起床？"

---

① 大学拒绝招收已婚人士的规定在2001年之后被废弃。新政策允许处于各个年龄段和各类婚姻状况的人士参加高考。

上世纪 90 年代，主管教育的官员们开始提倡"素质教育"，反对"应试教育"。他们希望效仿西方的教育方法，减轻现行教育体系对学生们的压力，并担心只学会考试技巧的学生们无法具有全面的能力，以在资本主义世界体系的竞争中获胜。他们强调素质教育的重要性，希望以此来激发学生的学习乐趣，并给他们提供全方位的体质、政治、道德、技术、实践教育。他们认为中国的学校应该主要集中于培养全面发展的公民，而非培养只会背诵教材和回答试题的、身体和心理素质"不健康"的书呆子。他们希望通过教育来培养"高素质"的人民，而非把教育只作为分层的手段。他们呼吁升学考试的出题者在设计问题时考虑如何测试学生将书本知识运用于现实生活处境的能力。但这一愿望难于达成，因为很难创造出能够公正客观地测试这种能力的标准化试题。当目前测量学业成绩的主要方式还是在嘉奖那些能记住最多的书本知识信息的学生时，很难让学生、家长、老师对素质教育予以认真对待。

"高素质"这个被人们泛用的词汇的内涵和外延既是模糊的，也在迅速改变。它代表着一种声望很高的、受人尊重的人格特征。"素质"包含多层次的、有时会相互冲突的含义。人们常常把它和正直、见多识广、有文化资本等联系起来。大连城区富裕的家长与第一世界的家长一样，为了提升孩子的素质，会不惜昂贵费用送他们学钢琴、电脑、艺术、外语、运动的课程。许多雇佣单位说他们想招"高素质人才"，并通过求职者在面试时的行为举止和言语来进行判断。高素质的人自律性很强，这也是他们能在资本主义世界体系中取得成功的关键。老师们告诉我区分成功和失败学生的关键是前者素质高，他们能要求自己把所有时间花在学习上、不沉溺于娱乐活动。如果尖子生在升学考试中因为过度紧张发挥失常，人们会说他们"心理素质不好"。大连城区的人们告诉我他们可以通过观察来判断一个人的素质。他们说乱扔垃圾、在地上吐痰、听到演奏国歌时不站立聆听的人就是素质低的人。1998 年，我初到大连在街头识别方向时，高中生刘娜跟我说走路时不要四处探望。她抱怨说："你这么做就像是一个刚进城的农民工，激动地尽情欣赏城市美景。你走路应该目不斜视，表情淡定又坚决，这样才显得你素质高。"

家长、学生、老师对政府提倡的素质教育运动都持怀疑态度，因为他们深知学生在升学考试中的表现是决定其下一阶段的教育层次的最重要因素、而教育成就是决定其找到何种工作的最重要因素。他们虽然认可应试教育是不健康的，但也担心社会经济方面的失败会给青少年的健康带来更不利的影响。虽然官方开展了素质教育运动，但学生的考试表现依旧是其获得高素质的关键。人们普遍认为把主要精力放在准备高考的大学预科高中生们要比主抓素质教育的中等专业学校、职业和技工学校的学生素质更高。素质教育运动的指令常常成为一纸空谈，在被公认为培养最优质学生的重点高中也更是如此。

提倡良好学习习惯的班级会议

家长和老师对学生们的严格管理会让孩子们感到生活沉闷压抑。尤其是男孩子会抗拒这种压力。但与此同时，男生和女生都知道他们要想实现获得高等社会经济地位的美梦，就必须培养自己的自制力。他们对于为了学业成功必须接受的规训抱持模棱两可——包含认真对待和漫不经心——的态度。这在我所执教和开展参与观察的大学预科高中的一次1999年的高三级班会上表现得尤为明显。

王爱华是这个班的班主任，她是一名中年女性。她宣布要开有关"怎样学习"的班会，先讲了讲纪律的重要性，然后让班长赵华和学习委员张署这两个男孩来组织会议，她坐在讲台上偶尔插话补充建议。这个会议持续了45分钟时间，与一堂课或自习的时间一样长。大多数班级每个学期开几次会，庆祝官方节日，分发宣传资料或者提倡好的学习习惯。这些会议由学校干部策划，由学生干部在班主任的指导下组织召开，有效增强班级团结并促进学校乃至国家目标的实现。

张署笑着说:"我们总爱在上课时吃好多东西,包括我这个学习委员。我的主要毛病是总是嘻嘻哈哈的,严肃不起来。我一定要认真严肃,不说笑。我们已经没时间说笑了,必须争分夺秒学习。"然后,他模仿从老电影和父辈与祖辈讲的故事中学来的、"文革时期"的庄严冷静的表情,接着说道:"我们接受党和人民的批评……"同学们一阵大笑,把他的声音吞没了。

张署和赵华接着点名让一些同学站起来谈谈对学习的态度。他们选的主要都是好学生,偶尔也叫一些学习不太好的人发表意见。所有发言的女生都认真地表示她们很想提高自制力,但有些男生说了一些俏皮话,引起众人大笑。

优等生女孩谢芳坦承:"有时,我错误地认为快乐是我生活中最重要的事。这种态度是错的。学习才应该是我们生活中最重要的事。现在不是该快乐的时候,以后我们有了事业才能快乐。"

她最好的朋友梅晶也是个成绩好的女生。"我一定要争分夺秒学习。我必须提高成绩,特别是语文和数学成绩。"

朱曦是个成绩中上等的男生,他说:"我老是浪费很多时间做无用功,比如上自习的时候低声哼歌。"同学们笑了起来。

有几个男生和女生则夸奖他们的高分朋友是自己的角色榜样。

成绩中等的女孩苏怡说:"我不用功,这学期一定要好好用功。我一定要努力考上大学。我爸妈的全部希望都寄托在我身上了。我不能让他们失望。"

成绩中等的男孩王勇则说:"我们一定要努力克服困难。"

"我们很快就要高考了,必须把所有时间用在学习上。"赵波说道。她学习很好,有时候考不好会大哭。

"未来四个月是我们人生中最关键的阶段。"成绩中等的女孩杨未来说。

另一名中等生女孩航雨说:"我们离高考还有127天,必须抓紧时间。"

优等生女孩陈兰说:"我总是太懒了,浪费了很多时间。我们一定要记住只有高考考高分才能上大学。其他一切都不能帮我们上大学,也都不重要。"

刘机峰是一个腼腆的男孩,他学习很好。学习委员喊他的名字时,他站了起来,但什么都没说。他笑了笑,羞怯地耸了下肩,全班同学都笑了。其他几个男生和女生也说他们想不到还能说什么。

中等生男孩何晓卫则坦承:"我总是盼着下课,不注意听老师讲课,我在浪费自己的机会。春节时我在职业中专上学的朋友来找我玩,说他们上初中时要是能用功学就好了。现在他们在当工资很低的实习生,工作也很累。我不想有他们这样的结局,我一定要上大学。"

差等生女孩郝金陵害羞地说:"我们至少应该很努力,这样就算没考好,也没遗憾。"

中等生男孩李长笑言:"我没遗憾。咱们班真好。"

王爱华是一位很受学生爱戴的、为人真诚又富于同情心的老师。她饶有兴味地在一旁观看着学生们的表现。她在做会议总结发言时告诫大家:"现在就连老师也在失业。如今没有铁饭碗了。现在社会竞争激烈,你们要靠你所学的知识才能有口饭吃。"

第四章 "现在你打我,你老了以后我打你":人口老龄化过程中的爱、孝、家长投资

维维安·泽里泽(Viviana Zelizer)曾预言到了20世纪末美国儿童将会是"毫无经济价值但足具情感价值"[①]。中国的独生子女们对于他们的父母来说同样也是情感上的无价之宝,但同时足具经济价值。比起第一世界的儿童,中国独生子女在父母年迈之后不仅成为其主要的经济来源,也须承担更多的赡养服务责任。

第一世界的父母们享有较好的养老院、社会保障系统、对抗通货膨胀的投资机会、精致的退休规划产业、退休后的工作机会,因此可以理直气壮地声称自己为儿女付出的时间和金钱完全是在无私地表达无条件的爱,而大多数中国父母则没有这项奢侈的权利。中国有关孝道和父母投资的文化模型将子女视为老年人的主要社会保障资源,并完全认可父母们应该在时间、金钱、关爱上得到相应的回报。

情感和经济因素共同促使中国的独生子女对其父母具有极为珍贵的价值。这种很强烈的珍视感对于家长和子女都构成了负担。王松之类的独生子女对于要满足父母的期待感到压力很大。父母们也不安于

---

① Zelizer 1994。

子女对于他们的强大权力,当子女不如他们期待的那样孝顺或成功时会觉得遭到了摧毁性的打击。许多家长及其子女告诉我他们很羡慕第一世界让人负担较轻的代际互惠,在那里的退休系统可以比较游刃有余地应对人口老龄化的挑战。

作为退休支持的儿童

孝道的文化模型是中国儒学遗产中至今最为鲜明的面相之一。中国持续提倡这一文化模型,基于预设大多数公民会仰赖子女来提供养老的护理和经济资助,并支付其年老时的医疗费用,把资源集中于促进经济增长而非加强社会保障。这一预设也通过鼓励父母大力投资儿女教育而促进了现代化进程。

被强制性辞退的人员缺乏经济自立的维生手段,这也在客观上导致大多数人必然会依靠子女来度过他们生命中的后几十年。国企规定男性的强制退休年龄为 60 岁,白领女性为 55 岁,女性工人为 50 岁。只有很有影响力的官员和有特殊技能的专家可以在超过退休年龄后继续工作。

自从中国为了增强中国工业在资本主义世界体系中的竞争力而推行经济改革以来,父母们对于成年子女提供养老支持的依赖性逐渐增强了。到了上世纪 90 年代,许多国企开始破产,让工人下岗,减少或消除退休金与医疗保险,并以提供下岗职工无法获得的少量退休金为福利来劝服年满 40 岁的冗员提前退休。[1] 在我的问卷调查的学生中,24% 的人的父亲[2]和 24% 的人的母亲[3]没有保险与退休金。缺乏退休金或医疗服务的人难以有相应的社会保障。国有企业和集体企业职工的工资也不

---

[1] Bauer et al. 1992:353; Davis 1983:2-3, 24-25; Davis 1988, 1989; Davis 1993; Ikels 1993, 1996; Wolf 1985。
[2] 样本量为 1 899。
[3] 样本量为 1 919。

第四章 "现在你打我,你老了以后我打你":人口老龄化过程中的爱、孝、家长投资

足以使其能够获得充裕的退休储蓄。即便那些通过收受贿赂、做生意、从事高薪工作而积蓄颇多的人也难以让自己的存款免受通货膨胀的冲击。众所周知,股票市场风险很高。[①] 中国的精英阶层由于法律和经济方面的障碍难以参与到第一世界风险较低的共同基金投资中去。中国的储蓄账户利率低于通货膨胀率。中国城市的住宅市场虽在上世纪90年代实现了部分私有化,但复杂且变动频繁的物权法使得房地产投资难以成为收益高的退休资产。上世纪90年代中国出现了很多销售养老保险和医疗保险的保险公司,其中有些保险项目是依据替代国企的养老金和医疗福利而设置的。许多家长要通过工作单位来购买劳动保险,以防失去其已积累的退休金福利。一些人被在保险公司工作的亲戚朋友劝服购买了公司的人寿保险、医疗保险、养老保险。但大部分人都认为这些保险只够支付他们年老后生活与医疗费用的一小部分。大多数保险所提供的福利比银行存款仅具有略高的抵御通货膨胀能力。家长们也担心保险公司会破产——现在保险公司都是靠拿健康年轻顾客的钱来支付老年顾客的养老金和医疗费用,随着人口老龄化的加速这些公司将陷入困境。一些家长告诉我保险公司已修改其保险计划,缩减福利并增加了限制。与此同时,随着昂贵的新兴寿命延长药物与技术的不断涌现,无支付能力的人也日益增加了这方面的需求,医疗护理的费用也在飞速增长。

老年人很难有机会去在退休后找到工作挣得收入,也很难获得长期的养老院照顾服务。[②] 医院假定病人将主要靠家人来照料。医生通常不会向重病患者告知其病况,因为他们担心这类信息会导致病人焦虑而加重病情。医生通常仅向患者家属讲述病情,家属承担做出疗程决策的责任,并与医生共同向患者隐瞒其病况的严重程度。许多医院仅向病人提

[①] Hertz 1998。
[②] Davis 1983;Ikels 1983,1990a,1990b,1990c,1996;Liang and Gu Shengzu 1989。

供很少的照料,期待其家人会在白天整日照料病人,有时也在夜间整夜陪护。① 中国的 1982 年宪法第 49 条、1980 年的婚姻法第 15 条、1992 年的妇女保护法第 35 条、1979 年的刑法第 183 条都规定了成年子女须尽到为老年父母提供经济支持的义务,其中刑法规定未尽此义务将构成犯罪行为,可被处以五年以下的刑事拘留。②

家长们发现即便他们有许多兄弟姐妹来分担赡养父母的尽孝责任,为父母提供陪伴、经济资助、护理服务仍然是一项沉重的负担。有些人雇用了城市的失业工人或农民工来协助照料老人,但许多老年父母很厌恶请保姆,说花钱请的保姆冷漠无情漫不经心,更有甚者会虐待老人。伴随着预期寿命的增长和生育率的下跌而出现的快速人口老龄化不断加重了养老负担。根据中国 2000 年的人口普查,当年全国人口中 65 岁以上的人占到了 7%。③ 根据基于 1982 年和 2000 年的人口普查所做的推测,65 岁以上的老年人将在 2040 年占到全国人口的 22%。④ 在大连之类的城市,赡养这一大波的老年依附人的重担将由主要为独生子女的一代人来担负。

"儿女都一样"

既有研究将男性在中国社会中占据主导地位的原因大多归结为家长的男孩偏好,但我了解的大连城区家庭的情况与之有显著差别。⑤ 由父系继嗣制度所强化的性别不平等的文化模型导致了人们对女孩存在

---

① Pearson 1995。
② Palmer 1995:116。
③ 样本量为 1 265 830 000(国家统计局 2001:93)。
④ 美国人口调查局基于 1982 年中国人口普查数据进行了预测(Banister 1990:272)。作为中国政府智库机构的中国人口信息与研究中心(2001)基于 2000 年中国人口普查数据进行了预测。
⑤ Cohen 1976;Greenhalgh 1985a;1994b;Harrell 1982;Salaff 1995;Watson 1980;Watson and Ebrey 1986;Watson 1984b;Watson 1986,1996;Whyte 1979;Wolf 1968;1972。

偏见。在这一制度下,女孩在婚后不能和父母同住,不为年老的父母提供照料或经济支持,不能继承父母财产,也不为过世的父母举行每年的祭拜仪式。家长也很少有动力去对女儿进行投资。尽管我认识的母亲们都在该制度下成长,但她们婚后通过采取小夫妻单独居住的新居制和运用自己的工作收入来与父母保持紧密的联系,从而卸除了制度的很多束缚。

独生女们所享有的父母支持是史无前例的,这是因为家里没有男孩与她们竞争父母的支持,也因为她们所处的社会经济系统给予了她们之前仅有男孩才能使用的履行孝道文化模型的手段。① 该系统于上世纪 50 年代开始建立,当时社会主义国家开始让城市女性有机会就业、接受教育、婚后与丈夫单独居住、享有财产所有权、继承权和法律上的平等地位。许多出生于 20 世纪初期的女性由于生育和抚养儿童的任务过于繁重而无法利用这些机会。而出生于上世纪五六十年代的女性因受限于生育限制政策而在这两方面负担较轻。她们因此可以把更多时间花在有偿工作上(参见表 10)。国家之所以能在大连这样的城市推行独生子女政策、而未遇到像在农村地区那样较为普遍的阻力而减弱政策效力,部分原因就在于城市女性有能力工作挣钱和履行孝敬家长的责任。② 在我的问卷调查对象中,父母来自农村地区的男孩数多于同等情况的女孩数。③ 由于农村地区普遍奉行婚后从夫居(译者注:与丈夫的父母一方同住)的习俗和普遍建立了男性占据主导地位的经济体系,女孩大多被排斥在赡养年老父母的义务之外,农村女孩的父母们抗拒独生子女政策或

---

① Fong 2002。
② Greenhalgh 1990,1993;Milwertz 1997;White 2000。
③ 在我进行问卷调查的学生中,38%的女生(样本量为 1 254)以及 29%的男生(样本量为 852)回答父母中至少有一方不曾在农村生活,而 62%的女生以及 71%的男生回答父母双方都曾经在乡村生活。男生与女生拥有曾在乡村生活过的父母的概率之显著性差异值 p=0.017。

倾向于生独生子。① 但城市女孩的父母们更愿意遵守独生子女政策和不采取选择性生育，因其知道城市女孩也会孝敬家长并且具备经济生产力。绝大多数出生于1979年之后的女孩都没有亲兄弟，这也反过来促使家长们更需要培养女孩来遵循孝道的文化模型，承担一度仅限男孩承担的尽孝责任。

表10 被调查者的父母或祖父母、外祖父母未从事过有偿工作的百分比

	未从事过有偿工作
祖母（$N=1\,716$）	36%
外祖母（$N=1\,493$）	34%
祖父（$N=1\,651$）	0%
外祖父（$N=1\,748$）	0%
母亲（$N=1\,995$）	0%
父亲（$N=1\,964$）	0%

来源：作者1999年的问卷调查。

长久以来，中国的成年夫妻与夫妻其中一方的父母共同居住时，常常人际关系冲突不断。上世纪50年代以后，社会主义国家开始采取针对女性和青年的赋权政策，给年轻人分配婚后公寓来取代大型扩大家庭的共居模式，没收老人控制的财产（这长久以来构成几代人住在同一屋檐下的主要理由），从而方便了越来越多的年轻的城里小夫妻们在婚后单独居住。到了上世纪90年代，大连城区的小夫妻们在结婚后的头几年单独居住已成为惯例。② 在我的问卷调查对象中，86%的女孩③和

---

① 中国的性别比例失衡原因包括杀女婴、父母不给女孩上户口、父母遗弃或刻意疏于照料女孩、性别选择性堕胎，或者这些因素的组合（Arnold and Liu Zhaoxiang 1986; Coale and Banister 1994; Croll 2000; Johnson 1996; Lee and Wang Feng 1999; Li Yongping and Peng Xizhe 2000; Zeng Yi et al. 1993）。
② 阎云翔也发现小夫妻在婚后单独居住的新居制在20世纪90年代他所进行田野调查的中国东北部村庄颇为流行（Yan 1997b, 2003）。
③ 样本量为1 144。

73%的男孩①表示他们想在婚后与配偶单独居住,仅有17%的人②表示在婚后希望与至少一位祖辈或外祖辈的人共同居住。虽然人们在从夫居和从妻居中更倾向于前者,但把这两者都视为在有能力与配偶单独居住之前必须忍受的、不太理想的居住方式。通常新婚夫妻会在婚后头几年暂时选择从夫居或从妻居,在这段时间内与其父母们等待通过其亲戚、工作单位,或者私人住房市场来购买、租赁、借用小夫妻单独居住的住房的机会。即便从夫居的小夫妻也会经常看望妻子的父母,请其照看子女,从妻居的小夫妻们也经常带着孩子去丈夫的父母家里探望并请帮忙照看孩子。丧偶或残疾的老年父母通常会搬去一位成家的子女家里居住,安度晚年,选择哪位子女更多不是基于子女的性别,而是基于和子女的人际关系以及每个子女家庭的时间空闲的多寡与居住空间的大小。许多家庭采取的办法是所有子女轮流照顾老年父母,父母在每个子女家里待几个星期或几个月。不论是男孩还是女孩,所有成年子女都要尽可能地给予父母同等的照顾、陪伴、金钱、礼物。

家庭冲突时有发生,尤其是当夫妻双方父母都同时需要照料时。单独居住的夫妻不需要像从夫居或从妻居的夫妻一样对其中一方的父母表明自己的忠诚,在处理这类冲突时拥有更大的自由协商的空间。住得离父母家近的城市中年妇女可以终生都与原生家庭保持密切的联系。绝大多数出生于1949年后的女性由于受到动员城市女性加入劳动力大军的社会主义运动的影响,都有工作收入,也有权利和能力对父母予以经济资助。虽然当前父权制文化模型在年老父母与其子女的关系问题上影响力衰微,但父母们可以安心地看到女儿们在履行孝道文化模型所规定的义务上毫不逊色于儿子。

我认识的大连城区的人们将父权制文化模型称为已被现代社会丢

---

① 样本量为834。
② 样本量为2 188。当时大多数祖父母或外祖父母在成年子女家轮住;只有2%的问卷回答者(样本量为2 002)与并非其兄弟姐妹、父母、祖父母、外祖父母的亲戚一起居住。

弃的"存在了 5000 年的历史包袱"。有些人仍在用这一文化模型来为自己谋求利益。比如,职业中专学生艮天的母亲是个商人,她不想参与轮流照料年老父亲的事情,便在 1999 年五一劳动节的家庭聚会上和兄弟姐妹们抱怨说:"养儿防老,不是养女防老。"但他们很快反驳说"现在儿女都一样",并责怪她有"封建思想""给自己的自私自利找理由"。艮天后来告诉我母亲把姥爷也接到家里来了,但大多时候是父亲在照顾老人,他在一家快要倒闭的国企工作,经常很早下班回家,有更多的闲暇时间。

  我在大连认识的很多城区居民都接受女儿可以和儿子具有同等的权利和义务的状况。许多母亲为自己年迈的父母提供金钱支持和照料服务(这种照料也常常能得到老公的配合和帮助)。许多妻子为过世的公公婆婆每年举行祭拜仪式,同样也会如此来缅怀自己过世的父母。有的女儿从父母那里继承金钱、物品、住房。1989 年,有研究者在上海请 173 位年老的独生子女家长[1]说说哪个人对他们照料最多,15％的人说是儿子,27％的人说是女儿,11％的人说是儿媳妇,1％的人说是女婿。[2] 2000 年,郑毅的姥姥甚至告诉我说由于女人勤于照料别人,"好儿媳妇比好儿子强,最好是有个好女儿"。在接受我的问卷调查的学生中,12％的人[3]正在与至少一位祖辈的人共住,5％的人[4]正在与至少一位外祖辈的人共住。新婚小夫妻单独居住并对双方的老人都忠心孝敬的情况非常普遍,这种情感在一首名叫《常回家看看》[5]的流行歌曲中得到了颂扬。这首歌于 1999 年在全国春节联欢晚会上最早被播出,催人泪下,一夜成名。

---

[1] 调查问卷将"老年人"界定为 65 岁及以上的人。
[2] 桂世勋和 Li Jieping 1996:25。
[3] 样本量为 2 187。
[4] 样本量为 2 188。
[5] 车行 1999。

找点空闲，找点时间
领着孩子常回家看看
带上笑容，带上祝愿
陪同爱人常回家看看
妈妈准备了一些唠叨
爸爸张罗了一桌好饭
生活的烦恼跟妈妈说说
工作的事情向爸爸谈谈
常回家看看，回家看看
哪怕帮妈妈刷刷筷子洗洗碗
老人不图儿女为家做多大贡献呀
一辈子不容易就图个团团圆圆
常回家看看，回家看看
哪怕给爸爸捶捶后背揉揉肩
老人不图儿女为家做多大贡献呀
一辈子总操心就奔个平平安安

  歌曲由扮演年轻夫妻的一位男歌手与女歌手演唱，传达的含义是呼吁长大成人的儿女们经常回家看看父母。这首歌引起了许多听众的强烈共鸣，他们在每个假期、周末甚至每一天都尽力做到"常回家看看"，看完夫妻一方的父母再去另一方父母家里探望。

  中国有句老话说嫁出去的女儿是"泼出去的水"，象征着女儿一结婚就终止了在原生家庭里的成员身份。[1] 但到了上世纪90年代晚期，大连城区的家长们不会因女儿出嫁而失去女儿，却因此多了女婿和外孙的陪伴。这对于我在调查中认识的当了姥姥姥爷的人来说亦是如此，因为在上世纪50年代出生的一代人已经历了女性权利与社会地位的上升。当

---

[1] Greenhalgh 1985b:271。

独生子女一代们开始陆续结婚的时候他们的家长也更是如此。我在1999年10月出席了王旭群的婚宴,她母亲告诉我她在1972年结婚时①父母都没出席在新郎家的婚宴,当时父母谨守传统仪式的做法,在她要被新郎及其亲友团接去新郎家时与她挥泪作别。该仪式象征着新娘父母忍痛割爱地把女儿给了新郎及其父母。但在1999年王旭群结婚时,她的父母亲友在整个婚礼仪式连同最后高潮阶段的婚宴上都全程陪伴她,她的父母一直坐在台上新郎父母的旁边,也与新郎父母一道在婚礼上致辞。王旭群的母亲说:"这个新传统更合情理,我只有一个孩子,要是不能参加她的婚礼,我根本受不了那种痛苦。"

2000年,办公室职员张兆辉的父母给新婚的女儿女婿花大钱买了一处公寓。当时新郎父母说买不起新房子,想让儿子儿媳和他们一起住。张兆辉的母亲跟我说:"我们不想让女儿住到破旧拥挤的女婿家,成天看婆婆的脸色。我们只有这一个孩子,要是不为她花钱,还给谁花?"

售货员徐柯阳是一个独生女,她在2000年时告诉我她在周中的五天和丈夫住在公公婆婆家,每到周末就回自己父母家,住回她自己的房间里。她说:"我想在周末放松放松,回自己家比在公婆家更舒服。"

在新中国成立以前,一些没能生育男孩的家庭也曾采取让女儿承担儿子传统角色的策略。② 但这种把"姑娘当儿子养"的情况并不多,而且属于万不得已的艰难的无奈之举,对于在新中国成立之前占据主导地位的中国文化模型以及相关研究专家并未产生多大的影响。这种策略在

---

① 王旭群母亲的婚礼在"文化大革命"期间举行。其婚宴实际上是用别人给的或向别人借的粮票等票证购买的主食做的家宴。
② 曾有文献记录了在妇女劳动力具有很高经济价值的中国某些地区,传统帝国时期的妇女与她们的原生家庭之间终生维持了强韧的社会经济纽带(Gates 1997;Siu 1990,1993;Stockard 1989;Topley 1978)。即便是在男性继嗣、从夫居、父权制等文化模型极具统治力的时期与地点,也曾有文献零星记录了在此时空下一些家庭所实践的从妻居、对女儿的大力投资、依靠女儿养老、将女儿或女儿的儿子作为继承人的事例(Pasternak 1985;Rofel 1999;80-94;Wolf 1972;191-204)。

社会主义政策下被普遍化了,也更易于实施。在 21 世纪之初,独生子女政策促使中国城市中一半的家庭都必须采取这一策略。

"孩子需要双亲"

张舟的母亲在 1998 年告诉我,她获得了自己梦寐以求的去日本留学的奖学金,但她正在申请把这个机会推迟一年,从儿子读初三的这年推到他读高一的时候——她觉得初三是需要为中考冲刺的关键时刻,要比高一更重要。即便如此,她也仍然担心她不在家的时候儿子的学业成绩会受影响。她说:"要想当好学生,孩子需要双亲。这样就算父母里有一个人在做饭,也总有一个人能一直盯着孩子学习。"

我的问卷调查对象的母亲们跟全世界的大多数母亲一样,都对家务劳动承当主要责任。在上世纪 50 年代出生的这代人中,社会对男人的期待仍旧是要比女人多挣钱、找更好的工作、少做家务(参见表 11)。

表 11 被调查者的父母中哪一方常做家务的百分比

	母 亲	父 亲
打扫卫生	94%(N=2 198)***	41%(N=2 199)***
洗衣服	94%(N=2 195)***	42%(N=2 194)***
购买食品杂货	94%(N=2 196)***	54%(N=2 196)***
做饭	88%(N=2 194)***	59%(N=2 194)***

来源:作者 1999 年的问卷调查。
*** $p<0.001$

但父亲也在积极介入子女的生活。① 我在大连城区认识的家庭和那些有更高比率的单身母亲②或者很讲求男性事业心的社会中的家庭存在

---

① William Jankowiak 发现并记录了在内蒙古城市呼和浩特出现的类似的强父子关系 (Jankowiak 1992,2002;Jankowiak 1993)。
② Borneman 1992:57–73;Coontz 1997;Lancaster 1992;Scheper-Hughes 1992;Wilson 1987。

很大差别。大连的家庭中很少有父亲是遵循日本式"上班族"①的文化模型,完全把生命投入工作,对自己的子女知之甚少。我认识的绝大多数当父亲的人与第一世界中的中产及以上阶级的父亲处境不同,他们很少能拥有薪资高且退休金优厚的满意度很高的工作。尽管国企在劝退年龄较大的职工时较大程度上把目标锁定于女性,但男性也不能完全幸免。接受我问卷调查的学生中,有25%的人②的母亲下岗或退休,12%的人③的父亲下岗或退休。多数父亲的职业很不稳定,工资也很低,很少有人把工作当成生活的唯一核心。他们于是就基本上和妻子一样都把主要希望寄托在孩子身上。接受我问卷调查的学生中,有31%的人④曾接受母亲的学习辅导,32%的人⑤曾接受父亲的辅导。父亲和母亲通常共同分担辅导孩子学习或监督其学习的职责。就像张勇的父亲在1998年曾告诉我的:"我让他妈洗衣做饭,但对于儿子学习这样重要的事,就不能单靠她一人!"

在我的问卷调查对象中,91%的人⑥和父母住在一起。非婚生育是非法的,受到社会谴责,在大连城区也非常少见。大多数未婚先孕的女性会堕胎,堕胎不仅在技术上便利可行,而且要比非婚生育的污名度低很多。在1987年,50岁时保持单身的中国女性仅占女性总数的不到1%。⑦ 即便那些离婚后没有子女抚养权的家长——类似于杨舒的父亲——也会维持自己的家长角色,离婚后再无其他子女的家长就更是如此。⑧

在我观察的家庭中,女儿似乎与母亲更亲密,儿子似乎与父亲更亲

---

① Allison 1994,1996b;White 1987a。
② 样本量为2 190。
③ 样本量为2 190。
④ 样本量为2 193。
⑤ 样本量为2 193。
⑥ 样本量为2 188。
⑦ Zeng Yi 2000:93。
⑧ 有一个孩子的离婚者只要与一个没有孩子的人结婚便被允许生二胎。

密。虽然父亲们可以强迫自己把独生女也视为自己的继承人,但这种认知需要他们痛苦地完成对传统意识形态的超越,如果生的是儿子就无须如此。母亲们则会淡化她们自己无法从中受益的父权制意识形态的重要性,而注重培育玛杰里·沃尔夫(Margery Wolf)所说的"子宫家庭"的情感纽带。① 女儿们更愿意帮助母亲做家务,当母亲抱怨性别不平等时施以同情。

我的调查对象们在回答"生儿子好还是生女儿好"这个问题时(参见表 12),多数表达了偏好的答题者选择了生与自己同性别的孩子。我在 1999 年的一次课堂讨论中请学生们解释自己的偏好,许多人说他们更愿意看到与自己同性别的孩子来做自己的继承人。

表 12 对调查问卷问题"生儿还是生女好"的回答

	女性被调查者 ($N=1\,241$)	男性被调查者 ($N=872$)
更喜欢儿子	8%***	28%***
更喜欢女儿	37%***	9%***
没差别	55%***	63%***

来源:作者 1999 年的问卷调查。
*** $p < 0.001$

田馨说:"我要生了女儿就会让她穿漂亮衣服好好打扮她。她会告诉我心里想什么,我也会基于自己的经验给她建议。要是生个儿子可就难多了。"

徐旺说:"我要是有个儿子就能跟他一起锻炼身体,要是女儿就根本跟不上我!我要是把儿子教好了,他长大后一定能成为比我更好的人,我也会很骄傲。要是女儿就不太可能了。"

---

① Wolf 1972.

投资回报率高的孩子

初一学生韩雪的母亲在1998年告诉我:"我女儿出生前,我天天就想着享乐。可我有了她以后就成长了。我意识到要是她成功了我就能跟着她过好日子,她要是失败了我的晚年生活就会凄凉。现在我的生活都围着她转。我必须督促她好好学习,将来长大了能找个好工作。"

长久以来学界都把中国的儿童视为其父母精心计算后做的一笔投资。[1] 希尔·盖茨(Hill Gates)指出:"年轻女性们对待生小孩的需求就像许多人对待谋生的需求一样:早启动,尽全力,早完成,付出有所值。"[2] 我认识的大连城区的父母在公开谈论养孩子的经济成本和好处时常引用一句古话:"养儿防老"。[3] 大连城区的孩子们和第一世界的孩子们一样,都对父母具有重要的情感价值,除此之外,他们还是其父母最有价值的经济投资。

萨拉·哈克内斯(Sara Harkness)、查尔斯·苏泊尔(Charles Super)、康斯坦茨·基弗(Constance Keefer)发现美国人是通过吸取专家建议、自身孩童经历中喜欢和厌恶的部分、其他家长的建议等因素来创造出了本国的为父为母的文化模型。[4] 我发现大连城区的父母们也使用类似的方法来塑造自己做父母的风格。

这些家长们告诉了我他们的父母是如何根据对其经济价值的精心考量来决定投资的比例。他们在培养自己小孩的过程中也调用了同样的经济理性,虽然他们意识到儿童经济价值的考量标准已发生改变。职

---

[1] Gates 1991,1993,1996;Greenhalgh 1985b,1994b。
[2] Gates 1993:262。
[3] 这句古话从传统上来讲是指儿子,我在大连市认识的父母也用这句话来表达他们对女儿将来赡养他们的期待。
[4] Harkness et al. 1992:171。

业中专学生黄岩在1999年告诉我:"我小时候每次想夹肉吃的时候,我妈就用她的筷子打我的手,说'你是女孩!把肉留给兄弟们吃',我妈想让儿子们多吃肉长得强壮些,这样好去干地里的活儿。现在我把最好吃的东西留给我女儿吃,让她健健康康的,找个好工作。"

父母们如果抱怨在孩子身上花费了很多时间和金钱,亲朋好友们就会劝他们"这是你在投资自己的未来";大家如果觉得某个父母没有尽到辅导孩子学习的责任,就会提醒这位父母"你的命运是和孩子共进退的"。老师们有时也在培养家长们投资孩子的经济理性。1999年,一位名叫杨丽华的老师试图说服一位工厂工人让儿子申报一所一流大学的本科自费项目而非去读大专,其说辞是:"你想想,要是现在多花几千块钱,你儿子就能找个好工作,比他拿大专文凭能多挣几万块钱,这样你退休后就没后顾之忧了。"

对于贫苦家庭来说,成功培养子女是其获取向上流动的唯一途径。年轻一代作为现代化的先锋,比其父母具有更多的经济潜能。这代人的父母多数都缺乏在资本主义世界体系中谋求精英位置所需的教育。其中许多人在国企就业,工资较低且很难提升。40岁以上的下岗工人难于找到更好的工作。有些开始做生意,但高额的税收和激烈的竞争使其难以盈利。雪上加霜的是,他们的客户群仅限于像他们一样低收入的、喜欢把物品价格砍价到最低的人群。富人们则喜欢购买那些颇具声望和专业程度高的大型企业(通常为外资企业)的商品。

年轻人更易被这类企业招聘,挣得比父母高出数倍的工资。因此,低收入父母将大部分家庭资源都投资在孩子身上,这一点明显是有经济意义的。许多父母说他们若把家庭资源用于自身纯属浪费,因其毫无良好的工作机会、也无法把时间和劳作转化为可观的收入。只有一个孩子的父母们痛苦地意识到要想赢得好的未来,只有孤注一掷。因此,他们尽一切力量来把握好这次机会。

被深爱的孩子

1999年的一天,我在江梅的高中所在班级里,听到一些学生问她为什么那天看上去昏昏欲睡。她答道:

> 昨天,有个奇怪的陌生人深夜给我家打电话。那人说:"我在给所有亲戚朋友打电话,警告他们今天晚上大连会有一场大地震。我有个亲戚在省地震局工作,刚打电话提醒我。我误拨了你家电话,但既然咱们通话了,就算我做了件好事来警告你们吧。"我父母不知道该不该信他,但是为求稳妥宁可谨慎过头,就把我叫醒了,拿了家里所有的钱,叫上我站在家里最坚固的门道处。过了几个小时,什么都没发生,我们也很困,我爸妈回床睡觉,但不让我睡!他们说:"你是家里最大的宝。我们老了,死了无所谓,你必须活着。"所以我就拿着家里的钱在门道站了一夜,直到来上学!

父母对孩子的投资不仅仅源自对舒适退休生活的渴望。相反,父母们告诉我他们愿意为了孩子而牺牲自己的生命。他们在父爱母爱的文化模型和父母投资的文化模型之间感受不到任何的冲突,而后者依附于一个预设:父母与子女之间的爱将维系终生。在孩子身上花钱不仅表达了父母的无条件之爱,也同时是对父母未来生活的投资。如果要求父母必须在这两种动机之间择一,他们通常感到对子女的爱超越了对自己的考虑。像孙薇母亲这样的低收入家长省下自己的医疗保健的钱来支付孩子的教育费用,其实就是在甘冒生命危险进行付出。

林琳母亲和我在1998年相识时曾问我:"你有多少兄弟姐妹?"我说我是独生子女,她立即很同情我的父母。"你肯定是家里的宝贝,父母怎么舍得让你来相隔这么远的地方生活?他们难道不担心你嘛?"

我回答说:"要是你女儿有机会出国,你会阻止她吗?你怎么能受得了她走?你不会担心嘛?"

她答道:"我把女儿送出国后一定会每天以泪洗面,但我的眼泪只是为了她的幸福付出的一小部分代价。"

在帝国时代的中国,儿子不仅要赡养年迈的父母,也要负责照看好去世父母的灵魂,并且通过给予男性祖先在社会和象征意义上的不朽来延续父系家族。毛泽东时期的政府禁止祖先崇拜,取缔了父系家族维系自身的团体组织身份所依赖的族产。我在大连认识的一些家庭不再进行祖先崇拜。但这些父母们用新的方式来将子女看作自己生命的延续和维持自身社会与象征意义的不朽性的途径。

父母通过子女来感受生活和获取意义。贫穷的工人们告诉我,他们看到子女享用自己从未有过的奢侈品时会感到补偿感和成就感。有的父母把孩子视作从沉闷而不如意的生活中获得希望感和目标感的源泉。一所高中的高三学生黄洁的母亲在1999年跟我说:"我失业以后就觉得活得毫无价值。我只是个纺织工,但我以前总盼着上班,也盼着能因为厂里给我涨工资或发'文明职工'奖而有小小的喜悦。我现在整天在家待着,感觉就像死了一样。有时我都想自杀,唯一能拦着我的力量就是我对女儿的念想。我一旦想到她和她的未来,就感觉有了点希望。"

2002年,技工学校的学生罗城的母亲跟我说:"我儿子是个好人。我死了以后,每个认识他的人会说'他是个好人,一定是有位好母亲把他教得这么好',这就意味着我没白活。"

高二学生沈琦的父亲在2000年说过:"我儿子就是年轻版的我,但他有我从来没有过的机会。当他成功时,就好比我重新生活了一遍,只不过这次走了对的路。"

1999年,初一学生曹颖的父亲跟我说:"我小时候梦想着将来当科学家,发明新东西,为强大祖国做贡献。现在我47岁,从工厂下岗,人生没什么成就。可我女儿很聪明,也许将来她能当一名伟大的科学家。那时的她就是我对祖国做的贡献。"

这些父母的亲朋好友、孩子的老师、孩子本身都把父母当作决定孩子成败的负责人。我认识的多数教育水平高的父母都辅导孩子学习。我也认识不少受教育程度低的家长在每晚和每个周末花数小时陪在孩子身边,监督其学习。有时家长们在孩子学习时给他们拿零食和饮品,来节省孩子自己去厨房拿东西的走路时间。初三学生白波的父亲在1999年说过:"我在每个星期天都花一整天监督儿子学习,我都不知道是我还是儿子更累!"

这些家长们对孩子的浓情厚爱是因其只有独女或独子。他们对独生子女毫无保留的爱与第一世界中的父母相比不差上下。在第一世界,父母对每个孩子要付出深度的无条件之爱的文化模式与生育率的下降相伴而生。① 孩子越少,每个孩子就越不可取代。

正如卡罗琳·布莱索(Caroline H. Bledsoe)在20世纪90年代初期在西非发现的,有一些孩子的父母倾向于实行"大力投资最有前景的子女、为其他子女提供相异机会"②的策略。根据1986—1990年在15个第三世界国家收集的证据,索纳尔德·迪赛(Sonalde Desai)发现,兄弟姐妹数量较少的儿童比兄弟姐妹数量较多的儿童健康状况更好。③ 南希·斯切波-休斯(Nancy Scheper-Hughes)在一个贫穷的巴西棚户区访问了36名40至76岁的妇女。这些妇女在有生育力的阶段平均怀孕12次④,她们为了给更强壮和更受偏爱的孩子节省资源,宁愿选择让身体较

---

① Badinter and Gray 1981;DeMause 1974;Fox and Quitt 1980;Laslett 1965;Lewis 1980;Ross 1993;Shorter 1977;Stone 1977;Walvin 1982。
② Bledsoe and Banja 2002:46。
③ 数据来自玻利维亚、巴西东北部、哥伦比亚、多米尼加共和国、危地马拉、特立尼达和多巴哥共和国、埃及、摩洛哥、斯里兰卡、泰国、布隆迪、加纳、马里、塞内加尔和津巴布韦(Desai 1995:198)。
④ Scheper-Hughes 1992:311。

第四章 "现在你打我,你老了以后我打你":人口老龄化过程中的爱、孝、家长投资

弱或不太喜欢的孩子死亡①。根据1982—1983年的调查结果,南希·莱文(Nancy E. Levine)发现,尼泊尔的藏族父母常常偏爱在性别、健康水平、性情、亲子关系、出生序列等方面有着良好结合的孩子,而甘愿让其他孩子承受疾病、营养不良、被忽略导致的死亡。② 根据1774年至1873年间对中国东北出生的12 000人的研究,詹姆斯·李(James Lee)和卡梅伦·坎贝尔(Cameron Campbell)发现,1—5岁的女孩的死亡率比同岁男孩高出20%,估计有20—25%的女性死于蓄意杀婴。③ 我在大连城区认识的父母和祖父母们也回忆起了在"大跃进"之后的三年困难时期(1959—1961年)以及其他贫困和饥饿时期类似的家庭分类事例。即使在1961年以后饥饿状况有所减轻的情况下,同一个家里的兄弟姐妹也得到父母的不平等待遇。根据1988年对千分之二的中国家庭的调查,崔敏雅等人的研究发现,在1965年至1987年间的农村地区,出生在父母已生育儿女的家庭里的一到四岁的女孩要比同龄男孩死亡率高出50%。④ Hong Zhang⑤以及彭希哲和戴星冀⑥的研究也记录了在上世纪90年代中国农村地区的父母们如何倾向于投资最偏爱的儿子,而让其他儿女做出了牺牲。

许多大连城区家长告诉我,当他们是孩子的时候,他们不能把所得一切视为理所当然,因为他们必须与兄弟姐妹争夺父母的青睐。在独生子女政策之前,父母可以更多投资偏爱的儿子,而较忽略女儿和不成功

---

① 一个住在棚户区的母亲与Scheper-Hughes谈及她生病的孩子:"但是我承担不起对他的特殊照料。我不能用母乳喂养他,因为我的身体状况不好。这对我们都无济于事,不是吗?我不能为他做特殊的食物。他又不比别的孩子强到哪里去!所以他和其他的孩子一样喝着次等的牛奶。我知道这对他来说营养远远不够,这也正是为什么他会如此孱弱。但是如果他死了,那就死吧。他不是我唯一的孩子。"(Scheper-Hughes 1992:370)。
② Levine 1987。
③ Lee and Campbell 1997:64;Lee and Wang Feng 1999:51。
④ Choe Minja, Hao Hongsheng, and Wang Feng 1995:61。
⑤ Zhang 1998。
⑥ 彭希哲和戴星冀 1996。

151

或不顺从的儿子。有些父亲说他们幸运地成为家里最受钟爱的儿子,从父母那里得到了像现在他们给自己的独生子女那样的高额投资。但我认识的大部分家长都抱怨父母如何因为自己是女性或者不像其他兄弟姐妹那样健康、美丽、听话、聪颖或成功而忽视了自己。独生子女家庭不存在这种偏袒。高生育率的父母要依据孩子满足父母期望的程度来限定对每个孩子的爱,但独生子女的父母别无选择,只能将所有的爱、希望、需求和投资集中在一个孩子身上,无论这样做是否适宜。

施爱的孩子

青少年也在回报父母的爱。学生告诉我,他们会在父母生病期间很强烈地感到对父母的孝心,此时他们不再把父母视作理所应当的存在。为了满足孩子的需要,许多低收入父母节衣缩食,节省医疗费用,在工厂或马路上从事分外劳累的工作,还得经受严寒酷暑风霜雨雪之扰。所有社会经济阶层的家长对孩子学业成绩的焦虑也导致其时常感到压力很大或"上火"。① 当父母因关节炎、疲劳、糖尿病、慢性疼痛、心脏病、呼吸系统疾病或高血压而身体衰弱时,他们与子女亲属都会把部分病因归为他们为孩子所做的身体、情绪、经济上的牺牲。凯博文(Arthur Kleinman)认为,如果患者能够将苦难融入具有道德意义的文化模式中,患者就能更好地应对疾病。② 我在大连城区认识的父母每当想到是为了孩子有更美好的生活而受苦时,就会感到欣慰。这个想法让孩子感到内疚,并对孝敬父母的义务有了更强烈的感触。当父母有生命危险时,孙薇和王松等青少年们在父母病榻前哭泣,并略带笨拙但充满柔情地展望

---

① "上火"字面意思是"火焰上升",被用于指情绪上的压力(尤其指挫败感引起的压力)以及据称由情绪压力导致的身体感染、发炎、水疱和疼痛。身体和心理症状结合并生的观念源于传统中医的冷热平衡观,这种冷热平衡不仅针对温度,也针对不同种类的食物、情绪以及医疗条件(Farquhar 1994)。

② Kleinman 1985,1988。

了将来如何为老年父母提供护理。他们告诉我，他们永远不会把父母放在养老院里。他们梦想着让父母过上富裕生活。像马塞洛·苏亚雷斯-奥罗斯科（Marcelo Suárez-Orozco）①所描述的墨西哥和中美洲学生以及乔治·德·沃斯（George De Vos）和他的合作者②所描述的日本和韩国学生一样，我在大连城区认识的学生指出，孝道的文化模型是激励他们追求学业成就和社会经济成就的最大动力之一。像他们的父母一样，青少年经常以物质形式表达自己的爱心。他们向我详细讲述了如何梦想着有一天能给父母买怎样的昂贵礼物。

孙薇在1999年告诉我："一旦我找到工作，我会申请抵押贷款，给我家人买个全天供暖的新公寓。"她家目前的公寓只能每天靠燃煤供热几个小时，也用不起电热器供电。家里水龙头不出热水，也没有浴缸或淋浴器。因收入所限，她的父母舍不得花钱去外面澡堂洗，所以他们每一周或两周把烧开的水和冷的自来水倒在桶里，沾湿毛巾擦洗身上。她有时也得这样洗，但往往父母会给她钱，让她去外面澡堂洗，因为他们担心女儿在供暖不足的家里洗澡会得感冒。在大连寒冷悠长的冬季，她的父亲因慢性关节炎而疼痛，他那供暖很差的工厂工作环境也加剧了他的病情。她说："我会买一个带浴缸的公寓，我会买一台热水器，这样即使外面下雪，我们也可以洗个热水澡。我爸可以退休，我们一家人靠我的薪水生活。那样我爸就不会再痛苦了！"

职业中专的学生王斌和父亲喜欢阅读有关汽车的讯息，虽然他们连出租车都坐不起，但他们在这方面所知甚多，甚至知道在大连很少见到的豪华车的技术细节。王斌在1999年读职业中专高一的时候告诉我："有一天，当我有钱的时候，我会为自己买一辆便宜的二手车，为我爸买一辆新的奔驰车。他可以开车在大连到处高高兴兴地兜风。人们看到

---

① Suárez-Orozco 1989。
② De Vos 1973，1983。

他会说:'是老王吗?他怎么开上奔驰了?'我爸可以笑着说:'我儿子有出息啊。'"

子女们即使完全依赖父母来养活,但他们也会给父母礼物,来表达自己的孝心。我认识的大多数青少年都不从父母那里定期拿零花钱,而是在每次想要买东西时要钱。即便如此,许多人还是能够通过不吃饭,或者向父母高报买东西的价格来攒点小钱。只要不太出格,父母通常会纵容这种做法。有些父母也允许他们的孩子自己保存在春节期间亲戚给的全部或一部分的压岁钱,即使父母还得互惠性地支付给亲戚孩子的压岁钱。青少年只有在父母拒绝花钱给他们买某些奢侈品——例如昂贵的零食、时尚服装或视频游戏——时才花费个人积蓄。因此,父母在收到孩子从其珍贵的个人积蓄中拿出钱买的礼品时会很感动。孩子们好不容易攒下的这笔钱,本来是可以用于在父母的监督之外为自己购买奢侈品的。

胡莹在金钱管理方面很懂事,因此父母为了奖励她,通常允许她自己收着亲戚给她的春节压岁钱。她告诉我她用这些积蓄为亲友买了礼物,为自己买了课外学习材料。在1999年结束高考后的第一个休息日,胡莹带我一起为她的母亲购买生日礼物。在一家高档百货商店,她用积蓄购买了一个珍珠项链,价格为72元(9美元),在她那当工厂工人的父母心目中这是高消费了。她起初想把项链藏起来,直到母亲的生日那天再给她。但她非常渴望看到母亲的反应,于是在离母亲生日还有几个礼拜的时候就给了她。虽然她母亲觉得这条项链太过奢侈而略作推辞,却被女儿的礼物感动到落泪。

我房东不许儿子张勇自己保存亲戚给他的春节压岁钱。他告诉我,他经常不吃午餐,节省了午餐钱来买他父母拒绝为他买的玩具、衣服或零食。有一天,他和母亲因为他的家庭作业发生了争吵,母亲被气哭了。他母亲因为耳朵感染而暂时听力受损,他取笑她成了半个聋子。然而,第二天他道歉了,并送了她一本《知音》杂志——这是很受欢迎的女性杂志,她母亲很喜欢看,但因为收入低而很少买。这本杂志的标题字面意思是"懂我心声之人"。"知音"一词源于一个中国古典故事:一个伟大的琴师和一个樵夫之间有深情厚谊,樵夫是世上最懂琴师音乐的人。他母亲再次哭泣,但是这一次是因为她看到儿子愿意拿出精心攒下的钱来为她买奢侈品而受到感动,并且杂志的标题和他们之前因误解产生的争吵也有重要的联系。

我在大连城区认识的许多青少年和年轻人在开始就业后都把工资交给他们的父母,需要用钱时向父母要。他们理解父母会尽量把孩子的收入用于孩子的日常开支、教育、婚礼或购买婚房上,只有到万不得已时才会用于支付日常家庭开销。通过让父母管理他们的钱,孩子们表现出对父母的爱和信任。

不孝之子

孩子们并不总是遵循孝顺的文化模式。有时在与父母激烈争吵时,即使平常很孝顺听话的孩子也会说出难听的语句来,导致他们的父母痛苦万分。最糟糕的是那些常常这么做的是独生子女。这类子女对父母来说是很伤心的困扰,因为他们是父母唯一的奉献对象,也是他们对未来的唯一希望。

1999年的一个周日下午,我在初二学生孙坚家里给他上英语课,他父亲坐在他旁边,监督他专心听讲。孙坚想和他的朋友出去,但他的父母让他待在家里听我辅导。

我讲了一些他的英文教科书中的语法规则,他没注意听。他的父亲每当他不看课本时就把他的头往课本那儿按。

"你听到她说的话了吗?"他的母亲正在厨房做饭,喊道。

"你考考他,看他听讲了没!"他父亲告诉我。

"你怎么说'我喜欢苹果'的英文?"我问。

"我不知道。"孙坚用中文回答。

我告诉他答案,问:"你怎么用英文说'我不知道'?"

"我不知道。"孙坚用中文回答。"我不想再学了。"他起身去了他的房间。

他的父亲把他推回了座位。他说:"我好不容易才把老师请来了,你怎么能对老师这么不礼貌?"

"父母为你做了这么多,你怎么能这么不知感恩?"孙坚的母亲大叫。

孙坚没精打采地蜷坐在座位上,双眼低垂,闷闷不乐地听父母骂他。我试着继续上课。孙坚没注意听。"我很困。"他抱怨道。"我什么也听不进去。"

"你今天早上睡到8点才起!你现在怎么会困?"他母亲问。

"我很累,因为我不喜欢学习。"孙坚回答。

"你知道什么是累?我小时候不能学习,必须整天在地里干活,那才叫累!我们不要求你做任何事情,不用你工作。我们整天都在努力工作,为了让你吃得好,穿得好。我们光要求你读书。你怎么会累?"

我继续讲课,但孙坚不看书,拒绝听。"我受不了了!"他边说边起身离开。他的父亲把他推到了座位上,打他的胳膊和背。

"别打我!"孙坚说。

"只要你不学习,我就会打你!"他父亲说道,打了他一耳光。

"现在打我,等你老了我打你!等你又老又弱,我打到你不能动!"孙坚轻蔑地说着,眼泪滑落脸庞。

"你活不到那时候!我打死你!"他的父亲愤怒地大叫,把拳头像雨点般砸在孙坚身上。孙坚跑进他的房间,砰的一声把门关上,死死地顶着门。孙坚的父亲试图打开门,但僵持了几分钟后放弃了,一直骂他的儿子。

"你怎么生下这么一个不孝的儿子?"孙坚的父亲问他的妻子。"他该去死!"

孙坚的父亲说他受不了和儿子待在一个房子里,出门拜访朋友。孙坚的母亲和我坐在一起,哭了。"当孙坚很小的时候,我总是盼着他长大。"她抽泣着说。"我想象他会好好学习,孝顺听话。现在我希望从没生下他!"

"没关系,他长大就懂事了,情况会变好的。"我说,虽然我也心存疑虑。

孙坚的母亲把做好的肉菜和素菜放在桌子上,给我和她自己各盛了一碗米饭。孙坚听到筷子的夹菜声后从房间里走出来,坐在桌旁,等着母亲给他一碗饭。

孙坚的母亲冷冷地说:"你要想吃饭就自己盛。我盛会给你投毒。我要早知道你长大会变成这样,就该在你很小的时候掐死你。可能哪天我就会给你下毒。你的命是我给的,我可以把它取走。"

"你不敢!"孙坚说。"我是你唯一的孩子,你太老了,不能再有另一个孩子了。"

20世纪90年代的老年生活

父母们对于他们步入老年后的生活感到担心。他们的恐惧不仅仅来自对子女能否孝敬的疑虑。父母只需看看自己的年迈的父母,就能想象到将来自己的尊严会受到什么挑战。

自从社会主义政府开始实行快速现代化政策,每一代中国青年的权力都超过了前一代人。我在大连城区认识的大多数孩子的祖父母、外祖父母或其更上一辈的父母在农村或半农地区长大。他们是在父权制体系下经历社会化历程的,20世纪初有关中国社会的很多文献描述了这一体系。[1] 在这个体系下,长者享有权威,控制家庭财产,受到子女和儿媳

---

[1] Lan and Fong 1999; Wang Zheng 1999; Wolf 1968, 1972.

妇们的尊重。该体系下的年轻人则无权无势，受到压抑，但受到了儒家文化模式的一种鼓励：它承诺如果他们把所有的时间、精力和资源投入到对多个儿子的养育中，他们也终有一天会享有压迫他们的长辈的高层地位。所以他们在青少年时期步入了家长包办的婚姻，努力繁衍和养育很多的子女。

然而当独生子女们的祖父母或外祖父母到了老年时，他们无法像当年自己年轻时的长辈那样有权。城市化和社会主义政策剥夺了他们对房屋、财产以及一直加固着孝道文化模型的仪式的控制权。他们的孩子在接连结婚后搬到了其雇主或其配偶雇主提供的新居住房。最后，许多老人只能孤独地守着曾养育了所有小孩的狭小公寓。

大多数祖父母和外祖父母们积蓄不多，就算是那些幸运地从正常营业的国营企业退休的老人们所得的退休金相对于通货膨胀的速度也在贬值。干部们在退休后也逐渐失去了大部分的人脉、权力和声望。包办婚姻的终结、小夫妻独居的兴起、妇女的解放使得长辈们不再能享有对子女和儿媳的控制权。祖父母和外祖父母们的生活过得好坏，往往都取决于其子女的孝敬情意如何。独自生活的老人抱怨自己孤独无聊。需要照顾的老人则经常是每几个月被从一个成年子女的家庭换到另一家。与子女们同居的老人成为家里的附属人物，不再是一家之主。①

与我辅导的青少年们同居的一些祖父母和外祖父母们常常吃家里最差的饭菜，没其他人在家时不吃饭或只吃剩饭剩菜。他们告诉我是自愿这样做的。他们习惯了吃营养不高的饭菜，因为他们成长于生活水平远远低于子孙后代的年代，极为节衣缩食。有人还说把好的食物供给老化的身体是一种浪费。郑波华的外祖母在2000年告诉我："我现在已经大部分的牙齿都没了，吃什么都是一个味道，我不用吃好的。"

---

① 关于20世纪80年代和90年代的许多中国家庭生活的研究表明，老年父母在主干家庭往往不掌握什么实际权力，同时还体验着无力感、失落感和依赖感(Ikels 1990c；Jankowiak 1993；Kleinman 1986:118-120；Whyte and Parish 1984:183)。

但是老人们难于接受他们必须承担的家务责任。他们年轻时所受的教育是等他们老了可以享清福、不做家务、地位尊贵。然而,他们老了后发现自己还得做家务,让成年子女们腾出时间挣钱。有人自愿这样做。有人和成年子女针对家务劳动分工吵来吵去,并抱怨说:"现在是孩子不孝媳妇不勤。"

让中年父母们最头疼的事情是其年迈的父母们生病。即使有许多兄弟姐妹可以互助护理老人,他们也难以满足卧床不起的老年父母的需要。

办公室职员陈伟的外祖父在80年代后期妻子死于癌症的几年后开始出现痴呆。陈伟的母亲在1999年告诉我:"最后他卧床不起,我们必须给他翻身,避免他得褥疮。但他不认识我们了,动手打我们。"尽管他所有的孩子们都一起分担医疗费用和护理责任,但最大的负担落在直到他去世前一直与他同住的最小的儿子身上。"没有女人想照顾一个年老糊涂的公公,所以我弟弟没有结婚。"陈伟的母亲告诉我,"我爸去年去世了,但现在我弟弟年纪太大了,找不到老婆。"

中专二年级学生李波的母亲在1999年告诉我:"我妈得了支气管炎住院时,我们雇了护士来照顾她,但是她一直跟她们过不去!她指责这个护士偷了钱,那个护士吃了她的食物。她说别人都不能像她自己的孩子一样照顾她。我妹妹和我只好轮流去医院给她送饭,陪她。有时我妹妹来接手的时候,她都不让我离开。我请了好多天假,单位的每个人都对我有意见了。我爱我妈,但是如果我因为她失去了工作,我们大家都会觉得难受!"

李健的爷爷已去世,奶奶因为失明和糖尿病需要有人一直看护。她年轻时跟丈夫和公公婆婆在大连近郊的一个村庄生活。虽然她生养了八个孩子,但没有一个人有足够的时间或耐心让她老了以后一直在自己家里生活。因此,每隔几个月,她就得被移到另一个孩子的家中。她在1999年的一个晚上,在即将要被从李健的家移到李健的姑妈家的前夕,跟我抱怨了一会儿。"我婆婆到去世前都一直被当成皇后供养。我和嫂子们得伺候好她,不然我们男人会打我们。现在我老了,没有一个孩子孝顺我。我无家可归,就像一件垃圾一样被孩子们传来传去。我除了身上背着一些衣服,什么都没有。"

正如参加了马丁·怀特(Martin Whyte)1994 年的态度调查①的保定市老年父母及其成年子女、以及在劳伦斯·科恩(Lawrence Cohen)对印度和美国老龄化和痴呆症的研究②中描述的处于忧心困境的成年子女一样,我认识的大连城区的人们也信奉着孝顺的文化模型。青少年和中年父母们都坚称他们一向在尽最大的努力尽孝,也将继续如此。然而,他们的其他责任常常阻碍他们为父母和配偶父母提供长辈们期待的社会、身体和经济支持。这种无法履行强有力的通行的孝顺文化模式的痛苦被老年父母们时常的抱怨加剧了。即便那些平常会夸赞成年子女们孝敬的老人们也会在难于应对不断增长的医疗费用和满足护理需求时抱怨孩子没能尽孝。正如迈克尔·赫茨菲尔德(Michael Herzfeld)所说,每一代长辈倾向于将"结构性怀旧"作为一种"道德策略",将自己投射为互惠断裂的受害者。③ 这些祖父母对孝顺衰落所提出的抱怨旨在策略性地羞辱成年子女,以求其提供更好的照顾。与此同时,这些抱怨也反映出人们广泛的共识:自中国在 20 世纪初开始追求现代化建设以来,长辈一直在不断失去权力。④ 这种理解导致父母们预期在自己年老时情况会更糟。

---

① Whyte 1997。
② Cohen 1998。
③ Herzfeld 1990;Herzfeld 1997:109-114。
④ 阎云翔(2003)有关一个中国村庄的长期研究细致讲述了社会主义现代化政策如何导致老人不断地失去权力。

想象未来

"我不想问我儿子要钱。"初三学生郭湛的母亲在 2000 年和我说。"一旦我没能力赚钱和照顾自己,我宁愿去死。我儿子不会孝敬我的,我现在就能看出来。等我儿子娶了老婆,我和他爸也不上班了,他们会把我们撵到小房间里生活,吃每顿饭都会嫌弃地看着我们说:'你们还吃啊?怎么还不死?'"

独生子女的父母担心他们的子女会比自己更没动力去遵循孝顺的文化模型。他们对自己未来的生活好坏将取决于独生子女能否尽到孝心而感到忧心。还有一个警示是,等他们老了,一对独生子女夫妇可能将要照顾四名年长的父母和双方爷爷奶奶外公外婆等八个老人。他们知道在自己这一代为老年父母提供金钱支持和护理的职责即便是被许多兄弟姐妹分担也难于担当,因此一想到独生子女们该如何承担赡养父母之责就难免心惊。他们有时会愁苦地开玩笑说他们该在步入老年之前死去,因为独生子女不会有时间、精力、金钱或孝心来照顾年老的父母。

2000 年春节,我参加了职业中专学生李珲母亲家的大家庭聚会,她母亲的兄弟姐妹及其配偶和孩子一起围坐在餐桌旁,谈论未来。

她四舅对他的儿子说:"我不希望你照顾我。我最大的盼望就是你别成为我的负担。当我老了,我会靠保险活。"

"我赚的钱都是你的,爸!你知道的!"四舅的儿子说。

"我们不能靠这代人来养老。"李珲的三姨说。"他们都是独生子女,他们太自私了,不能像我们待父母那样待我们。就算不自私,他们也不能光靠自己照顾好自己和另一半的双方父母。"

"那样不对!"三姨的女儿抗议了。"我的一切都是父母给的。无论付出什么代价,我都要照顾父母。"

二舅说:"养老院也没那么糟糕。我们都可以去同一个养老院,整天打扑克。这就像每天过春节!"

"我绝对不会把你放在养老院里!"二舅的女儿抗议。

"我们一定要好好锻炼,永远健康,不要让孩子照顾我们!"三姨的丈夫说。

"但是不管怎么锻炼,每个人都会老。"五姨说。"我们最好盼着早点死,这样就不会到了给孩子添负担的地步。"

许多父母告诉我他们希望在老年时要在经济上和身体上独立。然而,他们也有诸种担心:保险可能不足以支付他们老年生活的所有费用,下岗和企业破产使得养老金和医疗保险难以到位,个人储蓄面对通货膨胀和低利率难以保值和升值,医疗护理的收费在逐年增长,专业护理可能既昂贵又不能满足需要。尽管他们渴望独立度过老年生活,但也担心别无选择,只能主要依靠独生子女来获取收入、支付医疗护理费用。

强权的孩子

父母对将来要依靠独生子女生活的这一点期待使得孩子们增权了。父母们告诉我在他们自己的原生家庭中父母对孩子有更多的权力,孩子们必须相互竞争,赢取父母的偏爱。如果一个孩子不孝、不服从或不成功,父母就会在这个孩子身上减少投入,对喜欢的孩子投入更多。然而,独生子女并不面对家庭资源的竞争。作为父母所有爱心、投资和希望的唯一焦点,独生子女具有巨大的权力。有时,父母甚至还要争夺独生子女的偏爱。

1999年的一天,我在陈楠家做家教,他父亲从工厂下班回家,看到妻子躺在床上就骂道:"你为什么不做晚饭?又装病?"

"我感冒了。"陈楠的母亲是个下岗工人,她通常待在家里,有时候去街上卖东西。

"这几天你老感冒！这是借口。你不想着照顾我了！"陈楠的父亲抱怨道。

"你是个成年人！"陈楠的母亲回答。"为什么总想着要我照顾你？你也有手！你为什么不做饭？"

"因为你是我老婆！"陈楠的父亲叹了口气。"我干吗把工资交给你，不给别人？不照顾我，干吗还要养活你？"

"你就不能做一次饭吗，爸？"陈楠插话，"妈不舒服，让她休息，她把家里活儿都干了，你就不能让她休息一次吗？"

"我女儿总护着她妈！"她父亲向我抱怨。"为什么她不能护我一次？"

"她不在护着我。人家那是公平。"她母亲躺在床上得意地说。

"你现在觉得她对你好，等她结婚再看吧。"陈楠的父亲讽刺地说，"女儿是泼出去的水，一结婚就把我们忘了。"

"才不会呢！"陈楠抗议。"我结婚后也会孝顺，就像妈对奶奶一样！"

"你现在这么说，但我知道你结婚后会怎么做！"陈楠的父亲回答。

"好，那我永远不结婚！我会和妈永远在一起！"陈楠说。她淘气地向妈妈笑了笑，补充说："但是我们必须把爸爸踢出去。"

"行！那看看你们没我怎么活！"陈楠的父亲大吼。然后他去厨房做饭。"我这么做都是为了冯老师，不能让你的老师饿肚子！"他在厨房喊。

第五章 "惯坏了"：第三世界中的第一世界青年

在这一章中，我讨论了独生子女关于私人空间、食物、家务、社会关系和个人成就的态度，我在大连城区认识的成年人们把这些态度视为了独生子女被溺爱的证据。并不是每个独生子女都有这些态度，但成年人们把这些较为普遍的态度看作独生子女一代的鲜明特征。我将它们与我通过阅读或个人接触而获知的第一世界青年与孩童的普遍态度进行比较时，发现这些态度并不异常，但对大连城区的成年人来说它们却令人生惧。

中国颁布了独生子女政策，以求产生出新一代具有第一世界卫生、消费和教育水平的公民。大连城区的青少年像第一世界的青少年那样成长于有较少子女的家庭，也表现出和后者类似的行为、态度和期望。但是第一世界的文化模式在中国比在第一世界存在更多问题。独生子女的父母、老师、长辈亲属盼望这代人能拉近中国和第一世界的距离，但是他们也警觉到独生子女遵循的第一世界文化模式和他们第三世界的家庭与社会状况之间存在很大差距。

在第一世界，低生育率在近几代人里一直很常见。1970年，当中国的总和生育率达到每位妇女生6个孩子时，加拿大、日本、美国和大多数欧洲国家的总和生育率接近于每名妇女生 2 个孩子。① 中国父母对独生子女的大力投资和高度期待,在成长于类似环境的第一世界的父母看来并非极端之举,但对于在全然不同的条件下长大的第三世界父母来说却显得极端。

几乎所有 20 世纪末有关第一世界社会的独生子女的研究都得出结论:独生子女和非独生子女之间没有统计学意义上的显著差异,只是在兄弟姐妹数量和学业成就教育机会之间存在一定的反比关系。② 对中国独生子女的一些研究得出了类似的结论。③ 但许多其他研究(特别是在 20 世纪 80 年代、独生子政策实施的前十年期间的研究)则集中关注中国独生子女的社会和心理问题。20 世纪 70 年代末的一项研究比较了 5—6 岁之间的 120 名上海儿童(平均分为独生子女和非独生子女),发现独生子女比非独生子女更有可能拥有更多的知识和更好的理解力,但他们也更胆小、缺乏协作精神、不爱护他人的财产、敌视别人、无法照顾自己、不尊重长者、有各种不良的饮食习惯。④ 1984 年至 1991 年间,研究人员比较了 248 名 3—5 岁南京独生子女与 174 名至少有一名兄弟姐妹的同龄人,结果发现独生子女比同龄儿童更有可能彰显出父母们分类出的下列行为:注意力短暂、固执、要求立即满足需求、爱指挥一切、不尊重长者、胆怯、情绪化、有脾气、自大、怠工、神经质和易动感情。⑤ 20 世纪 80 年代初期的关于 1 148 名北京儿童(4—12 岁)的研究得出结论:独生子女更有可能表现出古怪、有攻击性、自私、依赖、任性、纤弱、意志薄弱、懒惰、不诚实和胆怯。⑥ 20 世纪 80 年代初期对 180 对年龄和背景相当的北

---

① United Nations 1997a。
② Blake 1981,1989;Claudy 1984;Cooper et al. 1984;Falbo 1984a,1984b;Falbo and Polit 1986;Feiring and Lewis 1984;Groat, Wicks, and Neal 1984;Hawke and Knox 1977;Henderson 1991;Laybourn 1994;McKibbezn 1998;Polit and Falbo 1987,1988。
③ Chen,Rubin,and Li 1994;Falbo and Poston 1993;风笑天 1992;Poston and Falbo 1990。
④ 上海市幼儿教育研究室 1980,1988。
⑤ Tao and Chiu 1985;Tao et al. 1995;Tseng et al. 1988。
⑥ 陈科文 1988;Wu Naitao 1986。

京独生子女和非独生子女的研究指出,独生子女更有可能被同班同学评为自我中心,不太可能被评为具有协作精神、爱争上游、人缘好。① 边燕杰在20世纪80年代中期的天津地区研究(比较375个独生子女家庭和425个非独家庭)发现,一般来说独生子女比非独生子女消费更多的父母的时间和金钱。②他认为,父母的大力投资毁了独生子女,并指出:"大多数人注意到了独生子女不良的心理特征,包括任性、挑剔、自私、嫉妒心重、自满、胆怯、小气、顽固、虚荣、冷漠、自负、肆无忌惮。"③1997—1999年度对二万多名北京高中生的一项调查研究报告称,4％的高中生有轻度心理障碍,28％的高中生心理紊乱,表现为抑郁、焦虑或有敌意。④王裕如回顾了20世纪80—90年代出版的中国独生子女文献,认为他们虽然比非独生子女受教育程度更高、创造性更强、更有兴趣发挥自己的才能,但也比后者更难以与他人和睦相处、处理工作中的问题、培养社会责任感。⑤

这些研究没有发现独生子女和非独生子女之间存在巨大的统计学差异。尽管如此,他们仍然专注于分析在独生子女身份与各种不良特质之间的小型关联。⑥ 这种关注和中国父母、老师和老年亲属所表达的"独生子女适应不良"的担忧相呼应。这和20世纪初美国独生子女研究的

---

① Jiao, Ji, and Jing 1986。
② Bian 1987。
③ Bian 1987:207。
④ 这个研究由中国社会科学院的 Wang Jisheng 教授领导(Tang Yuankai 2001)。
⑤ 王裕如 1999:325。
⑥ Dominic Boyer(2000:466)发现在德国的媒体和社会科学文献中也有类似的倾向,即进行了大量的关于东德人和西德人之间区分度并不大的差异的比较。Boyer 认为:"这种智识劳动从实则片面模糊的一些联想中编织出了所谓有关普遍差异和语义决定因素的黄金知识。" Boyer 并非是在论述有关东德和西德人差异的文献是不正确的,而是指出过于关注这些差异本身就是更宽泛的文化关切的表征所在。我认为类似的过程也运作于独生子女政策提出后的有关中国"被宠坏的唯一的孩子"的话语之中。20世纪初的美国也有同样的现象。

第五章 "惯坏了"：第三世界中的第一世界青年

关切点也有共鸣。① 当家庭规模开始萎缩时，习惯了大家庭生活的美国成年人也有此警觉。然而，经过几代的低生育率，这个警觉消失了。到70年代，大多数关于第一世界独生子女的学术著作集中在探讨独生子女身份的中立或良性的方面。② 随着小家庭日益屡见不鲜，第一世界社会中父母对独生子女的大力投资和高度期望成为司空见惯的现象。第一世界的孩子们并不会让同在第一世界条件下长大的父母们感到讶异。

中国大人对独生子女的不满往往呼应了第一世界几百年来发生的现代化和生育转型过程中，每一代成年人向下一代人所表达的不满。然而，在中国，由于现代化和生育过渡进程过快，这种不适感被加剧了。独生子女的父母老师和老年亲属告诉我，大多数独生子女被"惯坏了"，无法适应环境，"没有适应能力"。他们抱怨说，独生子女往往明显比稍微年长或相同年龄的非独生子女更受娇惯、适应力更弱。他们说独生子女习惯了当家庭中最重要的成员，并以此类比自己是世界上最重要的人。他们哀叹独生子女不切实际的高期望与前几代人所受的节俭、谦卑、自我牺牲和集体主义的教育之间存在鲜明对比。

但在大连城区我所认识的学生只是与父母相比显得太受宠溺，但与全世界的第一世界青年相比却并不过分。独生子女享有的父母大力投资对于在小家庭长大的第一世界成年人来说似乎是自然合理的，后者也有资源为自己和孩子提供第一世界的生活水平。然而，中国独生子女却被认为是"宠坏了"和"无法适应"，因为他们虽有第一世界的期望，却生活在第三世界。这些青少年们对父母的大力投资习以为常，感到自己有

---

① 在19世纪晚期和20世纪初期进行的美国研究（Bohannan 1896, 1898; Bossard 1953; Fenton 1928; Smith 1907; Solomon, Clare, and Westoff 1956）重点关注独生子女身份的不良影响。Judith Blake(1981,1989)、Toni Falbo(1984b)和Vaida D. Thompson(1974)回顾了在20世纪70年代前的问卷调查、学术文章以及大众出版物中表现出的美国人对独生子女的态度，发现独生子女经常被描述为被娇生惯养和难以适应环境。

② Day et al. 1993; Falbo 1984b; Falbo and Poston 1993; Hawke and Knox 1977; Laybourn 1994; McKibben 1998; Polit and Falbo 1988; Polit, Nuttal, and Nuttal 1980; Veenhoven and Verkuyten 1989。

权享有老一辈从未拥有的特权。对于在第一世界社会中经历了较为缓和的生育转型的许多人来说属于标准青年行为的行为，在中国成年人看来却属于过分，因为在第三世界的高生育率家庭中长大的人们需要经受父母依据孩子们的优秀程度选择性分配资源和关爱的严酷考验。

  我在大连城区认识的许多父母仍然生活在第三世界的条件下，即使他们为子女提供了第一世界的条件。青少年们习惯了比父母享有更好的条件，经常把父母的牺牲当作理所当然。这种态度让父母不太舒服，尽管这正起因于父母采取了运用第一世界的生活水平来让孩子占有第一世界的一席之地的策略。父母把为独生子女提供美好生活作为实现最终目标的手段。他们提供的大力投资是为了使独生子女能够取得学业事业的成功，这是子女们将来养老尽孝的必要前提。然而，孩子们把父母供给的第一世界的生活条件视为自己天生有权享有的生活方式。这种权利感让老一辈人深感不安。

私人房间

  1999年，郭达去上成人教育学院，很失望地发现自己得和另外七个男孩共享一个小宿舍。过了几个星期，他离开了宿舍，回家住自己的房间。"我不能住那么挤的屋子！"他向父母抱怨。"我的一些室友总爱抽烟，让我觉得恶心！"

  虽然他的父母担心他每天从家到学校乘坐往返两小时车程的公交车会浪费他的学习时间，但还是勉强同意让他回家住了。他们的许多亲戚听到这个消息时都感到震惊。他的堂姐赵丽丽说："他应该是除了晚上睡觉时间别在宿舍里待。晚上人人都睡着了，没人吸烟。其他时候他去自习室学习。"她直到婚前一直和弟弟同住一屋。

  我在大连城区认识的许多独生子女在上初中前都有自己的房间。他们的父母认为如果让孩子与闲暇时间更多的成人进行娱乐和社交活动的空间隔离开来，他们就能花更多的时间学习。虽然这项策略有效，但也引起了孩子对隐私的期待，而这对于在成长过程中和兄弟姐妹共用空间和物品的长辈们来说是难以理解的。父母担心独生子女在长大成人后将无法适应更加拥挤的居住状况。大多数中国大学宿舍每间房间都有4—12名学生。办公室里也往往是有多名员工。已婚夫妇的家里很少有夫妻能各用一间私人书房。独生子女尽管怀有对第一世界中私人空间的期待，但仍然不得不应对第三世界的空间短缺。

潘娜的父母虽然是低收入的工厂工人，但是为了给潘娜提供好的生活条件不惜花钱。他们的公寓没有洗澡设施和热水。像孙薇的父母一样，潘娜的父母把烧开的水和冷的自来水倒在桶里，沾湿毛巾洗身上，但是每个周末都给女儿钱让她到外面澡堂洗澡。当我在1999年夏天开始辅导她的时候，她刚从小学毕业。当时她和父母在家里唯一的卧室里的一张破旧的床上睡觉，卧室里还有电视机和电话机。然而，当潘娜进入初中时，她的父母搬进客厅，也把电视机和电话机拿到了客厅。潘娜的父亲告诉我："我们不希望她在我们看电视或者打电话聊天时分心，耽误学习。她需要一个自己的房间，这样能争分夺秒地学习。"

潘娜的父母继续睡在他们破旧的床上，但为潘娜买了一张新床和新床铺。潘娜的母亲告诉她："我们想让你睡得舒舒服服的，休息好了，就能精力充沛地听课。"

潘娜虽然很怀念能轻易看电视的日子，但也很高兴享有自己的房间。她把房间收拾得整洁干净，贴满了她所欣赏的电影明星的海报。

潘娜的外婆视力不好，骨质疏松症严重，不能自己做饭或购物。因此，她在四个孩子的家中轮流住，每个孩子每年花几个月时间照顾她。当住到潘娜的家中时，她和潘娜的母亲睡在客厅的床上，而潘娜的父亲睡在旁边的小床上。

有个星期六，我正在潘娜房间辅导她时，她外婆和母亲走了进来，外婆开始往她的床上躺。

"你在干吗?"潘娜惊叫。

"你爸想看电视,但你外婆想睡觉,所以我让她睡在你的床上。"潘娜的母亲说。

"不要让她躺在我的床上!"潘娜喊。"她很脏,味道不好!"

"你怎么能这样说?"潘娜的外婆说。"我是你外婆!"

"忘恩负义的小坏蛋!"潘娜的母亲骂道。"你忘了小时候外婆是怎么照顾你的?你那么干净,还不是因为我们花钱让你出去洗澡!你外婆不出去洗澡,因为她想帮我们省钱,让我们给你买好吃的和漂亮的衣服。我们为了给你省下上学的钱,都不像你一样勤洗澡,你还敢抱怨外婆脏?"

"那好,你可以睡在我的床上。"潘娜告诉她外婆。"但不要脱掉你的衣服,也别用我的被子!"

潘娜的外婆在她床上躺了约一个小时,但后来说觉得听我辅导潘娜的声音比听电视的声音更难以入睡,就回到了客厅。

"我没有不孝。"潘娜内疚地说。"我当然很感激我的外婆。但我刚洗了我的被子,她身上也真的很难闻。你也闻到了,对吧?"我不安地点点头,继续讲解英语语法规则。

潘娜的母亲后来告诉我:"我已经把我的女儿宠坏了,她不在乎别人。所有的独生子女都是这样的。他们习惯了什么都要最好的,从来不为别人着想。"

第一世界的饮食

许多父母为了能让孩子拥有第一世界的饮食条件,将自己的饮食仅限于第三世界的水准。我在大连城区认识的大多数家庭都不阔绰。最穷的家庭都不能保障所有家庭成员一日三餐。即使是中产阶级的家庭也不能随心所欲地购买美味优质的食品。除了最有钱的父母之外,其他父母的饮食花销都低于子女。

1999年荀金的母亲从工厂下岗,她告诉女儿再也不能给她上学期间买零食的钱了。"你要是不给我钱,我在课间休息时买不了零食,我就会饿,不能集中精力上课!"女儿回答。

"给她吧!"荀金的父亲说。"要是这钱能帮助她考上大学,就不算什么。"荀金继续有零花钱买零食,而她的父母在平日为了节省钱而免去了午餐。

这些青少年对食物的态度与父母的态度大相径庭,在食量上很少达到父母要求的程度。多数父母对食物持有第三世界的态度。经历过"大跃进"之后的三年困难时期(1959—1961)的父母将瘦体型与身体孱弱画上等号,觉得自己有责任让孩子尽可能地多吃。然而,青少年对食物有着第一世界的态度。我在大连城区认识的青少年们(包括最贫穷的家庭的孩子)从来没挨过饿,所以他们不像父母那样珍惜食物。不同于他们的父母,他们接受了一个以苗条为美的全球化的审美文化模式。尤其是女孩更害怕肥胖而限制食物摄入。有些学生拒绝吃自己不喜欢的食物。他们不会为丢弃食物感到不安。因为紧张的学习时间安排让他们的闲暇时间所剩无几,所以他们对时间的珍视超过了对就餐机会的重视。他们经常吃少量快餐,以节约时间用于休闲、学习、睡觉和社交。此外他们也吃各式零食,这些零食比他们父母做的饭菜贵得多。父母对孩子们过分挑剔的饮食习惯感到震惊。然而他们也在纵容这些习惯,因为要想让孩子按照自己的期待食量充足,唯一的途径就是用美味昂贵的食物调动他们的食欲。

一些低收入的父母告诉我,他们经常让孩子先吃饭,然后吃剩下的饭菜,而且他们通常在孩子不在家的时候只吃剩饭或者有时索性不吃饭,因为不舍得浪费时间和金钱来为自己准备饭菜。当他们和孩子一起吃饭时,他们自己挑着吃不好的,让孩子吃好的,比如没煮破的饺子、最新鲜的蔬菜、肉最多的猪排。孩子们认为自己吃最好的东西是理所当然。当客人送给了父母昂贵的食品时，父母只略微尝尝，主要都留给孩子吃。他们告诉我，他们中午到饭店吃碗面会觉得后悔花钱，但不惜经常给孩子买昂贵的糖果、饼干和饮料，用来奖励他们考取了好成绩，让孩子能精力充沛心情愉快地上课集中注意力听讲或者在孩子情绪低落时鼓起他们的干劲。孩子考了高分，他们带孩子去昂贵的快餐店（如麦当劳或肯德基）吃饭，以资奖励，但自己舍不得在那儿吃。① 他们把在家里做好的便宜食物带到快餐店吃。技工学校学生陈旭东的母亲经常生病，她在1999年失业期间经常为了省钱不吃饭。她说："我要是早点死了也好，这样就会给我儿子减轻负担。"

学生可以用金属饭盒带饭，在午餐前用学校大蒸笼热饭。这些饭盒里通常都装着前一晚晚餐的剩饭。有些学生因为饭的味道不新鲜不想吃。如果父母还是让他们带了剩饭，这些学生就把饭扔了，之后告诉他们的父母因为挨饿不能专心听课。虽然父母对这种策略有意见，但他们通常会向子女的要求妥协，让他们吃更好的午餐，因为他们不希望小孩的学习能力降低。他们担心便宜的餐馆和街摊的饭不卫生，就给孩子们足够的钱，让他们去更干净更昂贵的餐厅吃饭。

"你们看见我们的学生扔到垃圾堆的食物了吗？"宋爱民在1999年向教师办公室的同事们哀叹道。"他们扔的比吃的还多！我们这些经历过'三年自然灾害'的人永远不会那么浪费。这些学生不知道他们正在扔掉父母的血汗钱啊。父母太惯他们了，等他们长大了一定会难过，因为他们不知道怎么过穷日子。"

"我要是因为浪费时间倒垃圾，考不上大学怎么办？"

"我有两个妹妹和三个弟弟，我12岁的时候就像给他们当妈一样。"

---

① 20世纪90年代，有不少学者在中国的很多地方都观察到家长爱给孩子提供可联想到第一世界生活水准的昂贵餐食（Chee 2000；Gillette 2000b；Guo Yuhua 2000；Jing 2000a；Lozada 2000；Watson 2000；Yan 1997a）。

第五章 "惯坏了":第三世界中的第一世界青年

大学生李萌的母亲在 1999 年告诉我。"我是家里最大的孩子,做饭、打扫卫生、缝纫、洗衣服经常都是我做。再看看我的女儿。她已经 18 岁了,这些活儿都不知道该怎么干!"

在工业化使得教育成为社会经济地位的主要决定因素之前,全世界大多数儿童都是家庭劳动的全力参与者。① 在教育并不带来财富的社会中,儿童把大部分时间都花在劳作而非教育上具有合理性。只有精英让他们的孩子把时间花在接受教育上而不急于工作。然而,工业化后,第一世界的儿童成为教育的消费者而不是劳动的生产者。到 20 世纪中期,第一世界的儿童在家庭劳动中贡献甚小,以至于大多数对北美和欧洲家庭劳动分工的研究都很少讨论这个话题。② 另一方面,第三世界儿童继续充当家庭劳动力资源。

《红灯记》是"文革"期间(1966—1976)的几大"样板戏"之一,其中的一段唱词比较有代表性地反映了将儿童作为家庭劳动者的文化模型。此剧的故事场景设定于抗日战争期间,在一开始,一名出身贫穷不识字的共产党员作为故事的主人公,自豪地用歌声表达对他领养的 17 岁女儿李铁梅的赞美,铁梅的亲生父母也是贫穷的工人,为革命牺牲了。

> 好闺女!
> 提篮小卖拾煤渣,
> 担水劈柴也靠她。
> 里里外外一把手,
> 穷人的孩子早当家。
> 载什么树苗结什么果,
> 撒什么种子开什么花。③

---

① Ariès 1996;Small 2001;Zelizer 1994。
② Baxter 1997;Burggraf 1997;Hartmann 1994;Hewitt 1993;Hochschild and Machung 1989;Nakhaie 1995。
③ China Peking Opera Troupe 1972:2,46—48。

173

有时独生子女父母们在提到自己年轻时的生活时会引用这段歌词。它意在赞颂李铁梅和像她一样的贫苦家庭的孩子在小小年纪便很早熟地担当家庭劳务,在共和国成立前的精英家庭里饱受宠溺和受教育程度高的孩子们很少能有这种可贵的品质。李铁梅的养父和养父的母亲和我在大连城区认识的一些孩子的祖父母一样,都不识字。

许多父母告诉我,当他们十几岁时在收音机上收听《红灯记》时,对李铁梅的生活很容易感同身受。他们告诉我他们每天花很多时间做家务、在地里干农活,或照顾他们的弟弟妹妹。在少数情况下,父母们会允许一个天资聪颖的儿子专注于学业而不用做家务。其余的孩子不能以学校作业为由推卸家务。人们靠初中文凭就能找到工作。"文化大革命"期间高等教育既不受重视也难以获得。"文革"前后受过高等教育的人可从事精英工作,但当时有很多孩子的父母并不拼命地要求每个孩子得到精英的工作。当家里有活儿要做的时候,父母会让女儿和不太有才能的儿子停下学习去做。即使那些被父母鼓励要好好学习的孩子也不会觉得家务劳动和学习有太大冲突。因为大多数学生都花了部分时间做家务,学习的竞争并不那么激烈,不需要每个学生都争分夺秒地学习,以免落后。

然而,我在大连城区认识的青少年是在一个把教育作为社会经济地位的主要决定因素的体系下长大的,没有父母能够担负起忽视孩子教育的责任。在一个大多数家长希望孩子通过学业成就获得精英地位的体系中,即使是穷人家的孩子也不会"早当家"。在我的问卷调查中,我发现被调查学生的家务劳动倾向与家长的教育水平、消费模式或职业状况并无多大关联。像富裕的父母一样,低收入家长也想让孩子们有尽多的机会获得学业成功。学生的时间弥足珍贵,不能浪费在琐事上。大多数父母会在学生放学回家时就做好晚饭,黎明前起床准备早餐,让孩子们可以一起床就吃到早饭,孩子们花几分钟时间快速吃完早饭便赶去学校。

当孩子们有闲暇时,女孩往往会被家长逼着做家务,而男孩更有可能放松休闲。然而,当沉重的学业负担让孩子们没有了空闲时间时,性别与家务负担之间便几乎没有相关性。因此职业中专女生做的家务劳动明显比男同学多,初中的女生比男同学略多做家务,高中的女生与男生的家务劳动量大致相同(见表13)。

表13 常做家务的被调查者的比重

	"我经常做饭"	"我经常打扫卫生"	"我经常洗衣服"
普通高中			
女孩	6% (N=393)	34% (N=394)	26% (N=394)
男孩	8% (N=366)	33% (N=366)	21% (N=364)
初中			
女孩	14% (N=362)	56% (N=362)*	47% (N=363)***
男孩	19% (N=323)	44% (N=362)*	33% (N=321)***
职业中专			
女孩	18% (N=528)	59% (N=529)***	56% (N=529)***
男孩	16% (N=220)	44% (N=221)***	36% (N=221)***

来源:作者1999年的问卷调查。
* $p<0.05$
*** $p<0.001$

我在大连城区认识的学生觉得自己完全有权利享有不做耗时过多的家务劳动的自由。对于第一世界的人来说,这种权利感不值得大惊小怪,因为在很多代人当中儿童的家务责任已经轻松了许多。但是,我在大连城区认识的父母在自己的童年时分大部分时间都在做家务,所以觉得这个问题更为棘手。虽然他们给自己的孩子不做家务活动的自由,但他们并没有觉得孩子天生有权利如此。相反,他们认为这只是一种节约学习时间的手段。因此，虽然学习的重要性超过了家务，家务的重要性也该大过休闲。当他们的孩子在不学习的时候拒绝做家务，父母就会觉得苦恼。

王松上高中的时候，父母很少要求他做家务。他的父亲告诉我，有时他会把水果和饮料送到孩子学习的地方，节省儿子去冰箱拿东西的走路时间。他的母亲告诉我，她每天早晨在儿子起床前把牙膏挤在儿子牙刷上，这样可以让他多出几秒钟的宝贵时间来准备上学。在1999年他高考失利后的那个夏天，他的母亲试图让他帮忙做家务。

"关了电视机来帮我做晚饭！"王松和我在客厅一起看电视剧时，他母亲说。

他拒绝了，因为他不想错过这个节目。"不要说话了！"他告诉母亲。"我听不到电视声音了！"

"你不觉得对不起妈妈吗？我为了能送你出国，每天工作挣钱，晚上赶回来做饭。你要是在向冯老师学英语，我就不叫你帮忙了。但现在你只是在看电视！又不是什么重要的事！"

"这个节目对我很重要！"王松坚持说。

"我的儿子太懒了。"他的母亲对我哀叹。"我已经把他宠坏了，他认为我做什么都是理所当然的。"

1999年，卢晶在读初中的最后一年，她的母亲邀请我到她家做家教。当卢晶尝试帮忙做晚餐的时候，母亲把她推开了。"每一分钟都要花在学习上。"她的母亲告诉她。"不要浪费时间进厨房。"

"你为什么不教我做饭？"卢晶抗议。"我成家以后该怎么办？"

"你要是努力学习考上大学，找个好工作，就可以买饭吃，再雇个用人，根本不用做饭！"她母亲回答说。

但后来卢晶没考上高中，她母亲的态度改变了。"我妈说，既然你现在上中专，有了好多时间，你该学学要想当一个好妻子和好妈妈需要做什么了。"卢晶告诉我。

起初卢晶想学习如何做饭。不过没过多久她就厌倦了，尽可能逃避做饭。

"你难道不想学做饭，为自己将来成家做准备？"我在2000年拜访她家时，她母亲问她。

"想啊，但我已经学会了！"卢晶说。"我不需要每天做饭！"她说。

大连城区的大多数学校没钱雇清洁工来完成全部房间的打扫。所以他们要求学生轮流做清洁工作。老师们对我抱怨说，与前几代人相比，独生子女在做这些活儿时的意愿和能力差远了。"当我上学的时候，大家都毫无怨言地帮忙搞好学校卫生，有些同学甚至抢着干活，来展示我们的集体主义精神。"一位名叫任俊的中年女高中老师在1999年告诉我。"但是现在学生都是独生子女，父母从不让他们干活，所以他们很懒，到了学校也希望自己能像在家里一样被宠着！"

独生子女也承认自己一涉及干活儿就比较懒，但也坚持说这是因为他们有更重要的事要做。比如，在1998年的一天，当一个高中班里轮到徐雪莹去倒教室垃圾时，她向同学们抱怨说："我要是因为浪费时间倒垃圾，考不上大学怎么办？"

"独生子女不懂顺从"

"哈佛学生一定都无忧无虑吧。"1999年，当我正在辅导职业中专生刘洋时，他说。"他们都是人生赢家啊，所有的门都对他们敞开。"

"不一定啊。"我回答。"即使是哈佛大学的学生也不可能样样都心想事成。我知道许多人都为自己的课业、人际关系、课外活动和求职感到担心和不愉快。每年哈佛都有学生自杀。"

"他们为什么要这样做？"刘洋问。"如果我考上了哈佛，我就什么都不担心了！就算在一件事情上失败了，名牌大学的学生还有许多其他的

177

成功机会呢!"

"他们的确比世界上大多数人有更多的机会,但他们也有更高的期望,所以即使是小小的挫折也可能是毁灭性的。"我说。

刘洋的堂姐唐海荣是一位二十六岁的妻子和母亲,她说:"现在独生子女这么多,这种问题也会在中国更常见。我们听到的中国学生自杀的报道越来越多了。独生子女都被惯坏了,不知道怎么处理失败。他们有不切实际的期望,期望落空时就束手无策了。他们习惯了当家庭中最重要的人,一到社会上变得没那么重要,就适应不了。"

"不是所有的独生子女都是这样!"刘洋反驳。"我就不是。这一切都取决于个人的个性和能力。我的一些朋友在刚开始工作时受不了别人的批评,但我不会这样!"

"你算是比较好的独生子女。"唐海荣委婉地说。"但是我知道的大多数独生子女都被宠得很厉害。"

"但是你也来自一个小家庭。"我对唐海荣说。"你只有一个弟弟。为什么你会和独生子女那么不一样?"

唐海荣说:"虽然我只有一个弟弟,但我知道了我不是世界上最重要的人。家里有了什么好东西,独生子女会当即认为它属于他们。他们预设他们最有权利优先得到最好的东西,也习惯性地认为自己能得到好东西。他们不习惯关心别人或照顾别人。但是如果你有一个兄弟姐妹,就会不一样。例如,如果有人给我妈送了一个漂亮的皮革钱包,我并不会天然地认为这是我的,因为它可能更适合我弟弟。我一直照顾我弟。有时我给他洗碗。他也照顾我。有了什么好吃的,他不会都吃掉,会留些给我。兄弟姐妹之间习惯了与其他人共同生活、互相分享,愿意为了全家人享更多的福而自己吃苦。但是独生子女不是这样。"

"这种差别对独生子女进入社会有影响吗?"我问。

"当然有!"唐海荣回答。"独生子女不懂顺从。在家里,每个人都让着他们。在学校,他们可以和别人打架,但不用担心。他们可以只和喜欢的朋友来往。但在社会上,你必须对有权的人毕恭毕敬,哪怕心底里讨厌他们。在学校里,如果你惹恼了朋友或让朋友丢了面子,很快就能跟朋友和好。孩子们很容易原谅别人,这方面问题不大。但在社会上问题就大了,如果你让某人丢了面子,那个人就会对你永远有意见。我办公室最近聘用的两名文员是独生子女,很明显他们与其他人不同。一次,大家吃完午饭,老板没洗饭盒,他的饭盒放在其中一个独生子女职员的饭盒旁边。这个职员不给老板洗,并抱怨说他该自己洗!最后,另一名员工洗了它。"

"这么点儿小错重要吗?"我问。

"小错会酿成大错!"唐海荣说。"独生子女不知道韬光养晦,以免惹恼上司。他们也不知道该怎么讨好上司,不谈论上司过错。各地的年轻人都必须从底层开始起步,需要学很多的东西,但独生子女并没有意识到这一点。他们只是希望尽快出人头地,展现自己的能力。但是他们这样做会被解雇的。聪明的办法是只在关键时刻运用自己的能力,而在其他时间一定要给足上司面子,不要显得自己其实比上司能干。社会关系对每一个人来说都是难题,特别是对独生子女更难,因为他们没有过和兄弟姐妹之间互相给予和索取的经验。社会关系是一门终生要学习的学问,没有人会真正掌握所有要领,但是独生子女要落后很多。当老板犯错的时候,独生子女可能会批评老板,而不是把批评压在心里,虽然这样心里不舒服。即使批评得对,老板也会解雇他们,因为老板很在乎面子。"

"但这不是独生子女的错!"刘洋反驳。"这只是显示老板素质低!当我这一代人当了老板,就不会有这种问题,因为我们素质高。"

"不对。"唐海荣说。"这永远不会改变。这不是素质问题,而是中国文化问题。中国人一直都在乎保护自己的面子。就像中国古代一样,即使臣子向皇帝提了正确的批评,皇帝也会因为丢了面子而一怒之下处决了臣子。之后皇帝会采纳那位臣子的建议,因为皇帝知道自己的想法是错的,臣子是对的。"

"独生子女没有适应环境的能力"

我在观察学校班级时,注意到学生经常因学业或社会关系的挫败而流泪。虽然一般来说男孩比女孩、年纪大的学生比年纪小的学生更少哭泣,但有时即便是18岁的男孩也会哭。在一个高中的高三班级里,每周都有几起哭泣事件。眼泪通常引起同学的同情而不是嘲笑。然而,教师更倾向于斥责学生缺乏适应环境的能力。教师们抱怨说,他们在20世纪90年代后期所教的独生子女比前些年所教过的非独生子女更为高傲和敏感。"如今,所有的学生都是独生子女,他们的父母期望他们成为最棒的人,所以不能忍受失败,一旦考了低分就会哭。"一名名叫彭逢春的中年高中老师在1999年告诉我:"当然有些学生要比别人得分低一些。在全国所有班级都不可能全部学生都始终拿到满意的分数。独生子女无法适应自己的环境。当我80年代初开始教学时,学生在得分低的时候会觉得难过,但是他们都仍然有能力承受。"

在高三英语教科书上有一篇课文以简化浓缩的笔法改写了威廉·莎士比亚(William Shakespeare)的戏剧《威尼斯商人》中法庭审判的高潮片段。一位名叫刘红颜的英语老师很有创新精神,她经常对"应试教育"表达不满。在1999年,她决定把授课方式改为让学生们自愿分组表演这个片段,以此作为尝试"素质教育"方法的良机。喜欢英语的学生们很高兴能有机会参加这项新颖的活动,热切地自愿组成小组,我也给他们提供了指导。刘红颜说到周末每个小组将在全班同学面前演出,表现最好的团体将在家长会上表演。表演者们在午饭时间和放学后每天都花好几个小时背诵台词和排练,并且设计道具和身体动作,来让表演更加生动。

学生们在45分钟的英语课上进行了表演。全班同学都很喜欢看演出，在剧情严肃的时刻很投入专注地观看，在幽默夸张的时刻则放声大笑。到下课时还有一个小组没有表演。当那个小组的成员发现没有足够的时间表演时，情绪很低落。扮演故事叙述人的刘娜和扮演夏洛克的女孩周波哭了起来，后来一整天都很难过。

"我花了很多时间记台词，连睡觉时都在背诵它们！"周波啜泣着说。"我们排练得那么好，我非常希望班上同学能看到我们准备的成果。别人能演，我们不能，这不公平！"

刘娜告诉我："我父母在家长会上看不到我表演会很失望的，何况我还是英语课代表！"

刘红颜提出要让那个小组在家长会上表演。有些组员有兴趣，但其他组员表示他们因为不能在同班同学面前表演感到很难过，已经对演出丧失兴趣了。张雅蓓说："我再也不想再看这些台词了。"

刘红颜告诉我："我们在这个小组可以表演之前用完了时间，我对此感到内疚。但是我觉得这些学生反应也太过度了。他们应该把这看作是一种学习经历，帮助他们锻炼自己适应环境的能力。将来他们在生活中会遇到很多次努力工作但劳而无功的情况。但他们都是独生子女，习惯于父母尽可能地给他们创造展现自己能力的机会，一旦到学校得不到这样的对待就忍受不了。"

1999年，在一次高中教师会议上，管理人员江风来警告教师要谨慎行事，不要让学生们有太大压力。他说："现在所有的学生都是独生子女，所以在心理上不健康。全国各地都有一些学生仅仅因为类似于被老师叫到教室外面罚站的小事就自杀了。"

"我很担心我的女儿。"何鸿的母亲在女儿2000年参加高考的几个月前告诉我。"我知道我很幸运有一个全心全意投身学业的女儿，还有很多人因此而羡慕我。但是我担心她如果遇到挫折将无法适应。我的同事的女儿在高考考砸了以后疯了。现在她整天就待在她房间里，嘴里念叨着：'我想上大学'。"

受宠精英的世界

在其父母经历过父爱母爱匮乏的情境下,我在大连城区认识的独生子女确实显得太受宠爱了。然而,当把他们与其渴望成为的第一世界的精英做对比时,会发现他们的要求和期望并无任何异常、不合理或过分之处。2002年,在完成本章初稿之后,我向本章提到的一些独生子女和家长读了关于第一世界育儿做法的一些中译版描写。在此过程中,我了解到若以中国标准看,第一世界的成人与儿童都显得备受娇惯。

1998年,意大利的总和生育率为1.2,是世界上生育率最低的国家之一。①伊丽莎白·克劳斯(Elizabeth Krause)、简·施耐德和彼得·施耐德(Jane Schneider and Peter Schneider)发现,渴望升入城市中产阶级的意大利人不断增长了育儿成本,促使意大利生育率骤然下跌。② 克劳斯在其1997年的田野笔记中描述了意大利独生子女母亲卡洛塔如何感觉到再生一胎会造成大的负担,而后引述了她的话③:

> "什么东西都得是名牌。去年爱丽丝(当时准备升入三年级)有一个价格30000里拉(18美元)的便宜书包。所有的孩子都会看她,所以今年我花了130000里拉(78美金)给她买了有美少女战士图案的背包,就是中学生常用的那款。不然你会被当作底层或贱民(意大利语为genterella),被人瞧不起。"
>
> "啊。"她的婆婆插话说。"大家其实都是底层呢。"
>
> "的确是。"卡洛塔说。"但是每个人都想掩饰,想要人前显贵。"

"在中国也是这样。"卢晶的母亲告诉我。"富裕的父母会给孩子买名牌货,倒不是因为这些东西有多好,而只是为了炫耀。有些孩子总是

---

① U. S. Bureau of the Census 1999。
② Krause 2001;Schneider and Schneider 1996。
③ Krause 2001:592。

向父母抱怨说他们用的东西不如同学的好,父母就会竭尽所能地给他们买任何想要的东西。但同学们仅仅因为一个人背了便宜的书包就鄙视她是不对的。"

"如果其他人都用一个名牌东西,我也想要。"卢晶告诉我。"多花点钱买名牌东西是很值的,名牌东西更结实耐用。但我不会要求买个人民币624元(78美金)的背包!这太奢侈了。"

2002年,意大利最高上诉法院裁定一名30岁的男子起诉他的父亲胜诉了。他父亲是一名著名的70岁的医学教授,拒绝给儿子每月的抚养费,因此被起诉。这位男子有自己的财产,拿了法律学位,身体健康,自己还有信托基金,但由于无法找到符合他的高期望的工作尚处于未就业状态。法院裁定,只要"劳动条件不符合他的特定资质、态度和实际利益,在一个有限时期内可以合理地预期他能找到符合期待的工作,父母资助与家庭经济条件不发生冲突"①,他就能享有索取父母资助的权利。

"儿子起诉老爸来要钱真是可耻。"郭达的父亲告诉我。"但是在中国,他们用不着起诉,因为父母甘愿一辈子养活自己的孩子。要是我有钱,我愿意一直抚养儿子,只要他需要我。但是我的工厂都快破产了,我都不知道能不能领到养老金。所以郭达只能靠自己了。"

"在中国,父母都愿意给孩子钱。"郭达同意父亲的说法。"我表哥都30岁了,父母出钱给他办了婚礼、买了房。但当我30岁的时候,我不想给父母添负担。到时候是该我养父母而不是他们养我!"

许多大连城区的人虽然愤恨日本曾经殖民过大连和中国,但认为日本为一个曾经贫穷的亚洲社会如何能够迅速发展现代经济并跻身于第一世界树立了榜样。尽管日本获得了中心区域的地位,但日本却为总觉得"落后"于美国、需要"复制"美国的方法来提高或至少维持本身在全球

---

① Riding 2002,Plesset 2002。

阶序中的地位感到困扰。① 像中国一样,在日本,现代化文化模式的迅速普及导致生育率降低、父母对子女加大投资、教育体系竞争极为激烈并需要人们保持持续学习状态。基于洛伊斯·皮克(Lois Peak)关于日本从家庭育儿过渡到幼儿园育儿的观察②,安妮·艾里森(Anne Allison)写道:日本母亲对孩子很宠溺,尽管她们承认"把儿童作为家庭的中心,母亲心甘情愿地沉溺在和一个受宠的依附者的关系之中"(这种宠溺行为被日语称为 amae)对于学生的行为导向有害无益。③ 基于20世纪80年代末期的实地调查,艾里森发现,她儿子的学前班同学们的母亲每天早晨花费25—45分钟准备非常精美的午饭便当(obento),让孩子带到学校。④ 根据她于1988年至1991年在日本的研究,玛丽·怀特(Merry White)⑤发现父母在十几岁的孩子身上进行了大力的投资。她写道:"许多中产阶级的母亲被迫以低廉的工资从事兼职工作,来为孩子们的奢侈需求买单,比如让孩子上学习典雅餐桌礼仪的课程、度假旅行以及交付孩子因尽情冲澡、开灯至深夜、打电话煲所耗费的大量水费、电费、电话费。许多父母因此而负债,需要通过分期付款来购买钢琴、电脑或摩托车这类能为青少年提升身份的物品。"⑥

荀金和她的父母告诉我说,上述日本做法让他们想到了中国的家长,但日本家长的行为更"极端"。

"这些妈妈花很多时间为孩子们准备午饭便当是挺好的。"荀金说。"我妈永远不会花这么多时间为我做这件事。但是我也不需要她这么做。这太浪费时间了!"

她的妈妈笑言:"我要是像这些日本妈妈一样有钱又清闲,可能我也

---

① Miyazaki 2003。
② Peak 1991。
③ Allison 1996a:107。
④ Allison 1996a:89。
⑤ White 1988,1993。
⑥ White 1993:106。

能做到。我知道中国的一些阔太太不必工作,每天除了费尽心思给孩子做好吃的、买各种各样的东西,她们也没什么其他要紧事可干。"

"荀金请我们给她买一台电脑,等我们攒够钱就买,因为电脑可以帮助她学习和找个好工作。"荀金父亲说。"但是谁会借钱给孩子买钢琴和摩托车?这太过分了。"

美国父母生活在资本主义世界体系的顶端,有条件宠溺孩子和尽可能满足自己需求,比起日本和中国父母可有过之而无不及。青少年对私人空间、零食、免于劳务的自由、学业和事业上的他人认可的需求很少成为美国学者关注的焦点。美国学者更倾向于关注阻止一些青少年实现每个美国人都预期自己可获得的社会经济成功的因素。米哈伊·奇克森特米哈伊(Mihaly Csikszentmihaly)和他的合作者研究了为什么许多在刚上高中时被老师认为"有才华"的青少年未能发掘自己的潜力。他们让两个著名的美国郊区高中的249名学生在1985—1986年学年期间在一周内的任意时间随手写日记。作者引用了一个名叫桑迪的学习很好的14岁女孩在周五上午8点35分写的日记①:

> 我很讨厌我的妈妈。我就要去上学了,现在我本该在那里。我的小弟弟想骑他的自行车上学,妈妈让我给他车锁。我还以为她的意思是要开车送我去上学。到了该走的时候,我上楼说:"我们走吧。"她开始吼我:"你怎么没坐公交车去?你为什么这么恨我?为什么你要尽力破坏我的生活?"我们大吵了一架,然后她开始哭泣。她说你走路去学校吧。那有约2英里的路程。我根本没办法准时到达。所以我现在还在家里,上学迟到了。

当天晚些时候,桑迪写她的母亲"收拾行李离开了",导致桑迪担心她不会再回来了(尽管母亲当天晚上回了家)。桑迪给父亲打了电话,父亲从工作单位赶回家,开车送她去了学校。她躲进了学校卫生间的小隔

---

① Csikszentmihalyi, Rathunde and Whalen 1993:3. 经剑桥大学出版社同意授权转载。

间里哭,没有去上课。奇克森特米哈伊与其合作者以桑迪的日记来例证,阻碍她追求学业成功的一个因素是"她的大部分注意力或心理能量都被如何在家人和同龄人中求得生存发展的问题占据了"。①

不过,刘娜和她的父母关注的是桑迪和她母亲都显得太不理性了。

刘娜的父亲说:"那个女孩应该走路或坐公车去上学。一到学校她就该去上课,而不是去厕所里哭。但她妈也不理性。她干吗要又吼又哭呢?她是一个母亲,可行为像一个孩子。为什么她把她女儿的自行车锁给她的儿子呢?也许她更喜欢儿子。"

"这个女孩真的被宠坏了。"刘娜说,"她妈妈告诉她坐公车或走路,这是合理的。如果我是她妈,我也会生气。但她的妈妈不应该大喊大叫,也不应该哭,她应该好好解释说她只是想让女儿更自力更生一点儿。"

刘娜说:"那个妈妈因为一点小事就对她女儿大喊大叫,真是太糟糕了。如果我生气,我可能会和这个女孩有一样的行为。中国的父母对子女更宽容。孩子可能会气得跑掉,当妈的不会!"

奇克森特米哈伊和他的合作者发现,他们的样本中的青少年把大部分时间用于休闲娱乐而非做家务、学习或工作赚钱上(见表14)。大连城区独生子女及其父母告诉我,中国的高中生和这些美国样本中的优秀学生用于做劳务活儿的时间量大致相等,但不管是多么受家长宠溺的中国高中生在休闲娱乐上花的时间都要少于后者。他们告诉我,他们更愿意生活在一个竞争不那么激烈的体系中,这样即便一些学生用于休闲娱乐的时间多于学业上的投入,也依然可被视作拥有别样的天分。

---

① Csikszentmihalyi, Rathunde and Whalen 1993:3。

表14 1985—1986年两所美国高中学生在某上学周的日间活动时间分配

	"有天赋的"学生（$N=208$）	"普通"学生（$N=41$）
生产性活动		
做作业	16.32%***	10.38%***
学习	12.19%	10.90%
工作	1.60%**	4.94%**
休闲活动		
社交	13.43%**	18.08%**
运动和游戏	2.70%	3.96%
看电视	11.67%***	6.17%***
听音乐	1.70%	1.76%
艺术和爱好	4.25%***	1.22%***
阅读	3.43%	3.22%
思考	3.51%	2.52%
其他	1.11%***	3.08%***
养生与杂务活动		
吃东西	5.05%	5.88%
个人保养	7.06%	7.18%
家务与琐事	4.73%***	11.86%***
休息和小憩	3.23%	3.05%
其他活动	3.15%	2.19%

来源：参见 Csikszentmihalyi et al. 1993：37（表5.1）。经由剑桥大学出版社授权在此翻印。
** $p<0.01$；*** $p<0.001$

王松的母亲不赞成表14中的普通学生的家长想当然地让孩子们花更多的时间在工作而非学业上。王松的母亲说："笨鸟先飞。"这是一句中国的老话。"如果一个孩子没有天赋，父母更应该让孩子少花时间做家庭杂务，把更多时间用来学习。他们应该为孩子请家教，送孩子上私人辅导班。让孩子做家务和干工作是为了训练他们独立,而不是为了干扰他们学习。"

王松的父亲说:"美国的做法更好,可以让孩子们学习到多方面的知识。但他们花那么多时间娱乐休闲,这对中国学生来说是难以想象的。父母和老师不会允许这样,因为竞争太激烈了。中国学生必须花全部时间学习。"

"美国学生可以把那么多时间用来娱乐休闲,还能学业成功,真不公平。"王松说。"我希望中国也能这样。这样我们就会更快乐,可以通过听音乐、看电视以及和朋友一起玩来培养我们的能力,而不是花费太多的时间在学校学习无用的东西。"

芭芭拉·施耐德(Barbara Schneider)和大卫·史蒂文森(David Stevenson)发现,20世纪90年代的美国青少年与20世纪50年代的美国青少年相比,怀有更不切实际的想要获取高等社会经济地位的雄心,远远不如后者务实。[1] 有研究者分析了"青年与社会发展斯隆研究"的结果,发现在1992—1993年被调查的3891名美国青少年中有17%的人[2]期待成为医生或律师,尽管医生和律师只占美国劳动力的不到1%(根据1990年美国人口普查)。[3] 在20世纪90年代,雪莉·奥特纳(Sherry Ortner)研究了她的1958年毕业的高中校友,发现这些生育率低的"生育低谷"家庭在养育"X代"(译者注:也即被遗忘的一代)的子女时怀有很高的期待。几位父亲告诉奥特纳"他们刻意宠爱孩子,希望孩子能迷恋生活中的美好事物,并为了得到这些事物而努力拼搏"。[4]

---

[1] Schneider and Stevenson 1999。
[2] 斯隆研究从具有多元种族、社会经济、学业成就背景的人中抽取调查对象,调查对象涵盖了美国12个地点的33所学校中六年级、八年级、十年级以及十二年级的学生(Hoogstra 2000)。
[3] Asakawa, Hektner, and Schmidt 2000:45。
[4] Ortner 1998:429。

第五章 "惯坏了":第三世界中的第一世界青年

"那些父亲初衷很好,但他们的孩子真的会努力吗?"当我向何鸿讲述奥特纳的文章以及施耐德、史蒂文森和斯隆研究的研究人员的工作时,她问我。"或者他们就像中国的私立学校的学生一样,这些学生的父母每天开车送他们上学,会让他们认为自己优于别人?"何鸿接着说,她和她的非重点高中的同学们都期望得到高薪的专业性岗位的工作。"没有人想在工厂工作。"她说。"即使是那些不好好学习的人都说他们会想办法赚钱。"

"在中国也是这样。"何鸿的母亲说。"大多数中国的家长不想让孩子受苦。当我们小的时候,我们受的苦太多了。但是,如果从没受过苦的孩子遇到困难,他们将怎么承受?"

"在中国,我们的孩子也想成为医生或律师,或者做其他白领工作。"何鸿的父亲说。"我们年轻时对工厂工作感到满意,但是我们希望我们的孩子一直往上走,进入白领阶层,不要在工厂上班或者做其他的低层次工作。一对夫妇结婚之后,他们会精打细算过日子,省下钱来为孩子们创造好的条件,让他们能好好学习。孩子习惯了过好日子,就想要做白领工作,过得更好。"

第一世界青年共享的很多期望在中国人看来不切实际,在中国,私人空间、休闲时间、精英工作以及昂贵奢侈品的购买力要比在第一世界更为稀缺。我在大连城区认识的父母认为孩子想要奢侈品是因为家长太宠孩子,但同时又不希望自己的孩子降低自己的抱负。相反,他们希望孩子雄心勃勃,但要保持谦卑,对父母的大力投资心怀感恩,认识到他们最终得靠自己而不是依靠父母来获得他们所期望的良好生活条件,也不要在得不到这种条件时情绪低落。施耐德和史蒂文森也同样没有建议美国青年降低自己的抱负。相反,他们建议父母和国家应通过加强一些要素来帮助青少年实现远大的理想,而正是这些要素在分层体系中制造了竞争压力:父母应该增强对儿童教育的投资,青少年应该在更小的年龄开始为大学考试做准备,高等教育体系应该让学生更容易获得学士学位。① 这个建议背后隐含的一项预设是(许多中国的学生、家长和官员也有此预设),越来越多的精英工作的机会将会向志在于此、具有自律精神、能力储备良好的青年敞开。虽然这种机会受限于资本主义世界体系内在的各类不平等因素,但这一体系所仰赖的基础,正是世界各地的人们为了能让孩子,或者自己和孩子一起最终步入全球精英的行列所做的牺牲。

---

① Schneider and Stevenson 1999:245—264。

结语　开拓通往第一世界的道路

中国的知名作家鲁迅在1921年写道[①]:"希望是本无所谓有,无所谓无的。这正如地上的路,其实地上本没有路,走的人多了,也便成了路。"

鲁迅是1919年五四运动的领导者之一,为中国施行现代化文化模型铺设了主要的思想根基。他这段有关道路由努力向某个方向开拓的人凭借坚强意志创造的表述引人入胜,常会在人们谈到应加强中国与资本主义世界体系的联系时被提起。中国前最高领导人江泽民曾在1996年的亚太经济合作组织会议上,谈到成员国应该"开拓前进,不断丰富和充实我们的合作经验,为加强亚太经济合作走出一条路来"[②],并引用了这段话。

1997年,时任美国副总统的艾尔·戈尔(Al Gore)先生在中国著名高校清华大学发表演讲时也引用了鲁迅的表述。但是,戈尔重在强调资本主义世界体系而非个体能动性所具有的变革力量。在这个演讲中,戈尔还表示:"中国正在进行深刻的变革,发生日新月异的变化,任何来访者都不能无视这一点。正如我在演讲开始时所说的,美国人主要关心的

[①] Lu Hsun 1978:64。
[②] Jiang Zemin 1996a,1996b。

不是过去如何，而是未来如何。我们认为变化是生活中唯一的常量。我们必须接受改变，因为这是不可避免的。而我们认为只有乐于接受改变和挑战的人类制度安排才能最持久。"①

中国独生子女政策下的一代儿童是在需要适应现代化文化模型所要求的变化的情境下出生和被养育的。我在大连城区认识的独生子女其实也像鲁迅、江泽民、戈尔一样常常用道路为比喻来形容他们的希望。但是他们谈论更多的是在追求精英教育和工作的过程中，如何出现了"千军万马挤在同一条路上"的情况。

他们仍然在这条路上努力前行。虽然他们的经历是由自己独特的情况塑造的，但他们的希望和恐惧也与其他社会——同样施行现代化文化模型并随之出现低生育率的社会——的同辈人产生了共鸣。

在连续几代人生育率较低的社会中，低生育率家庭的孩子们普遍经历的父母大力投资和巨大的期望显得天然合理。然而，在大连这样的中国城市，20世纪60年代和20世纪90年代长大的两代人之间的鲜明对比表明这种投资和期望是现代化文化模型的组成部分，而低生育率既是这个文化模式的征兆，又是其成因。随着世界上越来越多的社会进入现代化，全球生育率有所下降，全球心怀加入精英行列的梦想长大的年轻人也日益增多。这些年轻人无须与诸多兄弟姐妹竞争家庭资源，但却置身于一个由严重的不平等构成的资本主义世界体系中，需要应对更加激烈和高风险的精英地位之争。

中国制定独生子女政策的初衷，是要创造出一批具有资源和雄心的"高素质"人才，增强中国在资本主义世界体系中的竞争力。我在大连城区认识的青少年在生长过程中被赋予成为第一世界一员的雄心，但常常为父母的低收入以及享有第一世界生活方式的教育和就业机会的匮乏而倍感沮丧。政策导致的生育转型固然加速了现代化进程，也造成了学

---

① Becker 1997；Gore 1997。

历膨胀、父母对孩子成功的不切实际的期望、父母养老需求难以满足之忧,人们普遍抱怨一代独生子女被"惯坏了"。虽然在全世界许多发展现代经济的社会也出现了类似问题①,但在中国城市,由于独生子女政策以超乎寻常的方式加快了生育率的迅猛下降,问题尤为严重。

想要获得第一世界生活条件的要求在第一世界十分寻常,但以在第三世界条件下长大的父母的标准来看,就成了非分之想。在一个想要获得精英地位的人的数量远远超过了相应机会数量的世界中,想要排除万难赢得此身份的渴望也显得很成问题。虽然独生子女总被外界施压,被推动着在通往第一世界精英职业的狭窄道路上勉力前行,但当他们在这种压力下崩溃的时候,又总会被批评为"无法适应环境"。

父母们告诉我在自己的年轻时期精英地位的竞争远远没这么激烈。20世纪80年代至90年代,各个社会经济水平的家庭都在普遍采取低生育率和对孩子的大力投资,但在20世纪50年代和60年代这类做法仅限于少数精英阶层的家庭。在1970年之前,大多数父母都有多个孩子,但是将其有限的资源集中在少数几个人(通常是最有天赋的儿子)身上,对女儿和不太喜欢的儿子则投资很少,也不太强制要求其获取成功。因此,大多数在20世纪50年代出生的独生子女父母在成长过程中都没有被其父母期待过要追求精英身份,也没有被提供过助其赢得此身份的资源。他们有许多兄弟姐妹可以在父母养老方面提供帮助,在父母需要的时候提供金钱和其他帮助,因此那代人不需要像独生子女一样那么迫切地要找高薪工作。另外,当时平等主义的社会主义政策使精英阶层和非精英阶层之间的社会经济差距很小,许多青年认为不值得通过辛苦取得学业成就来赢取精英地位。当时精英工作很少,渴求者也少。

---

① 有关在许多社会学历通胀所引发的问题的讨论,参见 Dore 1976;Collins 2002;Inkeles 1974;Portes 1976。

但对在 21 世纪初开始长大成人的独生子女来说情况很不一样。每个独生子女都需要找一份薪资足以满足多个亲属需求的工作。所以每一个独生子女不论是男孩女孩，也不论能力高低，都渴望获得精英地位，尽管只有少数人能够实现这一目标。作为国家认定的现代化先锋，独生子女被赋予了把自己、家人和国家勉力带到阶级结构的顶层位置上的责任。随着中国为了提升本国在资本主义世界体系中的位置而实践某些资本主义的做法，这一阶层结构和资本主义世界体系本身的构型一样，日益类似于金字塔。独生子女的父母允许孩子们过支出高于父母收入的生活，是因盼望孩子能通过大力投资爬上金字塔的顶端，但孩子们却相信自己天生具有享受第一世界的富裕生活的权利。虽然家长鼓励了孩子的这种信念的萌生，但为独生子女的权利意识与其家庭和社会的有限资源之间的矛盾感到不安。年长的人抱怨独生子女被宠坏了，因为发现孩子们竟然觉得在大多数人不能成为精英的世界中自己有权利和资格获得精英地位。按照这个定义来看大连城区的独生子女被过于宠溺，但这些孩子与其生长过程中争相效仿的第一世界的年轻人相比并不过分。

由于父母们宁愿负债也要给孩子创造好的教育条件，在 21 世纪初步入成年期的中国青年们前所未有地高比例地拥有了在资本主义世界体系中竞争的资力。中国所称的这一批"高素质人才"将可能通过发展国内产业和吸引外资来加快中国的现代化建设。有些学生成功出国接受教育或工作。其中的海归者将会把技能、资历、人脉带回国内，为中国跻身于第一世界之列增添一臂之力。定居国外的人会向父母汇款，并向希望与外国人做生意的朋友和亲戚提供人脉和信息。然而，与此同时，也会有很多独生子女让父母和自己的期望落空。即使那些拥有"高素质才干"的人也不可能都得到自我期待应得的有声望和高薪的工作。一个社会发展现代经济并不必然导致它进入第一世界。在第一世界之路上的后来者们即使施行现代化文化模型，也依然在竞争资本主义世界体系的主导权时处于不利地位。

20世纪晚期的中国领导人承诺国人加速实现现代化,推动中国走上世界体系的顶峰。未来,中国大陆将像中国台湾、香港地区以及日本和新加坡一样,最终成为一个资本中心而非廉价劳动力的供应者。受过高等教育和雄心勃勃的城市独生子女将成为通往第一世界道路的引领者,农村的同龄人将紧随其后,最终中国将没有廉价的劳工。资本主义世界体系将保持不变,但中国将处于核心而非外围位置。

然而,对伊曼纽尔·沃勒斯坦(Immanuel Wallerstein)而言,中国自20世纪80年代以来取得的经济快速增长仅仅是第一世界资本家近期尝试寻找廉价劳动力的意外后果。① 一旦某个地区的劳动力不再廉价,中心区域将把资本转移到价格更低廉的地区。沃勒斯坦预测,即使中国在这种状况发生前成为一个中心区域,它也不过会是如同坐在了一艘行将沉没的船的头等舱。在第一世界用尽廉价劳动力和能开采的自然资源枯竭之后,资本家对利润的追逐与工人不断增长的想要过上富裕生活的期待之间发生的冲突将导致全球大灾难,这将摧毁资本主义世界体系,而代之以全然不同的体系。

虽然我在大连城区认识的学生会为了准备升学考试中的历史与政治考试勤恳地背诵教材上的马克思主义理论,但我很少听到有人说出沃勒斯坦的新马克思主义观点。他们生长在一个无论是国人还是全球民众都对传统理想主义允诺的前景去掉了迷思的时代,他们很难在学校教的马克思主义历史理论与自身的希望、恐惧和日常体验之间建立关联。他们相信资本主义世界体系的坚实性和持久性,并相信自己有潜力在这个体系中取得成功。他们和父母怀抱着现代化能推动他们和中国社会走向全球阶序顶峰的希望,投入了诸多辛劳。然而,当他们等待着热切盼望的精英职业时,他们越来越担心自己付出的牺牲过多或者回报永远

---

① Wallerstein 1998,1999。

不会到来。

　　这一代具有前所未有的教育资历和雄心抱负的中国独生子女,将会开出一条让自己、家人、国家在资本主义世界体系中占据主导地位的道路吗？这条道路是否宽广到足以容纳所有人？如果不是,那些倒在路边的人将会有怎样的境遇？鲁迅担心的是没有足够多的人愿意和有能力开出引领中国走向现代化的道路。大连城区的学生担心的却是太多人试图挤进一条拓宽速度迟缓有限的道路上。

附录　本书引用或提及的人物简历

以下是按字母顺序来排列的出现在本书中的人物的化名,以及我与他们相遇的简单画面和相遇时我了解到的对方履历细节。为了简洁统一,我没有呈现这些人在我认识他们之前和之后的工作和学校情况。我亦没有将我在大连认识的但在书中没有引用或提及的人列入附录中。

不是每个人都会给我关于他们的年龄、学校水平、是否独生子女、职业或是父母职业的信息,所以这些信息不会体现在每一个条目中。在我的问卷调查或学校记录中所挑选出来的数据描述了职业的一般种类而不是具体工作名称。这些一般类别是:"工人"(包括销售员、餐饮服务员和工厂工人);"小企业主"(买卖人/个体户,其中包括小贩、供应商和拥有不超过两名员工的企业主);"专业技能从业者"(公务员/白领,包括医生、教师、律师、研究人员、办公室工作人员和其他白领工厂工人);中级管理人员(管理人员,包括中级干部和公司经理)和"高层管理者"(高干/经理/老板,包括高层干部、公司经理、大企业主)。我的调查要求学生说明哪些类别最能描述父母的职业,许多学生和家长也使用这些类别来填写学校的表格或者进行日常交谈。我用"暂无工作"去描述已经退休或下岗的以及还没有找到新工作的人。

在写作本书和在田野中和别人互动的过程中,我在提到许多人时不是指名道姓,而是根据他们和我最了解的家庭成员之间的关系来称呼大家。本附录延循此做法,在我认识的学生的姓名之后列出了大多数家长和亲属的信息。

白波,男,15岁,独生子女,初中三年级。他的母亲没有工作,他的父亲是一个办公室职员。我曾拜访过他们家。

曹颖,女,13岁,独生子女,初中一年级。她的母亲是工厂工人,父亲没有工作。我曾拜访过他们家。

陈军,男,18岁,独生子女,是普通高中的三年级学生。他的父母均为工厂工人。我曾拜访过他们家。

陈兰,女,17岁,独生子女,是普通高中的三年级学生。她的母亲没有工作,她的父亲是一个工厂工人。我观察过陈兰的班级。

陈楠,女,17岁,独生子女,普通高中三年级学生。她的母亲在街上摆地摊,她的父亲是工厂工人。我曾拜访过他们家。

陈妍,女,14岁,独生子女,是初中二年级学生。她的父母均是工厂工人。我们在陈妍的奶奶家的春节家庭聚餐中认识。

陈鑫,男,12岁,独生子女,小学六年级学生。陈鑫的母亲是办公室职员,父亲没有工作。我们在陈鑫奶奶家举办的春节聚餐中认识。

陈天润,男,20岁,独生子女,在职业中专毕业且未就业。他的母亲是办公室职员,父亲没有工作。我曾拜访过他们家。

陈伟,男,24岁,独生子女,在成人教育学院大专毕业,是一名办公室职员。他的母亲是办公室职员,父亲是工厂工人。我曾拜访过他们家。

陈旭东,男,17岁,独生子女,技工学校的学生。他的母亲没有工作,父亲是工厂工人。我曾拜访过他们家。

丁娜,女,18岁,独生子女,普通高中三年级学生。她的父母是工厂工人。我曾拜访过他们家。

管平,男,15岁,独生子女,初中三年级学生。他的母亲是中级干部,父亲是海员。我曾拜访过他们家。

郭达,男,17岁,独生子女,职业中专三年级学生。他的父母是工厂工人。郭达的堂姐赵丽丽,25岁,是办公室职员,有个弟弟也一样是办公室职员。他们的父母也都是办公室职员。我在他叔叔家办的大家庭聚会中认识他们。

冯永勤,女,18岁,独生子女,普通高中的三年级学生。她的母亲没有工作。我观察过冯永勤的班级。

艮天,男,16岁,独生子女,职业中专高一学生。他的妈妈有一个服装店,爸爸是工厂工人。我曾拜访过他们家。

郭湛,男,15岁,独生子女,初中三年级。他的妈妈是服装小贩,爸爸是工厂工人。我曾拜访过他们家。

韩冬,男,20岁,独生子女,成人教育学院大学专科一年级学生。他的父母是食品商贩。我曾拜访过他们家。

韩雪,女,13岁,独生子女,初一学生。她的母亲是发型设计师,父亲是工厂工人。我曾拜访过他们家。

郝金陵,女,18岁,独生子女,普通高中三年级学生。母亲是司机,父亲是中层管理人员。我观察过她的班级。

航雨,女,18岁,独生子女,普通高中三年级学生。她有个弟弟。她的母亲是个小企业主,她的父亲是中层管理人员。我观察过航雨的班级。

何鸿,女,17岁,独生子女,普通高中三年级学生。父母是工厂工人。我曾拜访过他们家。

何晓卫,男,17岁,独生子女,普通高中三年级学生。他的父母是专业技能从业者。我观察过何晓卫的班级。

胡莹,女,19岁,独生子女,普通高中三年级学生。母亲是露天市场的服装小贩,父亲是工厂工人。我曾拜访过他们家。

黄洁,女,17岁,独生子女,普通高中三年级学生。母亲未就业,父亲是工厂工人。我曾拜访过他们家。

黄岩,女,16岁,独生子女,职业中专一年级学生。父母是工厂工人。我曾拜访过他们家。

江风来,男,是普通高中的中年行政人员。我们在学校教师大会上认识。

江梅,女,18岁,独生子女,普通高中三年级学生。我观察了她的班级。

李波,男,17岁,独生子女,中专二年级学生。他的父母是办公室职员。我曾拜访过他们家。

李长,男,17岁,独生子女,普通高中三年级学生。他的母亲是办公室职员,父亲是医生。我观察了李长的班级。

李季,男,14岁,独生子女,初中一年级。母亲是工厂工人,父亲是职员。我曾拜访过他们家。

李健,男,14岁,独生子女,初中二年级。父母是工厂工人。我曾拜访过他们家。

李珲,女,15岁,独生子女,职业中专高一学生。她的母亲是服装售卖员,父亲是工厂工人。李珲的四舅和舅母都是办公室职员,他们的孩子是独生子,上初中二年级。李珲的三姨和三姨夫都是工厂工人,有一个独生女儿上初中三年级。李珲的二舅没有工作,他的妻子是工厂工人,独生女儿上初中三年级。李珲的五姨是食品商贩,她的丈夫是工厂工人,他们的独生儿子上小学六年级。我曾被邀请去李珲家的春节家庭聚会。

李梅,女,18岁,独生子女,普通高中三年级学生。父母是工厂工人。我观察过她的班级。

李萌,女,18岁,独生子女,四年制本科大学一年级学生。她的母亲是医生,父亲没有工作。我曾拜访过他们家。

李月,女,18岁,独生子女,普通高中三年级学生。她的父母是专业技能从业者。我观察过她的班级。

林琳,女,17岁,独生子女,重点高中三年级。父母是企业高管。我曾拜访过他们家。

林涛,男,17岁,独生子女,技工学校低年级学生。母亲是工厂工人,父亲没有工作。我曾拜访过他们家。

刘红颜,女,25岁,普通高中教师。她有一个哥哥和一个妹妹。他们的母亲是老师。我们在她学校的教师办公室认识,我在那所学校教英语。

刘机峰,男,17岁,独生子女,普通高中三年级学生。我观察过他的班级。

刘娜,女,18岁,独生子女,普通高中三年级学生。她的母亲没有工作,父亲是工厂工人。我曾拜访过他们家。

刘洋,男,17岁,独生子女,职业中专低年级学生。母亲是中层管理人员,父亲是高层管理人员。我曾拜访过他们家。

卢杰,男,18岁,独生子女,普通高中三年级学生。他的母亲没有工作,父亲是小企业主。我观察过他的班级。

卢晶,女,15岁,独生子女,初中三年级学生。父母均为工厂工人。我曾拜访过他们家。

罗城,男,16岁,独生子女,技工学校一年级学生。父母是工厂工人。我曾拜访过他们家。

罗军,男,18岁,独生子女,普通高中三年级学生。父母是工人。我观察过罗军的班级。

梅晶,女,18岁,独生子女,普通高中三年级学生。他的母亲没有工作,父亲是工人。我观察过梅晶的班级。

潘娜,女,12岁,独生子女,小学六年级学生。母亲是工人,父亲没有工作。我曾拜访过他们家。

彭逢春,男,中年高中教师。我们在我教书的普通高中的教师办公室认识。

任俊,女,中年初中教师。我们在学校的教师办公室认识,我在那所学校教英语。

沈娜,女,17岁,独生子女,普通高中三年级学生。我观察过她的班级。

沈琦,男,17岁,独生子女,普通高中二年级学生。他的父母是工厂工人。我曾拜访过他们家。

宋爱民,女,普通高中中年教师。我们在学校的教师办公室认识,我在那所学校教英语。

宋智明,男,23岁,独生子女,是一名保安,成人教育大专毕业。他的父母没有工作。我们是在车站等车时认识的。

苏怡,女,17岁,独生子女,普通高中三年级学生。她的母亲没有工作,她的父亲是工人。我观察过苏怡的班级。

孙坚,男,14岁,独生子女,初中二年级学生。父母均是工厂工人。我曾拜访过他们家。

孙佩,女,18岁,独生子女,普通高中三年级学生。她的母亲是工人。我观察过她的班级。

孙薇,女,14岁,独生子女,初中一年级。母亲没工作,父亲是工厂工人。我曾拜访过他们家。

谭钢,男,17岁,独生子女,普通高中三年级学生。父母是专业技能从业者。我观察过他的班级。

唐海荣,女,26岁,中专毕业,是一个会计师。她嫁给了一个办公室职员,她有一个弟弟也是办公室职员。他们的母亲是医生,父亲是工程师。我曾拜访过唐海荣的父母家。

滕飞,男,15岁,独生子女,初中三年级学生。他的母亲是餐厅老板。我曾拜访过他们家。

田馨,女,17岁,独生子女,普通高中三年级学生。她的父母是工人。

我观察过田馨的班级。

王爱华,是40多岁的教师。她的丈夫是工人。他们的独生女儿13岁,上初中一年级。我观察过王爱华的班级。

王斌,男,16岁,独生子女,职业中专一年级。母亲没工作,父亲是工厂工人。我曾拜访过他们家。

王松,男,17岁,独生子女,重点高中三年级学生。母亲是会计师,父亲是工程师。我曾拜访过他们家。

王旭群,女,24岁,独生子女,四年制本科大学毕业,是一名办公室职员。父母是中级干部。我参加过王旭群的婚礼。

王永,男,18岁,独生子女,普通高中三年级学生。母亲没工作,父亲是工人。我观察过王永的班级。

吴文,女,21岁,大专高年级学生。她有一个姐姐。她们的母亲是办公室职员,父亲是中级干部。我们在饭店吃饭时认识。

薛良,男,17岁,独生子女,普通高中二年级学生。父母是工人。我观察过薛良的班级。

肖颖,女,中年居委会社会工作者。她的丈夫是中级干部。肖颖的表姐沈秀丽过去是工厂工人,现在没工作。沈秀丽的丈夫是办公室职员。沈秀丽的女儿是一个19岁的独生女,从职业中专毕业后还没有工作。我们是在肖颖哥哥家举办的晚餐聚会上认识的。

谢芳,女,18岁,独生子女,普通高中三年级学生。我观察过她的班级。

徐柯阳,女,28岁,独生子女,有自考大专学历的销售员。她的父亲是工厂工人,母亲没工作。我是她表弟的家教,我们在她的表弟家认识。

徐旺,男,18岁,独生子女,普通高中三年级学生。我观察过他的班级。

徐雪莹,女,17岁,独生子女,普通高中三年级。我观察过她的班级。

荀金,女,15岁,独生子女,普通高中一年级。她的父母是工厂工人。

203

我曾拜访过他们家。

杨丽华，三十多岁的教师。我们在我教书的高中教师办公室认识。

杨未来，女，17岁，独生子女，普通高中三年级学生。父母是办公室职员。我观察过她的班级。

杨舒，女，14岁，独生子女，初中一年级学生。母亲是小企业主，父亲是中层管理者。我观察过她的班级。

于涛，男，17岁，独生子女，从技工学校退学暂无工作。他的父母是小商贩。我曾拜访过他们家。

余旭，女，17岁，独生子女，普通高中三年级学生。父母是工人。我观察过她的班级。

张署，男，18岁，独生子女，普通高中三年级学生。母亲是干部，父亲是海员。我观察过他的班级。

张雅蓓，女，18岁，独生子女，普通高中三年级学生。我观察过她的班级。

张勇，男，14岁，独生子女，初中二年级。张勇的母亲在小型私人商店做销售员，张勇的外公是工厂工人。张勇的母亲曾邀请我在他们家住。

张兆辉，女，23岁，独生子女，专科毕业后成为一名办公室职员。母亲是会计，父亲是高层管理者。我曾拜访过他们家。

张舟，男，14岁，独生子女，初中三年级。他的父母是大学教授。我曾拜访过他们家。

赵华，男，18岁，独生子女，普通高中三年级学生。他有一个姐姐。他们的父母没工作。我观察了他的班级。

郑波华，女，19岁，大学专科一年级学生。母亲是工人，父亲没工作。我曾拜访过他们家。

周波，女，17岁，独生子女，普通高中三年级学生。父亲是中层管理人员，母亲是专业技能从业者。我观察过周波的班级。

周飞,男,18岁,独生子女,普通高中三年级学生。他的母亲是工人,父亲没工作。我观察过他的班级。

周静,女,17岁,独生子女,普通高中二年级学生。父母是办公室职员。我曾拜访过他们家。

郑艺,男,16岁,独生子女,职业中专一年级。父母是工厂工人。我曾拜访过他们家。

朱熙,男,17岁,独生子女,普通高中三年级学生。我观察过他的班级

参考文献

中文文献：

车行,《常回家看看》,河北省剧院,1999年。

陈科文,《独生子女与非独生子女行为特点和家庭教育的比较研究:对北京市城乡千名儿童的调查报告》,载北京师范大学教育科学研究所编,《独生子女的心理特点与教育》,农村读物出版社,1988年133—148页。

Chu Jun,《女中学生卧轨自杀的前前后后》,载《独生子女健康》,1999年4—6页。

大连市教育委员会,《大连市教育统计信息》,1999年。

大连市教育志编纂办公室,《大连教育要览:1997—1998》,1999年。

大连市史志办公室,《大连年鉴:1987—1989》,大连出版社,1990年。

——.《大连年鉴:1999》,大连出版社,2000年。

——.《大连年鉴:2000》,大连出版社,2001年。

——.《大连年鉴:2001》,大连出版社,2002年。

风笑天,《独生子女:他们的家庭、教育和未来》,社会科学出版社,1992年。

桂世勋和Li Jieping,《独生子女父母年老后的照顾问题》,华东师范大学出版社,1996年。

国家统计局,《中国统计年鉴—1981》,中国统计出版社,1981年。

——.《中国统计年鉴—1998》,中国统计出版社,1998年。

——.《中国统计年鉴—1999》,中国统计出版社,1999年。

——.《中国统计年鉴—2000》,中国统计出版社,2000年。

——.《中国统计年鉴—2001》,中国统计出版社,2001 年。

国家统计局城市社会经济调查总队,《中国城市统计年鉴—1999》,中国统计出版社,2000 年。

Han Yan,《我多想玩一会儿》,《大连日报》1999 年 8 月 4 日 8 版。

Li Ying,《我是个女孩!》,《大连日报》1999 年 10 月 27 日 15 版。

Liu Ying,《别这样爱我》,《大连日报》1999 年 7 月 21 日 7 版。

彭希哲,戴星冀,《中国农村社区生育文化》,华东师范大学出版社,1996 年。

全国人口抽样调查办公室,《1995 年全国 1‰人口抽样调查资料》,中国统计出版社,1997 年。

上海市幼儿教育研究室,《独生子女的家庭教育》,载《中国妇女》,1980 年 5 期。

——.《5—6 岁独生子女的知识面、认识能力及家庭教育的调查》,载北京师范大学教育科学研究所编,《独生子女的心理特点与教育》,农村读物出版社,1988 年 148—165 页。

王裕如,《不安的太阳:中国第一代独生子女心理探索》,复旦大学出版社,1999 年。

肖福兰,张其博,《关于小学独生子女教育情况的调查》,载《心理学报》1985 年 3 期 50—52 页。

Yu Jingquan,《今夏有些孩子无假期》,《大连日报》1999 年 8 月 4 日 4 版。

英文文献:

Abu-Lughod, Lila. 1986. *Veiled Sentiments: Honor and Poetry in a Bedouin Society*. Berkeley: University of California Press.

——. 1993. *Writing Women's Worlds: Bedouin Stories*. Berkeley: University of California Press.

Ahern, Emily M. 1973. The Power and Pollution of Chinese Women. In *Women in Chinese Society*, ed. Margery Wolf and Roxane Witke. Stanford: Stanford University Press.

Aird, John S. 1990. *Slaughter of the Innocents: Coercive Birth Control in China*. Washington, D. C.: AEI Press.

Allison, Anne. 1994. *Nightwork: Sexuality, Pleasure, and Corporate Masculinity in a Tokyo Hostess Club*. Chicago: University of Chicago Press.

——. 1996a. *Permitted and Prohibited Desires: Mothers, Comics, and Censorship in Japan*. Boulder, Colorado: Westview Press.

——. 1996b. Producing Mothers. In *Re-Imaging Japanese Women*, ed. Anne E. Imamura, 135 - 155. Berkeley: University of California Press.

Anagnost, Ann. 1988. Family Violence and Magical Violence: The "Woman-as-Victim" in China's One-Child Family Policy. *Women and Language* 1, no. 2: 16 - 22.

———. 1995. A Surfeit of Bodies: Population and the Rationality of the State in Post-Mao China. In*Conceiving the New World Order: The Global Politics of Reproduction*, ed. Faye D. Ginsburg and Rayna Rapp, 22 - 41. Berkeley: University of California Press.

———. 1997a. Children and National Transcendence in China. In*Constructing China: The Interaction of Culture and Economics*, ed. Kenneth G. Lieberthal, Shuen-fu Lin and Ernest P. Young, 195 - 222. Ann Arbor: Center For Chinese Studies at the University of Michigan.

———. 1997b. *National Past-Times: Narrative, Representation, and Power in Modern China*. Durham: Duke University Press.

Appadurai, Arjun. 1993. Number in the Colonial Imagination. In*Orientalism and the Postcolonial Predicament: Perspectives on South Asia*, ed. Carol A. Breckenridge and Peter van der Veer, 314 - 339. Philadelphia: University of Pennsylvania Press.

———. 1996. *Modernity at Large: Cultural Dimensions of Globalization*. Minnesota University Press.

Ariès, Philippe. 1996. *Centuries of Childhood*. London: Pimlico.

Arnold, Fred, and Liu Zhaoxiang. 1986. Sex Preference, Fertility, and Family Planning in China. *Population and Development Review* 12, no. 2: 221 - 246.

Asakawa, Kiyoshi, Joel Hektner, and Jennifer Schmidt. 2000. Envisioning the Future. In*Becoming Adult: How Teenagers Prepare for the World of Work*, ed. Mihaly Csikszentmihalyi and Barbara Schneider, 39 - 64. New York: Basic Books.

Attane, Isabelle, and Sun Minglei. 1999. Birth Rates and Fertility in China. HowCredible Are Recent Data? *Population: An English Selection* 11: 251 - 260.

Badinter, Elisabeth, and Francine du Plessix Gray. 1981. *Mother Love: Myth and Reality: Motherhood in Modern History*. New York: Macmillan.

Banister, Judith. 1987. *China's Changing Population*. Stanford: Stanford University Press.

———. 1990. Trends and Implications of Population Aging and the Status of the Elderly. In*Changing Family Structure and Population Aging in China: A Comparative Approach*, ed. Zeng Yi, Zhang Chunyuan and Peng Songjian, 268 - 308. Beijing, China: Peking University Press.

Bauer, John, Feng Wang, Nancy E. Riley, and Xiaohua Zhao. 1992. Gender Inequality in Urban China: Education and Employment. *Modern China* 18, no.

3: 333.

Baxter, Janeen. 1997. Gender Equality and Participation in Housework: A Cross-National Perspective. *Journal of Comparative Family Studies* 28, no. 3: 220–247.

Becker, Gary. 1981. *A Treatise on the Family*. Cambridge: Harvard University Press. Becker, Jasper. 1997. Beijing Clears the Way to Washington. *South China Morning Post*, 9.

Behar, Ruth. 1995. Rage and Redemption: Reading the Life Story of a Mexican Marketing Woman. In *The Dialogical Emergence of Culture*, ed. Bruce Mannheim and Dennis Tedlock, 148–178. Urbana: University of Illinois Press.

Bhabha, Homi K. 1991. "Race," Time, and the Revision of Modernity. *Oxford Literary Review* 13: 193–219.

Bian, Yanjie. 1987. A Preliminary Analysis of the Basic Features of the Life Styles of China's Single-Child Families. *Social Sciences in China* 8: 189–209.

———. 1994. *Work and Inequality in Urban China*. Albany: State University of New York Press.

Blake, Judith. 1981. The Only Child in America: Prejudice Versus Performance. *Population and Development Review* 7: 43–54.

———. 1989. *Family Size and Achievement*. Berkeley: University of California Press.

Bledsoe, Caroline, Fatoumatta Banja, and Alan G. Hill. 1998. Reproductive Mishaps and Western Contraception: An African Challenge to Fertility Theory. *Population and Development Review* 24, no. 1: 15–57.

Bledsoe, Caroline, John B. Casterline, Jennifer A. Johnson-Kuhn, and John G. Haaga, eds. 1998. *Critical Perspectives on Schooling and Fertility in the Developing World*. Washington, DC: National Academy Press.

Bledsoe, Caroline H. 2001. The Bodily Costs of Childbearing: Western Science through a West African Lens. In *Children and Anthropology: Perspectives for the 21st Century*, ed. Helen B. Schwartzman, 57–82. Westport, Connecticut: Bergin and Garvey.

Bledsoe, Caroline H., and Fatoumatta Banja. 2002. *Contingent Lives: Fertility, Time, and Aging in West Africa*. Chicago: University of Chicago Press.

Bohannan, E. W. 1896. A Study of Peculiar and Exceptional Children. *Pedagogical Seminary* 4, no. 1: 3–60.

———. 1898. The Only Child in a Family. *Pedagogical Seminary* 6, no. 2: 475.

Bongaarts, John, and Susan Cotts Watkins. 1996. *Social Interactions and Contemporary Fertility Transitions*. Working Papers [Population Council. Research

Division; No. 88. New York: Population Council. Borneman, John. 1992. *Belonging in the Two Berlins: Kin, State, Nation*. Cambridge: Cambridge University Press.

Bossard, James Herbert. 1953. *Parent and Child*. Philadelphia: University of Pennsylvania Press.

Bourdieu, Pierre. 1977. *Outline of a Theory of Practice*. Translated by Richard Nice. Cambridge: Cambridge University Press.

——. 1984. *Distinction: A Social Critique of the Judgement of Taste*. Cambridge, Mass.: Harvard University Press.

——. 1998. *Practical Reason: On the Theory of Action*. Cambridge, UK: Polity.

Bourdieu, Pierre, and Jean-Claude Passeron. 1977. *Reproduction in Education, Society, and Culture*. Translated by Richard Nice. Cambridge: Cambridge University Press.

Boyer, Dominic. 2000. On the Sedimentation and Accreditation of Social Knowledges of Difference: Mass Media, Journalism, and the Reproduction of East/West Alterities in Unified Germany. *Cultural Anthropology* 15, no. 4: 459–491.

Brenner, Suzanne April. 1998. *The Domestication of Desire*. Princeton: Princeton University Press.

Broaded, C. Montgomery, and Chongshun Liu. 1996. Family Background, Gender and Educational Attainment in Urban China. *The China Quarterly* 145: 53–86.

Burggraf, Shirley P. 1997. *The Feminine Economy and Economic Man: Reviving the Role of Family in the Post-Industrial Age*. Reading, Massachusetts: AddisonWesley. Caldwell, John C. 1982. *Theory of Fertility Decline*. London: Academic Press.

Caldwell, John C., I. O. Orubuloye, and Pat Caldwell. 1992. Fertility Decline in Africa: A New Type of Transition? 18, no. 2: 211–243.

Casson, Ronald W. 1983. Schemata in Cognitive Anthropology. *Annual Review of Anthropology* 12: 429–462.

Chan, Kam Wing, and Xueqiang Xu. 1985. Urban Population Growth and Urbanization in China since 1949: Reconstructing a Baseline. *China Quarterly* 104: 583–613.

Chang, Jung. 1991. *Wild Swans: Three Daughters of China*. New York: Simon &. Schuster.

Chee, Bernadine W. L. 2000. Eating Snacks, Biting Pressure: Only Children in Beijing. In*Feeding China's Little Emperors*, ed. Jun Jing, 48–70. Stanford: Stanford University Press.

Chen Muhua. 1979. For the Realization of the Four Modernizations, There Must Be Planned Control of Population Growth. *Population and Development Review* 5, no. 4: 723–730.

Chen, Nancy N., Constance D. Clark, Suzanne Z. Gottschang, and Lyn Jeffery. 2001. *China Urban: Ethnographies of Contemporary Culture*. Durham: Duke University Press.

Chen, Xinyin, Kenneth H. Rubin, and Bo-shu Li. 1994. Only Children and Sib- ling Children in Urban China: A Re-Examination. *International Journal of Behavioural Development* 17: 413–421.

Cheng, Nien. 1986. *Life and Death in Shanghai*. London: Grafton.

Cheng, Tiejun, and Mark Selden. 1994. The Origins and Social Consequences of China's Hukou System. *China Quarterly* 139: 644–668.

China Peking Opera Troupe. 1972. *The Red Lantern: A Modern Revolutionary Peking Opera [May 1970 Script]*. Peking: Foreign Languages Press.

China Population Information and Research Center. 2001. *Four Periods of Population Aging Forecast in China*. National Bureau of Statistics, People's Republic of China. Available from http://www.cpirc.org.cn/e-aging2.htm. Website accessed June 25, 2001.

Chinese State Council Information Office. 2000.

China's Population and Development in the 21st Century. *China Daily*, December 20, 1.

Choe Minja, Hao Hongsheng, and Wang Feng. 1995. Effects of Gender, Birth Order, and Other Correlates on Childhood Mortality in China. *Social Biology* 42: 50–64.

Chow, Gregory C. 2002. *China's Economic Transformation*. Malden, Massachu- setts: Blackwell Publishers.

Chow, Tse-Tsung. 1960. *The May Fourth Movement: Intellectual Revolution in Modern China*. Cambridge: Harvard University Press. Chu, David S. K. 1984. *Sociology and Society in Contemporary China*, 1979 – 1983.

Chinese Sociology and Anthropology; V. 16, No. 1–2. Armonk, N.Y.: M. E. Sharpe.

Chu, Henry. 2001. India Joins China as Member of the Billion-Population Club. *Los Angeles Times*, March 29, 2001, 9.

Clark, Gracia. 1999. Mothering, Work, and Gender in Urban Asante Ideology and Practice. *American Anthropologist* 101, no. 4: 717–729.

Claudy, John G. 1984. The Only Child as a Young Adult: Results from Project

Talent. In *The Single-Child Family*, ed. Toni Falbo, 211–252. New York: Guilford Press.

Clifford, James, and George E. Marcus. 1986. *Writing Culture: The Poetics and Politics of Ethnography*. Berkeley: University of California Press.

Coale, Ansley J., and Judith Banister. 1994. Five Decades of Missing Females in China. *Demography* 31, no. 3: 459–479.

Coale, Ansley J., and Shengli Chen. 1987. *Basic Data on Fertility in the Provinces of China, 1940–82*. Honolulu: The East-West Population Institute. Papers of the East-West Population Institute, 104.

Coale, Ansley, and Susan Cotts Watkins, eds. 1986. *The Decline of Fertility in Europe*. Princeton: Princeton New Jersey Press.

Cohen, Joel E. 1995. *How Many People Can the Earth Support?* New York: Norton. Cohen, Lawrence. 1998. *No Aging in India: Alzheimer's, the Bad Family, and Other Modern Things*. Berkeley: University of California Press.

Cohen, Myron L. 1976. *House United, House Divided: The Chinese Family in Taiwan*. New York: Columbia University Press.

Collins, Randall. 2002. Credential Inflation and the Future of Universities. In *The Future of the City of Intellect: The Changing American University*, ed. Steven Brint, 23–46. Stanford: Stanford University Press.

Comaroff, Jean, and John L. Comaroff. 1991a. *Of Revelation and Revolution: Christianity, Colonialism, and Consciousness in South Africa*. Chicago: University of Chicago Press.

——. 1991b. *Of Revelation and Revolution: The Dialectics of Modernity on a South African Frontier*. Chicago: University of Chicago Press.

——. 1993. *Modernity and Its Malcontents: Ritual and Power in Postcolonial Africa*. Chicago: University of Chicago Press.

Cooney, Rosemary Santana, and Jiali Li. 1994. Household Registration Type and Compliance with the "One Child" Policy in China, 1979–1988. *Demography* 31, no. 1: 21–32.

Coontz, Stephanie. 1997. *The Way We Really Are: Coming to Terms with America's Changing Families*. New York: Basic Books.

Cooper, Catherine R., Harold D. Grotevant, Mary Sue Moore, and Sherri M. Condon. 1984. Predicting Adolescent Role Taking and Identity Exploration from Family Communication Patterns: A Comparison of One- and Two- Child Families. In *The Single-Child Family*, ed. Toni Falbo, 117–142. New York: Guilford Press.

Coronil, Fernando. 1996. Beyond Occidentalism: Toward Nonimperial

Geohistorical Categories. *Cultural Anthropology* 11, no. 1, 1996.

―――. 1997. *The Magical State: Nature, Money, and Modernity in Venezuela*. Chicago: University of Chicago Press.

Croll, Elisabeth. 2000. *Endangered Daughters: Discrimination and Development in Asia*. London: Routledge.

Croll, Elisabeth J. 1995. *Changing Identities of Chinese Women: Rhetoric, Experience, and Self-Perception in Twentieth-Century China*. Hong Kong: Hong Kong University Press.

Croll, Elisabeth J., Delia Davin, and Penny Kane. 1985. *China's One-Child Family Policy*. New York: St. Martin's Press.

Csikszentmihalyi, Mihaly, Kevin Rathunde, and Samuel Whalen. 1993. *Talented Teenagers: The Roots of Success and Failure*. New York: Cambridge University Press.

D'Andrade, Roy G. 1995. *The Development of Cognitive Anthropology*. Cambridge; New York: Cambridge University Press.

D'Andrade, Roy G., and Claudia Strauss. 1992. *Human Motives and Cultural Models*. Cambridge, England: Cambridge University Press.

Davin, Delia. 1985. The Single-Child Family Policy in the Countryside. In *China's One-Child Family Policy*, ed. Elisabeth Croll, Delia Davin and Penny Kane. New York: St. Martin's Press.

―――. 1999. *Internal Migration in Contemporary China*. New York: St. Martin's Press.

Davis, Deborah. 1983. *Long Lives: Chinese Elderly and the Communist Revolution*. Cambridge: Harvard University Press.

―――. 1988. Unequal Chances, Unequal Outcomes: Pension Reform and Urban Inequality. *China Quarterly*, no. 114: 223 - 242.

―――. 1989. Chinese Social Welfare: Policies and Outcomes. *The China Quarterly* 21: 21.

―――. 1992. "Skidding": Downward Mobility among Children of the Maoist Middle Class. *Modern China* 18, no. 4: 410 - 437.

―――. 2000. *The Consumer Revolution in China*. Berkeley: University of California Press.

Davis, Deborah S. 1993. Financial Security of Urban Retirees. *Journal of Crosscultural Gerontology* 8, no. 3.

Davis, Deborah, and Julia S. Sensenbrenner. 2000. Commercializing Childhood: Parental Purchases for Shanghai's Only Child. In*The Consumer*

Revolution in China, ed. Deborah Davis. Berkeley: University of California Press.

Davis-Friedmann, Deborah. 1985. Old Age Security and the One-Child Campaign. In*China's One-Child Family Policy*, ed. Elisabeth Croll, Delia Davin and Penny Kane, 149–161. New York: St. Martin's Press.

Day, Lincoln H. , Barbara Byrd, Arnold DeRosa, and Stephen C. Craig. 1993. The Adult Who Is an Only Child. *Journal of Genetic Psychology* 73: 171–177.

De Vos, George. 1973. *Socialization for Achievement: Essays on the Cultural Psychology of the Japanese*. Berkeley: University of California Press.

——. 1983. Achievement Motivation and Intra-Family Attitudes in Immigrant Koreans. *Journal of Psychoanalytic Anthropology* 6, no. 1: 25–71.

DeMause, Lloyd. 1974. *The History of Childhood*. New York: Psychohistory Press.

Desai, Sonalde. 1995. When Are Children from Large Families Disadvantaged? Evidence from Cross-National Analysis. *Population Studies* 49, no. 2: 195–210.

di Leonardo, Micaela. 1998. *Exotics at Home: Anthropology, Others, American Modernity*. Chicago: University of Chicago Press.

Dore, Ronald. 1976. *The Diploma Disease: Education, Qualification, and Development*. London: George Allen and Unwin.

Douglas, Mary, and Steven Ney. 1998. *Missing Persons: A Critique of Personhood in the Social Sciences*. Berkeley: University of California Press.

Downey, Douglas B. 1995. When Bigger Is Not Better: Family Size, Parental Resources, and Children's Educational Performance. *American Sociological Review* 60, no. 5: 746–761.

Dressler, William W. 1982. *Hypertension and Culture Change: Acculturation and Disease in the West Indies*. South Salem, New York: Redgrave.

——. 1990. Lifestyle, Stress, and Blood Pressure in a Southern Black Community. *Psychosomatic Medicine* 52: 182–198.

Dressler, William W. , and James R. Bindon. 2000. The Health Consequences of Cultural Consonance: Cultural Dimensions of Lifestyle, Social Support, and Arterial Blood Pressure in an African American Community. *American Anthropologist* 102: 244–260.

Dressler, William W. , Jose Ernesto Dos Santos, Philip N. Gallagher Jr. , and Fernando E. Viteri. 1987a. Arterial Blood Pressure and Modernization in Brazil. *American Anthropologist* 89: 389–409.

Dressler, William W. , Alfonso Mata, Adolfo Chavez, and Fernando E. Viteri. 1987b. Arterial Blood Pressure and Individual Modernization in a Mexican

Community. *Social Science & Medicine* 24: 679-687.

Dutton, Michael Robert. 1998. *Streetlife China*. Cambridge: Cambridge University Press.

Dwyer, Kevin. 1982. *Moroccan Dialogues: Anthropology in Question*. Prospect Heights, Illinois: Waveland Press, Inc.

Easterlin, Richard A. 1978. The Economics and Sociology of Fertility: A Synthesis. In *Historical Studies of Changing Fertility*, ed. Charles Tilly, 57-113. Prince-ton: Princeton University Press.

Easterlin, Richard A., and Eileen M. Crimmins. 1985. *The Fertility Revolution: A Supply-Demand Analysis*. Chicago: University of Chicago Press.

Elman, Benjamin A. 1990. *Classism, Politics, and Kinship: The Ch'ang Chou School of New Text Confucianism in Late Imperial China*. Berkeley: University of California Press.

——. 1991. Political, Social, and Cultural Reproduction via Civil Service Examinations in Late Imperial China. *The Journal of Asian Studies* 50, no. 1: 7-28.

Escobar, Arturo. 1995. *Encountering Development: The Making and Unmaking of the Third World*. Princeton Studies in Culture/Power/History. Princeton, N. J.: Princeton University Press.

Esherick, Joseph. 1987. *The Origins of the Boxer Uprising*. Berkeley: University of California Press.

Esherick, Joseph, and Mary Rankin. 1990. *Chinese Local Elites and Patterns of Dominance*. Berkeley: University of California Press.

Essock-Vitale, Susan M., and Michael T. McGuire. 1988. What 70 Million Years Hath Wrought: Sexual Histories and Reproductive Success of a Random Sample of American Women. In *Human Reproductive Behaviour: A Darwinian Perspective*, ed. Laura L. Betzig, Monique Borgerhoff Mulder and Paul Turke, 221-235. Cambridge: Cambridge University Press.

Fabian, Johannes. 1995. Ethnographic Misunderstanding and the Perils of Context. *American Anthropologist* 97, no. 1, 1995.

Falbo, Toni. 1984a. Only Children: A Review. In *The Single-Child Family*, ed. Toni Falbo, 1-24. New York: Guilford Press.

——. 1984b. *The Single-Child Family*. New York: Guilford Press.

Falbo, Toni, and Denise Polit. 1986. Quantitative Review of the Only Child Literature. *Psychological Bulletin* 100: 176-189.

Falbo, Toni and Dudley L. Poston, Jr. 1993. The Academic, Personality, and Physical Outcomes of Only Children in China. *Child Development* 64, no. 1: 18.

Farquhar, Judith. 1994. *Knowing Practice: The Clinical Encounter of Chinese Medicine*. Boulder: Westview Press.

———. 2002. *Appetites: Food and Sex in Post-Socialist China*. Durham: Duke University Press.

Farrer, James. 1998. *Opening Up: Youth Sex Culture and Market Reform in Shanghai*. Chicago: University of Chicago Press.

Feeney, Griffith, and Feng Wang. 1993. Parity Progression and Birth Intervals in China: The Influence of Policy in Hastening Fertility Decline. *Population and Development Review* 19, no. 1: 61–101.

Feeney, Griffith, Feng Wang, Mingkun Zhou, and Baoyu Xiao. 1989. Recent Fertility Dynamics in China: Results from the 1987 One Percent Population Survey. *Population and Development Review* 15, no. 2: 297–322.

Feeney, Griffith, and Jianhua Yuan. 1994. Below Replacement Fertility in China? A Close Look at Recent Evidence. *Population Studies* 48, no. 3: 381–394.

Fei, Hsiao-tung. 1953. *China's Gentry: Essays on Rural-Urban Relations*. Chicago: University of Chicago Press.

Feiring, Candice, and Michael Lewis. 1984. Only and First-Born Children: Differences in Social Behavior and Development. In *The Single-Child Family*, ed. Toni Falbo, 25–62. New York: Guilford Press.

Felmlee, Diane H. 1993. The Dynamic Interdependence of Women's Employment and Fertility. *Social Science Research* 22, no. 4: 333–360.

Fenton, Norman. 1928. The Only Child. *Journal of Genetic Psychology* 35: 546–547.

Ferguson, James. 1999. *Expectations of Modernity: Myths and Meanings of Urban Life on the Zambian Copperbelt*. Berkeley: University of California Press.

Fong, Vanessa L. 2002. China's One-Child Policy and the Empowerment of Urban Daughters. *American Anthropologist* 104, no. 4: 1098–1109.

Foucault, Michel. 1977. *Discipline and Punish: The Birth of the Prison*. New York: Pantheon Books.

Fox, Vivian C., and Martin H. Quitt. 1980. *Loving, Parenting, and Dying: The Family Cycle in England and America, Past and Present*. New York: Psychohistory Press.

Fricke, Thomas E. 1994. *Himalayan Households: Tamang Demography and Domestic Processes*. New York: Columbia University Press.

Friedman, Thomas. 2000. *The Lexus and the Olive Tree: Understanding Globalization*. New York: Anchor Books.

Frisancho, A. Roberto, Jane E. Klayman, and Jorge Matos. 1976. Symbiotic Relationship of High Fertility, High Childhood Mortality and Socio-Economic Status in an Urban Peruvian Population. *Human Biology* 48, no. 1: 101–111.

Fukuyama, Francis. 1992. *The End of History and the Last Man*. New York: Free Press.

Gao Yuan. 1987. *Born Red: A Chronicle of the Cultural Revolution*. Stanford: Stanford University Press.

Garro, Linda C. 2000. Remembering What One Knows and the Construction of the Past: A Comparison of Cultural Consensus Theory and Cultural Schema Theory. *Ethos* 28, no. 3: 275–319.

Gates, Hill. 1991. "Narrow Hearts" and Petty Capitalism: Small Business Women in Chengdu, China. *Marxist Approaches in Economic Anthropology*: 13–36.

———. 1993. Cultural Support for Birth Limitation among Urban Capital-Owning Women. In *Chinese Families in the Post-Mao Era*, ed. Deborah Davis and Stevan Harrell, 251–274. Berkeley: University of California Press.

———. 1996. *China's Motor: A Thousand Years of Petty Capitalism*. Ithaca: Cornell University Press.

———. 1997. Footbinding and Handspinning in Sichuan: Capitalism's Ambiguous Gifts to Petty Capitalism. In *Constructing China: The Interaction of Culture and Economics*, ed. Kenneth G. Lieberthal, Shuenfu Lin and Ernest P. Young. Ann Arbor: Center for Chinese Studies, University of Michigan.

Gerson, Kathleen. 1985. *Hard Choices: How Women Decide About Work, Career, and Motherhood*. Berkeley: University of California Press.

Gewertz, Deborah B., and Frederick Karl Errington. 1996. On Pepsico and Piety in a Papua New Guinea Modernity. *American Ethnologist* 23, no. 3: 476–493.

Gillette, Maris. 2000a. *Between Mecca and Beijing: Modernization and Consumption among Urban Chinese Muslims*. Stanford: Stanford University Press.

———. 2000b. Children's Food and Islamic Dietary Restrictions in Xi'an. In *Feeding China's Little Emperors*, ed. Jun Jing, 71–93. Stanford: Stanford University Press.

Gold, Thomas B., Doug Guthrie, and David Wank. 2002. *Social Connections in China: Institutions, Culture, and the Changing Nature of Guanxi*. Cambridge: Cambridge University Press.

Goldstein, Alice, and Feng Wang. 1996. *China: The Many Facets of Demographic Change*. Boulder, Colorado: Westview Press.

Goode, William J. 1970. *World Revolution and Family Patterns*. New York: Free Press.

Gore, Albert. 1997. *Vice President Albert Gore's Remarks at Qinghua University, Beijing, China*. U. S. Embassy, China. Available from http://www.usembassy-china.org.cn/english/press/exchange/wwwhit16.html. Web page accessed July 15, 2001.

Gramsci, Antonio. 1992. *Prison Notebooks*. Translated by Joseph A. Buttigieg. New York: Columbia University Press.

Greenhalgh, Susan. 1985a. Is Inequality Demographically Induced? The Family Cycle and the Distribution of Income in Taiwan. *American Anthropologist* 87, no. 3: 571–594.

——. 1985b. Sexual Stratification: The Other Side of "Growth with Equity." *Population and Development Review* 11: 265–314.

——. 1986. Shifts in China's Population Policy, 1984–86: Views from the Central, Provincial, and Local Levels. *Population and Development Review* 12, no. 3: 491–515.

——. 1988. Fertility as Mobility: Sinic Transitions. *Population and Development Review* 14, no. 4: 629–674.

——. 1990. The Evolution of the One-Child Policy in Shaanxi, 1979–88. *The China Quarterly* 122, no. June: 191–229.

——. 1993. The Peasantization of the One-Child Policy in Shaanxi. In*Chinese Families in the Post-Mao Era*, ed. Deborah Davis and Stevan Harrell, 219–250. Berkeley: University of California Press.

——. 1994a. Controlling Births and Bodies in Village China. *American Ethnologist* 21, no. 1: 3–30.

——. 1994b. De-Orientalizing the Chinese Family Firm. *American Ethnologist* 21, no. 4, 1994. : 746–775.

——. 2001a. Fresh Winds in Beijing: Chinese Feminists Speak out on the One-Child Policy and Women's Lives. *Signs* 26, no. 3: 847–886.

——. 2001b. *Governing the Chinese Population: Techniques and Tactics of Control*. Paper delivered at the American Anthropological Association's 100th Annual Meeting in Washington, D. C., December 2.

Greenhalgh, Susan and Jiali Li. 1995. Engendering Reproductive Policy and Practice in Peasant China: For a Feminist Demography of Reproduction. *Signs* 20, no. 3: 601–642.

Greenhalgh, Susan, Li Nan, and Zhu Chuzhu. 1994. Restraining Population

Growth in Three Chinese Villages, 1988 – 93. *Population and Development Review* 20, no. 2: 365 – 396.

Groat, H. Theodore, Jerry W. Wicks, and Arthur G. Neal. 1984. Without Siblings: The Consequences in Adult Life of Having Been an Only Child. In *The Single-Child Family*, ed. Toni Falbo, 253 – 290. New York: Guilford Press.

Guldin, Gregory Eliyu. 1994. *The Saga of Anthropology in China: From Malinowski to Moscow to Mao*. Armonk, N. Y. : M. E. Sharpe.

Guo Yuhua. 2000. Food and Family Relations: The Generation Gap at the Table. In *Feeding China's Little Emperors*, ed. Jun Jing, 94 – 113. Stanford: Stanford University Press.

Handwerker, W. Penn. 1986. Modern Demographic Transition: An Analysis of Subsistence Choices and Reproductive Consequences. *American Anthropologist* 88, no. 2: 400 – 417.

Hansen, Karen Tranberg. 1997. *Keeping House in Lusaka*. New York: Columbia University Press.

———. 2000. *Salaula: The World of Secondhand Clothing and Zambia*. Chicago: University of Chicago.

Harkness, Sara, Charles M. Super, and Constance H. Keefer. 1992. *Learning to Be an American Parent: How Cultural Models Gain Directive Force*. In *Human Motives and Cultural Models*, ed. Roy G. D'Andrade and Claudia Strauss, 163-196. Cambridge, England: Cambridge University Press.

Harrell, Stevan. 1982. *Ploughshare Village: Culture and Context in Taiwan*. Seattle: University of Washington Press.

Hartmann, Heidi I. 1994. The Family as the Locus of Gender, Class, and Political Struggle: The Example of Housework. In *Theorizing Feminism: Parallel Trends in the Humanities and Social Sciences*, ed. Anne C. Herrmann and Abigail J. Stewart, 171 – 197. Boulder, Colorado: Westview Press.

Harvey, David. 1990. *The Condition of Postmodernity: An Enquiry into the Origins of Cultural Change*. Cambridge, Mass. : Blackwell.

———. 2000. *Spaces of Hope*. Berkeley: University of California Press.

Hawke, Sharryl, and David Knox. 1977. *One Child by Choice*. Spectrum Book; S-455. Englewood Cliffs, N. J. : Prentice-Hall.

Henderson, Zorika Petic. 1991. The Only Child Isn't Necessarily a Terror. *Human Ecology Forum* 19, no. 2: 27 – 29.

Hernandez, Donald J. 1986. Childhood in Sociodemographic Perspective. *Annual Review of Sociology* 12: 159 – 180.

Hertz, Ellen. 1998. *The Trading Crowd: An Ethnography of the Shanghai Stock Market*. Cambridge: Cambridge University Press.

Herzfeld, Michael. 1985. *The Poetics of Manhood: Contest and Identity in a Cretan Mountain Village*. Princeton: Princeton University Press.

———. 1987. *Anthropology through the Looking-Glass: Critical Ethnography in the Margins of Europe*. Cambridge: Cambridge University Press.

———. 1990. Pride and Perjury: Time and the Oath in the Mountain Villages of Crete. *Man* 25, no. 2: 305 – 322.

———. 1997. *Cultural Intimacy: Social Poetics in the Nation-State*. New York: Routledge.

Hewitt, Patricia. 1993. *About Time: The Revolution in Work and Family Life*. London: Rivers Oram Press.

Hirschman, Charles. 1994. Why Fertility Changes. *Annual Review of Sociology* 20: 203 – 233.

Hochschild, Arlie Russell, and Anne Machung. 1989. *The Second Shift: Working Parents and the Revolution at Home*. New York, N. Y. : Viking.

Hoffman, Lisa Mae. 2000. The Art of Becoming an Urban Professional: The State, Gender, and Subject-Formation in Late-Socialist China. PhD Dissertation, University of California, Berkeley.

Holland, Dorothy C. , and Naomi Quinn. 1987. *Cultural Models in Language and Thought*. Cambridge: Cambridge University Press.

Holland, Dorothy, and Michael Cole. 1995. Between Discourse and Schema: Reformulating a Cultural-Historical Approach to Culture and Mind. *Anthropology and Education Quarterly* 26, no. 4: 475 – 489.

Hollos, Marida, and Ulla Larsen. 1992. Fertility Differentials among the Ijo in Southern Nigeria: Does Urban Residence Make a Difference? *Social Science & Medicine* 35, no. 9: 1199 – 1210.

Holz, Carsten A. 2003. "Fast, Clear and Accurate": How Reliable Are Chinese Output and Economic Growth Statistics? *China Quarterly* 173, no. 1 – 305.

Honig, Emily, and Gail Hershatter. 1988. *Personal Voices: Chinese Women in the 1980's*. Stanford, Calif. : Stanford University Press.

Hoogstra, Lisa. 2000. Envisioning the Future. In*Becoming Adult: How Teenagers Prepare for the World of Work*, ed. Mihaly Csikszentmihalyi and Barbara Schneider, 21 – 38. New York: Basic Books.

Hooper, Beverley. 1998. "Flower Vase and Housewife": Women and Consumerism in Post-Mao China. In*Gender and Power in Affluent Asia*, ed.

Krishna Sen and Maila Stivens, 167–193. New York: Routledge.

Horowitz, Mardi Jon. 1991. *Person Schemas and Maladaptive Interpersonal Patterns*. Chicago: University of Chicago Press. Howe, Christopher. 1973. *Wage Patterns and Wage Policy in Modern China* 1919–1972. Cambridge: Cambridge University Press.

Hymes, Robert. 1987. *Statesmen and Gentlemen: The Elite of Fu-Chou, Chiang-Hsi, in Northern and Southern Sung*. Cambridge: Cambridge University Press. Ikels, Charlotte. 1983. The Process of Caretaker Selection. *Research on Aging* 5, no. 4: 491–509.

——. 1990a. Family Caregivers and the Elderly in China. In *Aging and Caregiving: Theory, Research and Policy*, ed. David E. Biegel and Arthur Blum, 270–294. Newbury Park, California: Sage.

——. 1990b. New Options for the Urban Elderly. In *Chinese Society on the Eve of Tiananmen: The Impact of Reform*, ed. Deborah Davis and Ezra F. Vogel, 215–242. Cambridge: Harvard University Press.

——. 1990c. The Resolution of Intergenerational Conflict: Perspectives of Elders and Their Family Members. *Modern China* 16, no. 4: 379–406.

——. 1996. *The Return of the God of Wealth: The Transition to a Market Economy in Urban China*. Stanford: Stanford University Press.

Inhorn, Marcia. 1996. *Infertility and Patriarchy: The Cultural Politics of Gender and Family Life in Egypt*. Philadelphia: University of Pennsylvania Press.

Inkeles, Alex. 1974. *Becoming Modern: Individual Change in Six Developing Countries*. Cambridge: Harvard University Press.

——. 1983. *Exploring Individual Modernity*. New York: Columbia University Press.

Institute of Population Research. 1980. Renkou Lilun [Population Theory]. In *Population Theory in China*, ed. H. Yuan Tien. White Plains, New York: M. E. Sharpe.

Jankowiak, William. 1992. Father-Child Relations in Urban China. In *Father Child Relations: Cultural and Biosocial Contexts*, ed. Barry Hewlett, 345–363.

——. 2002. Proper Men and Proper Women: Parental Affection in the Chinese Family. In *Chinese Femininities/Chinese Masculinities*, ed. Susan Brownell and Jeffrey N. Wasserstrom. Berkeley: University of California Press.

Jankowiak, William R. 1993. *Sex, Death, and Hierarchy in a Chinese City: An Anthropological Account*. New York: Columbia University Press.

Jiang Zemin. 1996a. Jiang Calls for Closer Economic, Technical Cooperation.

Xinhua News Agency, November 25, 1996.

———. 1996b. Speech by President Jiang Zemin of the People's Republic of China at Apec Economic Leaders Meeting. Available from http://www. fmprc. gov. cn/eng/5193. html. Web page accessed July 15, 2001.

Jiao, Shulan, Guiping Ji, and Qicheng Jing. 1986. Comparative Study of Behavioral Qualities of Only Children and Sibling Children. *Child Development* 57, no. 2: 357-361.

Jing, Jun. 2000a. Introduction: Food, Children, and Social Change in Contemporary China. In*Feeding China's Little Emperors*, ed. Jun Jing, 1-26. Stanford: Stanford University Press.

———, ed. 2000b. *Feeding China's Little Emperors*. Stanford: Stanford University Press.

Johnson, Kay. 1996. Politics of the Revival of Infant Abandonment in China, with Special Reference to Hunan. *Population and Development Review* 22, no. 1: 77-98.

Kane, Penny. 1987. *The Second Billion: Population and Family Planning in China*. New York, N. Y. : Penguin Books. Kaufman, Joan. 1993. The Cost of IUD Failure in China. *Studies in Family Planning* 24, no. 3: 194-196.

Kennedy, Bingham. 2001. *Dissecting China's* 2000 *Census*. Population Reference Bureau. Available from http://www. prb. org/regions/asia_near_east/DissectingChinas2000Census. html. Accessed June 25, 2001.

Kerr, Joanna, Julie Delahanty, and Kate Humpage. 1996. *Gender and Jobs in China's New Economy*. Ottawa: North-South Institute.

Kertzer, David I. , and Dominique Arel, eds. 2002. *Census and Identity: The Politics of Race, Ethnicity, and Language in National Censuses*. Cambridge: Cambridge University Press.

Keyfitz, Nathan. 1990. Alfred Sauvy [in Memoriam]. *Population and Development Review* 16, no. 4: 727-733.

Kirsch, Stuart. 2001. Lost Worlds: Environmental Disaster, "Culture Loss," and the Law. *Current Anthropology* 42, no. 2: 167-198.

Kishor, Sunita. 1993. "May God Give Sons to All": Gender and Child Mortality in India. *American Sociological Review* 58, no. 2: 247-265.

Kleinman, Arthur. 1985. Interpreting Illness Experience and Clinical Meanings: How I See Clinically Applied Anthropology. *Medical Anthropology Quarterly* 16, no. 3: 69-71.

———. 1986. *Social Origins of Distress and Disease: Depression, Neurasthenia, f and Pain in Modern China*. New Haven: Yale University Press.

———. 1988. *The Illness Narratives: Suffering, Healing, and the Human Condition.* New York: Basic Books.

Knodel, John, Napaporn Havanon, and Anthony Pramualratana. 1984. FertilityTransition in Thailand: A Qualitative Analysis. *Population and Development Review* 10, no. 2: 297–328.

Knodel, John, Napaporn Havanon, and Werasit Sittitrai. 1990. Family Size and the Education of Children in the Context of Rapid Fertility Decline. *Population and Development Review* 16, no. 1: 31–62.

Korzec, Michel and Martin K. Whyte. 1981. Reading Notes: The Chinese Wage System. *China Quarterly* 86: 248–273.

Krause, Elizabeth L. 2001. "Empty Cradles" and the Quiet Revolution: Demographic Discourse and Cultural Struggles of Gender, Race, and Class in Italy. *Cultural Anthropology* 16, no. 4: 576–611.

Lan, Hua R., and Vanessa L. Fong, eds. 1999. *Women in Republican China.* Armonk, New York: M. E. Sharpe.

Lancaster, Roger N. 1992. *Life Is Hard: Machismo, Danger, and the Intimacy of Power in Nicaragua.* Berkeley: University of California Press.

Lardy, Nicholas R. 1999. China's Economic Growth in an International Context. *The Pacific Review* 12, no. 2: 163–171. Laslett, Peter. 1965. *The World We Have Lost.* New York: Scribner. Lavely, William, and Ronald Freedman. 1990. The Origins of the Chinese Fertility Decline. *Demography* 27, no. 3: 357–367.

Laybourn, Ann. 1994. *The Only Child: Myths and Reality.* Edinburgh: HMSO.

Lee, James Z., and Cameron Campbell. 1997. *Fate and Fortune in Rural China: Social Organization and Population Behavior in Liaoning*, 1774–1873. Cambridge: Cambridge University Press.

Lee, James Z., and Wang Feng. 1999. *One Quarter of Humanity: Malthusian Mythology and Chinese Realities.* Cambridge: Harvard University Press.

Lee, Sing, and Arthur Kleinman. 2000. Suicide as Resistance in Chinese Society. In*Chinese Society: Change, Conflict and Resistance*, ed. Elizabeth J. Perry and Mark Selden, 221–240. London and New York: Routledge.

Lemon, Alaina. 1998. Your Eyes Are Green Like Dollars—Counterfeit Cash, National Substance, and Currency Apartheid in 1990s Russia. *Cultural Anthropology* 13, no. 1: 22–55.

Leonard, William R., Anne Keenleyside, and Evgueni Ivakine. 1997. Recent

Fertility and Mortality Trends among Aboriginal and Nonaboriginal Populations of Central Siberia. *Human Biology* 69, no. 3: 403-417.

Lerner, Daniel. 1958. *The Passing of Traditional Society: Modernizing the Middle East*. New York: Free Press of Glencoe.

Leslie, Paul. 2002. Demographic Consequences of Unpredictability in Fertility Outcomes. *American Journal of Human Biology* 14, no. 2: 168-183.

Levine, Nancy E. 1987. Differential Child Care in Three Tibetan Communities: Beyond Son Preference. *Population and Development Review* 13, no. 2: 281-304.

LeVine, Robert A. 2003. A Cross-Cultural Perspective on Parenting. In*Childhood Socialization: Comparative Studies of Parenting, Learning and Educational Change*, 89 - 100. Hong Kong: Comparative Education Research Centre, University of Hong Kong.

LeVine, Robert A., Sarah E. LeVine, Amy Richman, F. Medardo Tapia Uribe, Clara Sunderland Correa, and Patrice M. Miller. 1991. Women's Schooling and Child Care in the Demographic Transition: A Mexican Case Study. *Population and Development Review* 17, no. 3: 459-496.

LeVine, Robert A., Sarah E. LeVine, and Beatrice Schnell. 2001. "Improve the Women": Mass Schooling, Female Literacy, and Worldwide Social Change. *Harvard Educational Review* 71, no. 1: 1-50.

LeVine, Robert A. and Merry I. White. 2003. Revolution in Parenthood. In*Child- hood Socialization: Comparative Studies of Parenting, Learning and Educational Change*, ed. Robert A. LeVine, 127-143. Hong Kong: University of Hong Kong Comparative Education Research Centre.

LeVine, Robert Alan, Suzanne Dixon, Sarah LeVine, Amy Richman, P. Herbert Leiderman, Constance H. Keefer, and T. Berry Brazelton. 1994. *Child Care and Culture: Lessons from Africa*. Cambridge: Cambridge University Press.

Lewis, Jane. 1980. *The Politics of Motherhood: Child and Maternal Welfare in England*, 1900-1939. Montreal: McGill-Queen's University Press.

Li Jiali. 1995. China's One-Child Policy: How and How Well Has It Worked? A Case Study of Hebei Province, 1979-88. *Population and Development Review* 21, no. 3: 563-585.

Li Yongping and Peng Xizhe. 2000. Age and Sex Structures. In*The Changing Population of China*, ed. Peng Xizhe and Guo Zhigang, 64-76. Malden: Blackwell Publishers.

Liang, Jersey, and Gu Shengzu. 1989. Long-Term Care for the Elderly in China. In*Caring for an Aging World: International Models for Long-Term Care*,

Financing, and Delivery, ed. Teresa Schwab, 265 – 287. New York: McGraw-Hill.

Lieberthal, Kenneth G. 1995. *Governing China: From Revolution through Reform*. New York: W. W. Norton.

Link, Perry, Richard P. Madsen, and Paul G. Pickowicz. 2002. *Popular China: Un-official Culture in a Globalizing Society*. Lanham, Maryland: Rowman and Littlefield.

Litzinger, Ralph A. 2000. *Other Chinas: The Yao and the Politics of National Belonging*. Durham: Duke University Press.

Liu, Xin. 2000. *In One's Own Shadow: An Ethnographic Account of the Condition of Post-Reform Rural China*. Berkeley: University of California Press.

———. 2002. *The Otherness of Self: A Genealogy of the Self in Contemporary China*. Ann Arbor: University of Michigan.

Liu Zheng. 1981. Population Planning and Demographic Theory. In*China's Population: Problems and Prospects*, ed. Liu Zheng and Song Jian. Beijing: New World Press.

Lowe, Lisa, and David Lloyd, eds. 1997. *The Politics of Culture in the Shadow of Capital*. Durham: Duke University Press.

Lozada, Eriberto P. 2000. Globalized Childhood? Kentucky Fried Chicken in Beijing. In*Feeding China's Little Emperors*, ed. Jun Jing, 114 – 134. Stanford: Stanford University Press.

Lu Hsun. 1978. My Old Home. In*Selected Stories of Lu Hsun*, ed. Yang Hsienyi and Gladys Yang, 54 – 64. Peking: Foreign Languages Press.

Luther, Norman Y., Griffith Feeney, and Weimin Zhang. 1990. One-Child Families or a Baby Boom? Evidence from China's 1987 One-Per-Hundred Survey. *Population Studies* 44, no. 2: 341 – 357.

Lutz, Catherine and Jane Lou Collins. 1993. *Reading National Geographic*. Chicago: University of Chicago Press.

MacLeod, Jay. 1995. *Ain't No Makin' It: Aspirations and Attainment in a Low-In-come Neighborhood*. Boulder: Westview Press.

Mallee, Hein. 2000. Migration, Hukou and Resistance in Reform China. In*Chinese Society: Change, Conflict and Resistance*, ed. Elizabeth J. Perry and Mark Selden, 83 – 101. London: Routledge.

Malthus, Thomas Robert. 1809. *An Essay on the Principle of Population; or, a View of Its Past and Present Effects on Human Happiness; with an Inquiry into Our Prospects Respecting the Future Removal or Mitigation of the Evils Which It*

Occasions. Washington, DC: Roger Chew Weightman.

Mandler, George. 1984. *Mind and Body*. New York: W. W. Norton.

Mankekar, Purnima. 1999. *Screening Culture, Viewing Politics*. Durham: Duke University Press. Mao Zedong. 1958. Chairman Mao's Article for Red Flag. *Survey of China Mainland Press*, no. 1784.

——. 1961a. The Bankruptcy of the Idealist Conception of History. In*Selected Works of Mao Tse-Tung*, 4:451–459. Peking: Foreign Languages Press.

——. 1961b. Be Activists in Promoting the Revolution. In*Selected Works of Mao Tse-Tung*, ed. Central Committee of the Communist Party of China Committee for the Publication of the Selected Works of Mao Tse-tung, 5:483–497. Peking: Foreign Languages Press.

——. 1961c. On the Correct Handling of Contradictions among the People. In*Selected Works of Mao Tse-Tung*, ed. Central Committee of the Communist Party of China Committee for the Publication of the Selected Works of Mao Tse-tung, 5:384–421. Peking: Foreign Languages Press.

Marx, Karl. 1977. *Capital: A Critique of Political Economy*. New York: Vintage Books.

Marx, Karl and Friedrich Engels. 1967 [1848]. *The Communist Manifesto*. Trans- lated by Samuel Moore. Harmondsworth: Penguin.

McDade, Thomas W. 2001. Lifestyle Incongruity, Social Integration, and Immune Function in Samoan Adolescents. *Social Science & Medicine* 53:1352–1362.

——. 2002. Status Incongruity in Samoan Youth: A Biocultural Analysis of Culture Change, Stress, and Immune Function. *Medical Anthropology Quarterly* 16, no. 2:123–150.

McKibben, Bill. 1998. *Maybe One: A Personal and Environmental Argument for Single-Child Families*. New York: Simon & Schuster.

Meredith, William H., Douglas A. Abbott, and Ming Zheng Fu. 1992. Self-Concept and Sociometric Outcomes: A Comparison of Only Children and Sibling Children from Urban and Rural Areas in the People's Republic of China. *The Journal of Psychology* 126, no. 4:411.

Milwertz, Cecilia Nathansen. 1997. *Accepting Population Control: Urban Chinese Women and the One-Child Family Policy*. Richmond: Curzon.

Miyazaki, Hirokazu. 2003. The Temporalities of the Market. *American Anthropologist* 105, no. 2:255–265.

Moore, Thomas G. 2002. *China in the World Market: Chinese Industry and International Sources of Reform in the Post-Mao Era*. Cambridge: Cambridge

University Press.

Mosher, Steven W. 1993. *A Mother's Ordeal: One Woman's Fight against China's One-Child Policy*. New York: Harcourt Brace Jovanovich.

Mueggler, Erik. 2001. *The Age of Wild Ghosts*. Berkeley: University of California Press.

Murphy, Rachel. 2002. *How Migrant Labor Is Changing Rural China*. Cambridge: Cambridge University Press.

Murthi, Mamta, Anne-Catherine Guio, and Jean Dreze. 1995. Mortality, Fertility, and Gender Bias in India: A District Level Analysis. *Population and Development Review* 21, no. 4: 745–782.

Nakhaie, M. R. 1995. Housework in Canada: The National Picture. *Journal of Comparative Family Studies* 26, no. 3: 409–425.

Notestein, Frank. 1953. Economic Problems of Population Change. In*Proceedings of the Eighth International Conference of Agricultural Economists*, Eighth Conference, 1952, 13–31. London: Oxford University Press. Office of the Federal Register. 1999. The Federal Register. 64, no. 52.

Ogbu, John U. 1983. Minority Status and Schooling in Plural Societies. *Comparative Education Review* 27: 168–190.

———. 1987. Variability in Minority School Performance: A Problem in Search of an Explanation. *Anthropology and Education Quarterly* 18, no. 3: 312–334.

Ogbu, John U., and Margaret A. Gibson. 1991. *Minority Status and Schooling: A Comparative Study of Immigrant and Involuntary Minorities*. New York: Garland Press.

Ogbu, John U., and Herbert D. Simons. 1998. Voluntary and Involuntary Minorities: Cultural-Ecological Theory of School Performance with Some Implications for Education. *Anthropology & Education Quarterly* 29, no. 2: 155–188.

Ong, Aihwa. 1999. *Flexible Citizenship: The Cultural Logics of Transnationality*. Durham, NC: Duke University Press.

Orleans, Leo A. 1979. *Chinese Approaches to Family Planning*. White Plains, New York: M. E. Sharpe.

Orlove, Benjamin S. and Arnold J. Bauer. 1997. Giving Importance to Imports. In*The Allure of the Foreign: Imported Goods in Post-Colonial Latin America*, ed. Benjamin S. Orlove, 1–29. Ann Arbor: University of Michigan Press.

Ortner, S. B. 1998. Generation X: Anthropology in a Media-Saturated World. *Cultural Anthropology* 13, no. 3: 414–440.

Oshima, Harry T. 1983. The Industrial and Demographic Transitions in East

Asia. *Population and Development Review* 9, no. 4: 583 - 607.

Palmer, Michael. 1995. The Re-Emergence of Family Law in Post-Mao China: Marriage, Divorce and Reproduction. *The China Quarterly*, no. 141: 110 - 135.

Parsons, Talcott. 1971. *The System of Modern Societies*. Englewood Cliffs, New Jersey: Prentice Hall.

Pasternak, Burton. 1983. Sociology and Anthropology in China: Revitalization and Its Constraints. *AAAS Selected Symposium Westview Press* 86: 37 - 62.

———. 1985. On the Causes and Demographic Consequences of Uxorilocal Marriage in China. In*Family and Population in East Asian History*, ed. Susan B. Hanley and Arthur P. Wolf, 309 - 334. Stanford: Stanford University Press.

Peak, Lois. 1991. *Learning to Go to School in Japan: Transition from Home to Preschool Life*. Berkeley: University of California Press.

Pearson, Veronica. 1995. *Mental Health Care in China: State Policies, Professional Services and Family Responsibilities*. London: Gaskell.

Peng, Xizhe. 1994. *Recent Trends in China's Population and Their Implications*. London: Research Programme on the Chinese Economy.

Peng Xizhe. 1991. *Demographic Transition in China: Fertility Trends since the 1950s*. Oxford: Clarendon Press.

Peng Xizhe and Guo Zhigang. 2000. *The Changing Population of China*. Oxford: Blackwell Publishers.

Pepper, Suzanne. 1996. *Radicalism and Education Reform in 20th-Century China: The Search for an Ideal Development Model*. Cambridge: Cambridge University Press.

Perry, Elizabeth J. and Mark Selden. 2000. *Chinese Society: Change, Conflict, and Resistance*. London: Routledge.

Phillips, Michael R., Xianyan Li, and Yanping Zhang. 2002. Suicide Rates in China. *The Lancet* 359, no. 9309: 835 - 840.

Phillips, Michael R., Huaqing Liu, and Yanping Zhang. 1999. Suicide and Social Change in China. *Culture, Medicine, and Psychiatry* 23, no. 1.

Phillips, Michael R., Gonghuan Yang, Yanping Zhang, Lijun Wang, Huiyu Ji, and Maigeng Zhou. 2002. Risk Factors for Suicide in China: A National Case-Control Psychological Autopsy Study. *The Lancet* 360: 1728 - 1736.

Piot, Charles. 1999. *Remotely Global: Village Modernity in West Africa*. Chicago: University of Chicago Press.

———. 2001. Of Hybridity, Modernity, and Their Malcontents. *Interventions* 3, no. 1: 85 - 91.

Plesset, Sonja B. 2002. Sheltering Women: Visions of Gender, Motherhood, and Marriage in Northern Italy. Ph. D. diss. , Harvard University.

Polit, Denise F. , and Toni Falbo. 1987. Only Children and Personality Development: A Quantitative Review. *Journal of Marriage and the Family* 49, no. 2: 309.

——. 1988. Intellectual Achievement of Only Children. *Journal of Biosocial Science* 20, no. 3: 275 – 285. Polit, Denise, L. R. Nuttal, and E. V. Nuttal. 1980. The Only Child Grows Up: A Look at Some Characteristics of Adult Only Children. *Family Relations* 29: 99 – 106.

Portes, Alejandro. 1976. On the Sociology of National Development. *American Journal of Sociology* 82: 55 – 85.

Poston, Dudley L. , Jr. and Toni Falbo. 1990. Academic Performance and Personality Traits of Chinese Children: "Onlies" Versus Others. *American Journal of Sociology* 96, no. 2: 433.

Rabinow, Paul. 1977. *Reflections on Fieldwork in Morocco*. Quantum Book. Berkeley: University of California Press.

Renne, Elisha. 1993. Gender Ideology and Fertility Strategies in an Ekiti Yoruba Village. *Studies in Family Planning* 24, no. 6: 343 – 353.

Riding, Alan. 2002. Italian Court Rules That Son Knows Best About Leaving Home. *New York Times*, April 6, 2002, A3.

Robbins, Joel. 2001. God Is Nothing but Talk: Modernity, Language, andPrayer in a Papua New Guinea Society. *American Anthropologist* 103, no. 4: 901 – 912.

Robertson, Jennifer. 1998. *Takarazuka: Sexual Politics and Popular Culture in Modern Japan*. Berkeley: University of California Press.

Robinson, Jean C. 1985. Of Women and Washing Machines: Employment, Housework, and the Reproduction of Motherhood in Socialist China. *China Quarterly* 101: 32 – 57.

Rofel, Lisa. 1999. *Other Modernities: Gendered Yearnings in China after Socialism*. Berkeley: University of California Press.

Rosenweig, Mark and T. Paul Schultz. 1982. Market Opportunities, Genetic Endowments, and Intra-Family Resource Distribution: Child Survival in Rural India. *American Economic Review* 72: 803 – 815.

Ross, Ellen. 1993. *Love and Toil: Motherhood in Outcast London*, 1870 – 1918. New York: Oxford University Press.

Rostow, W. W. 1990. *The Stages of Economic Growth: A Non-Communist Manifesto*. Cambridge: Cambridge University Press.

Sahlins, Marshall. 1972. *Stone Age Economics*. Chicago: Aldine.

———. 1994. Cosmologies of Capitalism: The Trans-Pacific Sector of the World System. In*Culture/Power/History*, ed. Nicholas B. Dirks, Geoff Eley and Sherry B. Ortner, 412 – 455. Princeton: Princeton University Press. Salaff, Janet W. 1995. *Working Daughters of Hong Kong: Filial Piety or Power in the Family?* New York: Columbia University Press.

Sander, William. 1990. More on the Determinants of the Fertility Transition. *Social Biology* 37, no. 1 – 2.

Sangren, P. Steven. 1983. Female Gender in Chinese Religious Symbols: Kuan Yin, Ma Tsu, and "the Eternal Mother."*Signs* 9, no. 1: 4 – 25.

Sassen, Saskia. 1991. *The Global City: New York, London, Tokyo*. Princeton: Princeton University Press.

———. 2000. *Cities in a World Economy*. Thousand Oaks, California: Pine Forge Press.

Sassen, Saskia, and K. Anthony Appiah. 2000. *Globalization and Its Discontents: Essays on the New Mobility of People and Money*. New Press.

Sauvy, Alfred. 1952. Trois Mondes, Une Planète [Three Worlds, One Planet]. *L'Observateur* [*The Observer*], August 14, 1952.

Scheper-Hughes, Nancy. 1992. *Death without Weeping: The Violence of Everyday Life in Brazil*. Berkeley: University of California Press.

———. 1997. Demography without Numbers. In*Anthropological Demography: Toward a New Synthesis*, ed. David I. Kertzer and Thomas E. Fricke, 201 – 222. Chicago: University of Chicago Press.

Schneider, Barbara and David Stevenson. 1999. *The Ambitious Generation: America's Teenagers, Motivated but Directionless*. New Haven: Yale University Press.

Schneider, Jane C., and Peter T. Schneider. 1996. *Festival of the Poor: Fertility Decline and the Ideology of Class in Sicily: 1860 – 1980*. Tucson: University of Arizona Press.

Schwartz, Theodore, Geoffrey M. White, and Catherine Lutz. 1992. *New Directions in Psychological Anthropology*. Cambridge: Cambridge University Press.

Scott, James C. 1985. *Weapons of the Weak*. New Haven: Yale University Press.

Selden, Mark. 1993. *The Political Economy of Chinese Development*. Armonk, New York: M. E. Sharpe.

Shirk, Susan L. 1982. *Competitive Comrades*. Berkeley: University of California Press.

——. 1993. *The Political Logic of Economic Reform in China*. Berkeley: University of California Press.

Short, Susan E. and Zhai Fengying. 1998. Looking Locally at China's One-Child Policy. *Studies in Family Planning* 29, no. 4: 373-387.

Shorter, Edward. 1977. *The Making of the Modern Family*. New York: Basic Books.

Siu, Helen. 1990. Where Were the Women? Rethinking Marriage Resistance and Regional Culture in South China. *Late Imperial China* 11, no. 2: 32-62.

——. 1993. Reconstituting Dowry and Brideprice in South China. In *Chinese Families in the Post-Mao Era*, ed. Deborah Davis and Stevan Harrell, 165-188. Berkeley: University of California Press.

Small, Meredith F. 2001. *Kids: How Biology and Culture Shape the Way We Raise Our Children*. New York: Doubleday.

Smith, T. L. , ed. 1907. *Aspects of Childhood Life and Education*. Boston: Ginn.

Solinger, Dorothy. 1999. *Contesting Citizenship in Urban China: Peasant Migrants, the State, and the Logic of the Market*. Berkeley: University of California Press.

Solomon, E. S. , J. E. Clare, and C. F. Westoff. 1956. Fear of Childlessness, Desire to Avoid an Only Child, and Children's Desire for Siblings. *Milbank Memorial Fund Quarterly* 34: 160-177.

Spence, Jonathan. 1990. *The Search for Modern China*. New York: W. W. Norton and Company.

Spence, Jonathan D. 1980. *To Change China: Western Advisers in China, 1620-1960*. New York: Penguin Books.

Stafford, Charles. 1995. *The Roads of Chinese Childhood: Learning and Identification in Angang*. Cambridge: Cambridge University Press.

Stockard, Janice. 1989. *Daughters of the Canton Delta: Marriage Patterns and Economic Strategies in South China, 1860-1930*. Stanford: Stanford University Press.

Stone, Lawrence. 1977. *The Family, Sex and Marriage in England, 1500-1800*. New York: Harper & Row.

Strauss, Claudia, and Naomi Quinn. 1997. *A Cognitive Theory of Cultural Meaning*. Cambridge: Cambridge University Press.

Suárez-Orozco, Carola, and Marcelo Suárez-Orozco. 1995. *Transformations: Migration, Family Life, and Achievement Motivation among Latino Adolescents*. Stanford: Stanford University Press.

Suárez-Orozco, Marcelo. 1989. *Central American Refugees and U. S. High Schools: A Psychosocial Study of Motivation and Achievement*. Stanford: Stanford University Press.

Summerfield, Gale. 1994. Effects of the Changing Employment Situation on Urban Chinese Women. *Review of Social Economy* 52, no. 1: 40–59.

Tabah, Leon. 1991. Alfred Sauvy: Statistician, Economist, Demographer and Iconoclast [1898–1990]. *Population Studies* 45, no. 2: 353–357.

Tang, Wenfang, and William L. Parish. 2000. *Chinese Urban Life under Reform: The Changing Social Contract*. Cambridge: Cambridge University Press.

Tang Yuankai. 2001. The "Unbearable" Examination. *Beijing Review* 30: 12–20.

Tao, Kuotai, and Jing-Hwa Chiu. 1985. One-Child-Per-Family Policy: A Psychological Perspective. In *Chinese Culture and Mental Health*, ed. Wen Shing Tseng and David Y. H. Wu, 153–165.

Tao, Kuo-Tai, Jing-Hwa Qiu, Bao-Lin Li, Wen-Shing Tseng, Jing Hsu, and Dennis G. McLaughlin. 1995. One-Child-Per-Couple Family Planning and Child Behaviour Development: Six-Year Follow-up Study in Nanjing. In *Chinese Societies and Mental Health*, ed. Tsung-Yi Lin, Wen-Shing Tseng and Ying-kun Yeh, 341–374. Oxford; New York: Oxford University Press.

Teng, Ssu-yu, and John King Fairbank. 1979. *China's Response to the West: A Documentary Survey*, 1839–1923. Cambridge, Mass. : Harvard University Press.

Thompson, Vaida D. 1974. Family Size: Implicit Policies and Assumed Psychological Outcomes. *Journal of Social Issues* 30, no. 4: 93–124.

Tien, H. Yuan, ed. 1980. *Population Theory in China*. White Plains, New York: M. E. Sharpe.

Tomkins, Silvan S., and Carroll E. Izard. 1965. *Affect, Cognition, and Personality: Empirical Studies*. New York: Springer.

Topley, Marjorie. 1978. Marriage Resistance in Rural Kwangtung. In *Studies in Chinese Society*, 247–268.

Travers, S. Lee. 1982. Bias in Chinese Economic Statistics: The Case of the Typical Example Investigation. *China Quarterly* 91: 478–485.

Tseng, Wen-shing, Tao Kuotai, Jing Hsu, and Chiu Jinghua. 1988. Family Planning and Child Mental Health in China: The Nanjing Survey. *American Journal of Psychiatry* 145, no. 11: 1396–1403.

U. S. Bureau of the Census. 1999. *World Population Profile*: 1998. Washington, DC. United Nations. 1997a. *Expert Group Meeting on Below-Replacement Fertility*. New York: Population Division, Department of Economic and Social Affairs, United Nations Secretariat.

———. 1997b. Population 2050: 9.4 Billion. *UN Chronicle* 34, no. 3: 72. United Nations Department of Economic and Social Affairs. 1998. *World Population Prospects as Assessed in* 1998. New York: United Nations.

Veenhoven, Ruut and Maykel Verkuyten. 1989. The Well-Being of Only Children. *Adolescence* 24, no. 93: 155–166.

Verdery, Katherine. 1991. *What Was Socialism, and What Comes Next?* Princeton: Princeton University Press.

Wallerstein, Immanuel. 1974. *The Modern World System: Capitalist Agriculture and the Origins of the European World Economy in the Sixteenth Century*. New York: Academic Press.

Wallerstein, Immanuel Maurice. 1979. *The Capitalist World-Economy: Essays*. Cambridge: Cambridge University Press.

———. 1998. *Utopistics, or, Historical Choices of the Twenty-First Century*. New York: New Press.

———. 1999. *The End of the World as We Know It: Social Science for the Twenty-First Century*. Minneapolis: University of Minnesota Press.

Wallerstein, Immanuel, and Joan Smith. 1992. Core-Periphery and Household Structures. *Creating and Transforming Households: the Constraints of the World Economy*: 253–262.

Waltner, Ann. 1983. Building on the Ladder of Success: The Ladder of Success in Imperial China and Recent Work on Social Mobility. *Ming Studies* 17, no. 30–36.

Walvin, James. 1982. *A Child's World: A Social History of English Childhood*, 1800–1914. Harmondsworth, Middlesex, England: Penguin Books.

Wan, Chuanwen. 1996. Comparison of Personality Traits of Only and Sibling School Children in Beijing. *Journal of Genetic Psychology* 155, no. 377–388.

Wang Zheng. 1999. *Women in the Chinese Enlightenment: Oral and Textual Histories*. Berkeley: University of California Press.

———. 2000. Gender, Employment and Women's Resistance. In*Chinese Society: Change, Conflict and Resistance*, ed. Elizabeth J. Perry and Mark Selden, 62–82. London; New York: Routledge.

Wasserstrom, Jeffrey. 1984. Resistance to the One-Child Family. *Modern China*

10: 345-374.

Watson, James L. 1980. Transactions in People: The Chinese Market in Slaves, Servants, and Heirs. *Asian and African Systems of Slavery*: 223-250.

———. 2000. Food as Lens: The Past, Present, and Future of Family Life in China. In*Feeding China's Little Emperors*, ed. Jun Jing, 1-26. Stanford: Stanford University Press.

———, ed. 1984. *Class and Social Stratification in Post-Revolution China*. Cambridge: Cambridge University Press. Watson, James L. and Patricia Ebrey, eds. 1986. *Kinship Organization in Late Imperial China*, 1000-1940. Berkeley: University of California Press.

Watson, Rubie. 1984. Women's Property in Republican China: Rights and Practices. *Republican China* 10, no. 1a: 1-12.

Watson, Rubie S. 1986. The Named and the Nameless: Gender and Person in Chinese Society. *American Ethnologist* 13, no. 4: 619-631.

———. 1996. Chinese Bridal Laments: The Claims of a Dutiful Daughter. In*Harmony and Counterpoint: Ritual Music in Chinese Context*, ed. Bell Yung, Evelyn Sakakida Rawski and Rubie S. Watson, 107-129. Stanford, Calif.: Stanford University Press.

Weber, Max. 1958. *The Protestant Ethic and the Spirit of Capitalism*. Translated by Talcott Parsons. New York: Charles Scribner's Sons.

Weinberg, Martin S. 1976. *Sex Research: Studies from the Kinsey Institute*. New York: Oxford University Press.

Weismantel, Mary. 2001. *Cholas and Pishtacos: Stories of Race and Sex in the Andes*. Chicago: University of Chicago Press.

White, Merry. 1987. The Virtue of Japanese Mothers: Cultural Definitions of Women's Lives. *Daedalus* 116, no. 3: 149-163.

White, Merry I. 1988. *The Japanese Educational Challenge: A Commitment to Children*. New York: Free Press; London: Collier Macmillan.

———. 1993. *The Material Child: Coming of Age in Japan and America*. New York: Free Press.

White, Tyrene. 1987. Implementing the "One-Child-Per-Couple" Population Program in Rural China: National Goals and Local Politics. In*Policy Implementation in Post-Mao China*, 157-189. Berkeley: University of California Press.

———. 1994. The Origins of China's Birth Planning Policy. In*Engendering China: Women, Culture, and the State*, ed. Christina Gilmartin, Gail Hershatter, Lisa Rofel and Tyrene White, 250-278. Cambridge: Harvard University Press.

——. 2000. Domination, Resistance and Accommodation in China's One- Child Campaign. In*Chinese Society: Change, Conflict and Resistance*, ed. Elizabeth J. Perry and Mark Selden, 102 – 119. London: Routledge.

Whyte, Martin K. 1979. Revolutionary Change and Patrilocal Residence in China. *Ethnology* 18: 211 – 227.

Whyte, Martin King. 1997. The Fate of Filial Obligations in Urban China. *The China Journal*, no. 38: 1 – 31.

Whyte, Martin King, and S. Z. Gu. 1987. Popular Response to China's Fertility Transition. *Population and Development Review* 13, no. 3: 471 – 493.

Whyte, Martin and William Parish. 1984. *Urban Life in Contemporary China*. Chicago: University of Chicago Press.

Wilson, William J. 1987. *The Truly Disadvantaged: The Inner City, the Underclass, and Public Policy*. Chicago: University of Chicago Press.

Winterhalder, Bruce, and Paul Leslie. 2002. Risk-Sensitive Fertility: The Variance Compensation Hypothesis. *Evolution and Human Behavior* 23: 59 – 82.

Wolf, Margery. 1968. *The House of Lim: A Study of a Chinese Farm Family*. Englewood Cliffs, New Jersey: Prentice Hall.

——. 1972. *Women and the Family in Rural Taiwan*. Stanford: Stanford Univer- sity Press.

——. 1985. *Revolution Postponed: Women in Contemporary China*. Stanford: Stanford University Press.

Wolf-Phillips, Leslie. 1987. Why "Third World"? Origin, Definition and Usage. *Third World Quarterly* 9, no. 4: 1131 – 1139.

Wong Siu-lun. 1979. *Sociology and Socialism in Contemporary China*. London: Routledge.

Wu Naitao. 1986. Dealing with the Spoiled Brat. *Beijing Review* 29, no. 12 [May]: 26 – 28.

Yan, Yunxiang. 1996. *The Flow of Gifts: Reciprocity and Social Networks in a Chinese Village*. Stanford, Calif. : Stanford University Press.

——. 1997a. McDonald's in Beijing: The Localization of Americana. In*Golden Arches East: McDonald's in East Asia*, ed. James L. Watson, 39 – 76. Stanford, Calif. : Stanford University Press.

——. 1997b. The Triumph of Conjugality: Structural Transformation of Family Relations in a Chinese Village. *Ethnology* 36, no. 3: 191 – 212.

——. 2003. *Private Life under Socialism: Love, Intimacy, and Family Change in a Chinese Village* 1949 – 1999. Stanford: Stanford University Press.

Yang, Bin, Thomas H. Ollendick, Qi Dong, Yong Xia, and Lei Lin. 1995. Only Children and Children with Siblings in the People's Republic of China: Levels of Fear, Anxiety, and Depression. *Child Development* 66, no. 5: 1301–1311.

Yang, Mayfair Mei-hui. 1994. *Gifts, Favors, and Banquets: The Art of Social Relationships in China*. Ithaca, N. Y. : Cornell University Press.

Ye, Weili. 2001. *Seeking Modernity in China's Name: Chinese Students in the United States*, 1900–1927. Stanford: Stanford University Press.

Yeh, Wei-Hsin. 1990. *The Alienated Academy: Culture and Politics in Republican China*, 1919–1937. Cambridge: Harvard University Press.

Yue Daiyun and Carolyn Wakeman. 1985. *To the Storm: The Odyssey of a Revolutionary Chinese Woman*. Berkeley: University of California Press.

Zelizer, Viviana A. Rotman. 1994. *Pricing the Priceless Child: The Changing Social Value of Children*. Princeton, N. J. : Princeton University Press.

Zeng Yi. 2000. Marriage Patterns in Contemporary China. In *The Changing Population of China*, ed. Peng Xizhe and Guo Zhigang, 91–100. Malden: Blackwell Publishers.

Zeng Yi, Tu Ping, Gu Baochang, Xu Yi, Li Bohua, and Li Yongping. 1993. Causes and Implications of the Recent Increase in the Reported Sex Ratio at Birth in China. *Population and Development Review* 19, no. 2: 283–302.

Zhang, Hong. 1998. Social Transformations, Family Life, and Uxorilocal Marriage in a Hubei Village, 1870–1994. PhD Dissertation, Columbia University.

Zhang, Li. 2001. *Strangers in the City: Reconfigurations of Space, Power, and Social Networks within China's Floating Population*. Stanford: Stanford University Press.

Zhang Weiguo. 1999. Implementation of State Family Planning Programmes in a Northern Chinese Village. *China Quarterly* 157: 202–230.

Zhang Zhen. 2001. Mediating Time: The "Rice Bowl of Youth" in Fin De Siècle Urban China. In *Globalization*, ed. Arjun Appadurai, 131–154. Durham: Duke University Press.

译后记

在北京的地铁上把出版社寄来的这部译稿校样进行最后的核对时，我的兴奋之情难以言表。对很多人的感激之情亦如此。

早在哈佛读书期间，我就对师姐冯文的这部作品倾慕不已。哈佛一位多年从事研究生研究基金申请书审核工作的老师告诉我，冯文当年以这个主题写作的博士论文项目基金申请书是她读过的最棒的申请书——"写作优美，内容感人"。导师 James L. Watson 教授（我们都亲切地称呼他 Woody）则告诉我，冯师姐是很用功很有勇气的人，她出生于经济条件普通的家庭，靠着自己的聪颖努力和坚决意志追逐着自己的学术梦，成长为优异的学术青年。所以，无论是师姐的作品还是她的人格特质，都深深吸引着我。能够翻译她的作品，是我的荣幸。

谢谢我的同事袁剑引荐我认识刘东老师。刘老师不仅很快认可了这部译作的选题，还热情快捷地帮助我联络江苏人民出版社的卞清波先生办理翻译事宜。刘老师主编的"海外中国研究丛书"让国内的莘莘学子们受益良多，我自己也是受益人之一。直接用母语阅读翻译精准的学术大牛们的作品，不仅畅快，还省去了很多阅读原著所需要花费的自行查找陌生学术词汇和理解疑难杂句的时间。我的译作能加入这套丛书，也让我深感荣幸,就当是我作为受益人的微薄回馈吧!

我也感谢清波与出版社其他工作人员的帮助,他们的工作效率和认真细致让我满怀敬意。

我也想把这本译作献给我的父母。我是独生子女。冯文书中谈及的种种独生子女与父母之间情感上的依恋、父母对子女无条件的付出与爱、子女对寸草心难报三春晖的怅然,这些我都经历过。或许是这个身份和经历从潜意识里推动了我来译它。我希望父母,以及像他们这样的独生子女父母,能够喜欢这本书,从新的角度来理解他们与他们珍视的"唯一的希望"之间共度的生命经历。

常 姝

2018年7月

"海外中国研究丛书"书目

1. 中国的现代化　[美]吉尔伯特·罗兹曼 主编　国家社会科学基金"比较现代化"课题组 译　沈宗美 校
2. 寻求富强:严复与西方　[美]本杰明·史华兹 著　叶凤美 译
3. 中国现代思想中的唯科学主义(1900—1950)　[美]郭颖颐 著　雷颐 译
4. 台湾:走向工业化社会　[美]吴元黎 著
5. 中国思想传统的现代诠释　余英时 著
6. 胡适与中国的文艺复兴:中国革命中的自由主义,1917—1937　[美]格里德 著　鲁奇 译
7. 德国思想家论中国　[德]夏瑞春 编　陈爱政 等译
8. 摆脱困境:新儒学与中国政治文化的演进　[美]墨子刻 著　颜世安 高华 黄东兰 译
9. 儒家思想新论:创造性转换的自我　[美]杜维明 著　曹幼华 单丁 译　周文彰 等校
10. 洪业:清朝开国史　[美]魏斐德 著　陈苏镇 薄小莹 包伟民 陈晓燕 牛朴 谭天星 译　阎步克 等校
11. 走向21世纪:中国经济的现状、问题和前景　[美]D.H.帕金斯 著　陈志标 编译
12. 中国:传统与变革　[美]费正清 赖肖尔 主编　陈仲丹 潘兴明 庞朝阳 译　吴世民 张子清 洪邮生 校
13. 中华帝国的法律　[美]D.布朗 C.莫里斯 著　朱勇 译　梁治平 校
14. 梁启超与中国思想的过渡(1890—1907)　[美]张灏 著　崔志海 葛夫平 译
15. 儒教与道教　[德]马克斯·韦伯 著　洪天富 译
16. 中国政治　[美]詹姆斯·R.汤森 布兰特利·沃马克 著　顾速 董方 译
17. 文化、权力与国家:1900—1942年的华北农村　[美]杜赞奇 著　王福明 译
18. 义和团运动的起源　[美]周锡瑞 著　张俊义 王栋 译
19. 在传统与现代性之间:王韬与晚清革命　[美]柯文 著　雷颐 罗检秋 译
20. 最后的儒家:梁漱溟与中国现代化的两难　[美]艾恺 著　王宗昱 冀建中 译
21. 蒙元入侵前夜的中国日常生活　[法]谢和耐 著　刘东 译
22. 东亚之锋　[美]小R.霍夫亨兹 K.E.柯德尔 著　黎鸣 译
23. 中国社会史　[法]谢和耐 著　黄建华 黄迅余 译
24. 从理学到朴学:中华帝国晚期思想与社会变化面面观　[美]艾尔曼 著　赵刚 译
25. 孔子哲学思微　[美]郝大维 安乐哲 著　蒋弋为 李志林 译
26. 北美中国古典文学研究名家十年文选　乐黛云 陈珏 编选
27. 东亚文明:五个阶段的对话　[美]狄百瑞 著　何兆武 何冰 译
28. 五四运动:现代中国的思想革命　[美]周策纵 著　周子平 等译
29. 近代中国与新世界:康有为变法与大同思想研究　[美]萧公权 著　汪荣祖 译
30. 功利主义儒家:陈亮对朱熹的挑战　[美]田浩 著　姜长苏 译
31. 莱布尼兹和儒学　[美]孟德卫 著　张学智 译
32. 佛教征服中国:佛教在中国中古早期的传播与适应　[荷兰]许理和 著　李四龙 裴勇 等译
33. 新政革命与日本:中国,1898—1912　[美]任达 著　李仲贤 译
34. 经学、政治和宗族:中华帝国晚期常州今文学派研究　[美]艾尔曼 著　赵刚 译
35. 中国制度史研究　[美]杨联陞 著　彭刚 程钢 译

36. 汉代农业:早期中国农业经济的形成　[美]许倬云 著　程农 张鸣 译　邓正来 校
37. 转变的中国:历史变迁与欧洲经验的局限　[美]王国斌 著　李伯重 连玲玲 译
38. 欧洲中国古典文学研究名家十年文选　乐黛云 陈珏 龚刚 编选
39. 中国农民经济:河北和山东的农民发展,1890—1949　[美]马若孟 著　史建云 译
40. 汉哲学思维的文化探源　[美]郝大维 安乐哲 著　施忠连 译
41. 近代中国之种族观念　[英]冯客 著　杨立华 译
42. 血路:革命中国中的沈定一(玄庐)传奇　[美]萧邦奇 著　周武彪 译
43. 历史三调:作为事件、经历和神话的义和团　[美]柯文 著　杜继东 译
44. 斯文:唐宋思想的转型　[美]包弼德 著　刘宁 译
45. 宋代江南经济史研究　[日]斯波义信 著　方健 何忠礼 译
46. 一个中国村庄:山东台头　杨懋春 著　张雄 沈炜 秦美珠 译
47. 现实主义的限制:革命时代的中国小说　[美]安敏成 著　姜涛 译
48. 上海罢工:中国工人政治研究　[美]裴宜理 著　刘平 译
49. 中国转向内在:两宋之际的文化转向　[美]刘子健 著　赵冬梅 译
50. 孔子:即凡而圣　[美]赫伯特·芬格莱特 著　彭国翔 张华 译
51. 18世纪中国的官僚制度与荒政　[法]魏丕信 著　徐建青 译
52. 他山的石头记:宇文所安自选集　[美]宇文所安 著　田晓菲 编译
53. 危险的愉悦:20世纪上海的娼妓问题与现代性　[美]贺萧 著　韩敏中 盛宁 译
54. 中国食物　[美]尤金·N. 安德森 著　马孆 刘东 译　刘东 审校
55. 大分流:欧洲、中国及现代世界经济的发展　[美]彭慕兰 著　史建云 译
56. 古代中国的思想世界　[美]本杰明·史华兹 著　程钢 译　刘东 校
57. 内闱:宋代的婚姻和妇女生活　[美]伊沛霞 著　胡志宏 译
58. 中国北方村落的社会性别与权力　[加]朱爱岚 著　胡玉坤 译
59. 先贤的民主:杜威、孔子与中国民主之希望　[美]郝大维 安乐哲 著　何刚强 译
60. 向往心灵转化的庄子:内篇分析　[美]爱莲心 著　周炽成 译
61. 中国人的幸福观　[德]鲍吾刚 著　严蓓雯 韩雪临 吴德祖 译
62. 闺塾师:明末清初江南的才女文化　[美]高彦颐 著　李志生 译
63. 缀珍录:十八世纪及其前后的中国妇女　[美]曼素恩 著　定宜庄 颜宜葳 译
64. 革命与历史:中国马克思主义历史学的起源,1919—1937　[美]德里克 著　翁贺凯 译
65. 竞争的话语:明清小说中的正统性、本真性及所生成之意义　[美]艾梅兰 著　罗琳 译
66. 中国妇女与农村发展:云南禄村六十年的变迁　[加]宝森 著　胡玉坤 译
67. 中国近代思维的挫折　[日]岛田虔次 著　甘万萍 译
68. 中国的亚洲内陆边疆　[美]拉铁摩尔 著　唐晓峰 译
69. 为权力祈祷:佛教与晚明中国士绅社会的形成　[加]卜正民 著　张华 译
70. 天潢贵胄:宋代宗室史　[美]贾志扬 著　赵冬梅 译
71. 儒家之道:中国哲学之探讨　[美]倪德卫 著　[美]万白安 编　周炽成 译
72. 都市里的农家女:性别、流动与社会变迁　[澳]杰华 著　吴小英 译
73. 另类的现代性:改革开放时代中国性别化的渴望　[美]罗丽莎 著　黄新 译
74. 近代中国的知识分子与文明　[日]佐藤慎一 著　刘岳兵 译
75. 繁盛之阴:中国医学史中的性(960—1665)　[美]费侠莉 著　甄橙 主译　吴朝霞 主校
76. 中国大众宗教　[美]韦思谛 编　陈仲丹 译
77. 中国诗画语言研究　[法]程抱一 著　涂卫群 译
78. 中国的思维世界　[日]沟口雄三 小岛毅 著　孙歌 等译

79. 德国与中华民国 [美]柯伟林 著 陈谦平 陈红民 武菁 申晓云 译 钱乘旦 校
80. 中国近代经济史研究:清末海关财政与通商口岸市场圈 [日]滨下武志 著 高淑娟 孙彬 译
81. 回应革命与改革:皖北李村的社会变迁与延续 韩敏 著 陆益龙 徐新玉 译
82. 中国现代文学与电影中的城市:空间、时间与性别构形 [美]张英进 著 秦立彦 译
83. 现代的诱惑:书写半殖民地中国的现代主义(1917—1937) [美]史书美 著 何恬 译
84. 开放的帝国:1600年前的中国历史 [美]芮乐伟·韩森 著 梁侃 邹劲风 译
85. 改良与革命:辛亥革命在两湖 [美]周锡瑞 著 杨慎之 译
86. 章学诚的生平及其思想 [美]倪德卫 著 杨立华 译
87. 卫生的现代性:中国通商口岸卫生与疾病的含义 [美]罗芙芸 著 向磊 译
88. 道与庶道:宋代以来的道教、民间信仰和神灵模式 [美]韩明士 著 皮庆生 译
89. 间谍王:戴笠与中国特工 [美]魏斐德 著 梁禾 译
90. 中国的女性与性相:1949年以来的性别话语 [英]艾华 著 施施 译
91. 近代中国的犯罪、惩罚与监狱 [荷]冯客 著 徐有威 等译 潘兴明 校
92. 帝国的隐喻:中国民间宗教 [英]王斯福 著 赵旭东 译
93. 王弼《老子注》研究 [德]瓦格纳 著 杨立华 译
94. 寻求正义:1905—1906年的抵制美货运动 [美]王冠华 著 刘甜甜 译
95. 传统中国日常生活中的协商:中古契约研究 [美]韩森 著 鲁西奇 译
96. 从民族国家拯救历史:民族主义话语与中国现代史研究 [美]杜赞奇 著 王宪明 高继美 李海燕 李点 译
97. 欧几里得在中国:汉译《几何原本》的源流与影响 [荷]安国风 著 纪志刚 郑诚 郑方磊 译
98. 十八世纪中国社会 [美]韩书瑞 罗友枝 著 陈仲丹 译
99. 中国与达尔文 [美]浦嘉珉 著 钟永强 译
100. 私人领域的变形:唐宋诗词中的园林与玩好 [美]杨晓山 著 文韬 译
101. 理解农民中国:社会科学哲学的案例研究 [美]李丹 著 张天虹 张洪云 张胜波 译
102. 山东叛乱:1774年的王伦起义 [美]韩书瑞 著 刘平 唐雁超 译
103. 毁灭的种子:战争与革命中的国民党中国(1937—1949) [美]易劳逸 著 王建朗 王贤知 贾维 译
104. 缠足:"金莲崇拜"盛极而衰的演变 [美]高彦颐 著 苗延威 译
105. 饕餮之欲:当代中国的食与色 [美]冯珠娣 著 郭乙瑶 马磊 江素侠 译
106. 翻译的传说:中国新女性的形成(1898—1918) 胡缨 著 龙瑜宬 彭珊珊 译
107. 中国的经济革命:二十世纪的乡村工业 [日]顾琳 著 王玉茹 张玮 李进霞 译
108. 礼物、关系学与国家:中国人际关系与主体性建构 杨美惠 著 赵旭东 孙珉 译 张跃宏 译校
109. 朱熹的思维世界 [美]田浩 著
110. 皇帝和祖宗:华南的国家与宗族 [英]科大卫 著 卜永坚 译
111. 明清时代东亚海域的文化交流 [日]松浦章 著 郑洁西 等译
112. 中国美学问题 [美]苏源熙 著 卞东波 译 张强强 朱霞欢 校
113. 清代内河水运史研究 [日]松浦章 著 董科 译
114. 大萧条时期的中国:市场、国家与世界经济 [日]城山智子 著 孟凡礼 尚国敏 译 唐磊 校
115. 美国的中国形象(1931—1949) [美]T.克里斯托弗·杰斯普森 著 姜智芹 译
116. 技术与性别:晚期帝制中国的权力经纬 [英]白馥兰 著 江湄 邓京力 译

117. 中国善书研究　[日]酒井忠夫 著　刘岳兵 何英莺 孙雪梅 译
118. 千年末世之乱:1813年八卦教起义　[美]韩书瑞 著　陈仲丹 译
119. 西学东渐与中国事情　[日]增田涉 著　由其民 周启乾 译
120. 六朝精神史研究　[日]吉川忠夫 著　王启发 译
121. 矢志不渝:明清时期的贞女现象　[美]卢苇菁 著　秦立彦 译
122. 明代乡村纠纷与秩序:以徽州文书为中心　[日]中岛乐章 著　郭万平 高飞 译
123. 中华帝国晚期的欲望与小说叙述　[美]黄卫总 著　张蕴爽 译
124. 虎、米、丝、泥:帝制晚期华南的环境与经济　[美]马立博 著　王玉茹 关永强 译
125. 一江黑水:中国未来的环境挑战　[美]易明 著　姜智芹 译
126. 《诗经》原意研究　[日]家井真 著　陆越 译
127. 施剑翘复仇案:民国时期公众同情的兴起与影响　[美]林郁沁 著　陈湘静 译
128. 华北的暴力和恐慌:义和团运动前夕基督教传播和社会冲突　[德]狄德满 著　崔华杰 译
129. 铁泪图:19世纪中国对于饥馑的文化反应　[美]艾志端 著　曹曦 译
130. 饶家驹安全区:战时上海的难民　[美]阮玛霞 著　白华山 译
131. 危险的边疆:游牧帝国与中国　[美]巴菲尔德 著　袁剑 译
132. 工程国家:民国时期(1927—1937)的淮河治理及国家建设　[美]戴维·艾伦·佩兹 著　姜智芹 译
133. 历史宝筏:过去、西方与中国妇女问题　[美]季家珍 著　杨可 译
134. 姐妹们与陌生人:上海棉纱厂女工,1919—1949　[美]韩起澜 著　韩慈 译
135. 银线:19世纪的世界与中国　林满红 著　詹庆华 林满红 译
136. 寻求中国民主　[澳]冯兆基 著　刘悦斌 徐硙 译
137. 墨梅　[美]毕嘉珍 著　陆敏珍 译
138. 清代上海沙船航运业史研究　[日]松浦章 著　杨蕾 王亦铮 董科 译
139. 男性特质论:中国的社会与性别　[澳]雷金庆 著　[澳]刘婷 译
140. 重读中国女性生命故事　游鉴明 胡缨 季家珍 主编
141. 跨太平洋位移:20世纪美国文学中的民族志、翻译和文本间旅行　黄运特 著　陈倩 译
142. 认知诸形式:反思人类精神的统一性与多样性　[英]G.E.R.劳埃德 著　池志培 译
143. 中国乡村的基督教:1860—1900 江西省的冲突与适应　[美]史维东 著　吴薇 译
144. 假想的"满大人":同情、现代性与中国疼痛　[美]韩瑞 著　袁剑 译
145. 中国的捐纳制度与社会　伍跃 著
146. 文书行政的汉帝国　[日]富谷至 著　刘恒武 孔李波 译
147. 城市里的陌生人:中国流动人口的空间、权力与社会网络的重构　[美]张骊 著　袁长庚 译
148. 性别、政治与民主:近代中国的妇女参政　[澳]李木兰 著　方小平 译
149. 近代日本的中国认识　[日]野村浩一 著　张学锋 译
150. 狮龙共舞:一个英国人笔下的威海卫与中国传统文化　[英]庄士敦 著　刘本森 译　威海市博物馆 郭大松 校
151. 人物、角色与心灵:《牡丹亭》与《桃花扇》中的身份认同　[美]吕立亭 著　白华山 译
152. 中国社会中的宗教与仪式　[美]武雅士 著　彭泽安 邵铁峰 译　郭潇威 校
153. 自贡商人:近代早期中国的企业家　[美]曾小萍 著　董建中 译
154. 大象的退却:一部中国环境史　[英]伊懋可 著　梅雪芹 毛利霞 王玉山 译
155. 明代江南土地制度研究　[日]森正夫 著　伍跃 张学锋 等译　范金民 夏维中 审校
156. 儒学与女性　[美]罗莎莉 著　丁佳伟 曹秀娟 译

157. 行善的艺术:晚明中国的慈善事业(新译本)　[美]韩德玲 著　曹晔 译
158. 近代中国的渔业战争和环境变化　[美]穆盛博 著　胡文亮 译
159. 权力关系:宋代中国的家族、地位与国家　[美]柏文莉 著　刘云军 译
160. 权力源自地位:北京大学、知识分子与中国政治文化,1898—1929　[美]魏定熙 著　张蒙 译
161. 工开万物:17世纪中国的知识与技术　[德]薛凤 著　吴秀杰 白岚玲 译
162. 忠贞不贰:辽代的越境之举　[英]史怀梅 著　曹流 译
163. 内藤湖南:政治与汉学(1866—1934)　[美]傅佛果 著　陶德民 何英莺 译
164. 他者中的华人:中国近现代移民史　[美]孔飞力 著　李明欢 译　黄鸣奋 校
165. 古代中国的动物与灵异　[英]胡司德 著　蓝旭 译
166. 两访中国茶乡　[英]罗伯特·福琼 著　敖雪岗 译
167. 缔造选本:《花间集》的文化语境与诗学实践　[美]田安 著　马强才 译
168. 扬州评话探讨　[丹麦]易德波 著　米锋 易德波 译　李今芸 校译
169. 《左传》的书写与解读　李惠仪 著　文韬 许明德 译
170. 以竹为生:一个四川手工造纸村的20世纪社会史　[德]艾约博 著　韩巍 译　吴秀杰 校
171. 东方之旅:1579—1724耶稣会传教团在中国　[美]柏理安 著　毛瑞方 译
172. "地域社会"视野下的明清史研究:以江南和福建为中心　[日]森正夫 著　于志嘉 马一虹 黄东兰 阿风 等译
173. 技术、性别、历史:重新审视帝制中国的大转型　[英]白馥兰 著　吴秀杰 白岚玲 译
174. 中国小说戏曲史　[日]狩野直喜　张真 译
175. 历史上的黑暗一页:英国外交文件与英美海军档案中的南京大屠杀　[美]陆束屏 编著/翻译
176. 罗马与中国:比较视野下的古代世界帝国　[奥]沃尔特·施德尔 主编　李平 译
177. 矛与盾的共存:明清时期江西社会研究　[韩]吴金成 著　崔荣根 译　薛戈 校译
178. 唯一的希望:在中国独生子女政策下成年　[美]冯文 著　常姝 译
179. 国之枭雄:曹操传　[澳]张磊夫 著　方笑天 译
180. 汉帝国的日常生活　[英]鲁惟一 著　刘洁 余霄 译
181. 大分流之外:中国和欧洲经济变迁的政治　[美]王国斌 罗森塔尔 著　周琳 译　王国斌 张萌 审校
182. 中正之笔:颜真卿书法与宋代文人政治　[美]倪雅梅 著　杨简茹 译　祝帅 校译
183. 江南三角洲市镇研究　[日]森正夫 编　丁韵 胡婧 等译　范金民 审校
184. 忍辱负重的使命:美国外交官记载的南京大屠杀与劫后的社会状况　[美]陆束屏 编著/翻译
185. 修仙:古代中国的修行与社会记忆　[美]康儒博 著　顾漩 译
186. 烧钱:中国人生活世界中的物质精神　[美]柏桦 著　袁剑 刘玺鸿 译
187. 话语的长城:文化中国历险记　[美]苏源熙 著　盛珂 译
188. 诸葛武侯　[日]内藤湖南 著　张真 译
189. 盟友背信:一战中的中国　[英]吴芳思 克里斯托弗·阿南德尔 著　张宇扬 译
190. 亚里士多德在中国:语言、范畴和翻译　[英]罗伯特·沃迪 著　韩小强 译
191. 马背上的朝廷:巡幸与清朝统治的建构,1680—1785　[美]张勉治 著　董建中 译
192. 中不害:公元前四世纪中国的政治哲学家　[美]顾立雅 著　马腾 译
193. 晋武帝司马炎　[日]福原启郎 著　陆帅 译
194. 唐人如何吟诗:带你走进汉语音韵学　[日]大岛正二 著　柳悦 译

195. 古代中国的宇宙论　[日]浅野裕一 著　吴昊阳 译
196. 中国思想的道家之论:一种哲学解释　[美]陈汉生 著　周景松 谢尔逊 等译　张丰乾 校译
197. 诗歌之力:袁枚女弟子屈秉筠(1767—1810)　[加]孟留喜 著　吴夏平 译
198. 中国逻辑的发现　[德]顾有信 著　陈志伟 译
199. 高丽时代宋商往来研究　[韩]李镇汉 著　李廷青 戴琳剑译　楼正豪 校
200. 中国近世财政史研究　[日]岩井茂树著　付勇 译　范金民 审校
201. 魏晋政治社会史研究　[日]福原启郎 著　陆帅 刘萃峰 张紫毫 译
202. 宋帝国的危机与维系:信息、领土与人际网络　[比利时]魏希德 著　刘云军 译
203. 中国精英与政治变迁:20世纪初的浙江　[美]萧邦奇 著　徐立望 杨涛羽 译　李齐 校
204. 北京的人力车夫:1920年代的市民与政治　[美]史谦德 著　周书垚 袁剑译　周育民 校